오리진

IVP(InterVarsity Press)는
캠퍼스와 세상 속의 하나님 나라 운동을 지향하는
IVF(InterVarsity Christian Fellowship)의 출판부로서
생각하는 그리스도인을 위한 문서 운동을 실천합니다.

Originally published in the U.S.A. under the title
Origins: Christian Perspectives on Creation, Evolution, and Intelligent Design
Copyright ⓒ 2011 by Faith Alive Christian Resources
Grand Rapids, Michigan 49560, U.S.A.
through arrangement of rMaeng2, Seoul, Republic of Korea.

All rights reserved.

This Korean Edition Copyright ⓒ 2012 by Korea InterVarsity Press, Seoul,
Republic of Korea

이 한국어판의 저작권은 알맹2 에이전시를 통하여 Faith Alive Christian Resources/WLM과
독점 계약한 IVP에 있습니다. 신 저작권법에 의하여 한국 내에서 보호받는 저작물이므로
무단 전재와 무단 복제를 금합니다.

오리진
ORIGINS

데보라 B. 하스마, 로렌 D. 하스마

ORIGINS

차례

추천사 7
감사의 말 11
개정판 서문 13
서론 15

1. 하나님의 말씀과 하나님의 세계 29
2. 세계관과 과학 45
3. 과학: 하나님의 세계를 연구하는 과정 65
4. 하나님의 세계는 하나님의 말씀과 모순되는가? 79
5. 창세기: 일치론적 해석 109
6. 창세기: 비일치론적 해석 143
7. 아주 오래되고 역동적인 우주 163
8. 진화를 둘러싼 다양한 관점들 195
9. 동식물 진화의 증거 215
10. 지적설계 231
11. 인간의 기원에 관한 과학적 신학적 쟁점들 249
12. 아담과 하와 273
13. 남아 있는 질문들 299
14. 경이와 예배 315

부록: 기원에 관한 다양한 견해 요약 325
참고 자료 329
찾아보기 341

추천사

과학이 보여 주는 자연 세계는 실로 황홀하다. 백억 년 이상의 시공간에 담긴 우주의 역사나 지구에서 펼쳐지는 다채로운 생물의 세계는 끝없는 감탄을 자아낸다. 자연과 초자연을 혼동한 고대인들이 우상으로 숭배했던 자연 세계의 구성원들은 선명한 인과관계를 통해 하나하나 밝혀지고 있다. 하지만 자연 세계가 왜 존재하는가에 대한 답은 자연 세계 안에서 찾을 수 없다. 신비로운 자연 세계의 존재 그 자체가 어떤 초월자를 어렴풋이 가리키는 셈이다.

그러나 과학은 우리의 시각을 자연 세계 안에 가두기도 한다. 보이는 것이 전부라는 자연주의 세계관은 일상적 경험에 잘 들어맞는 것처럼 느껴진다. 모든 것은 빈틈없이 자연법칙을 따르고, 초월자의 흔적은 잘 보이지 않는다. 과학은 그저 자연 세계의 인과관계를 다룰 뿐인데 초자연적 세계를 부정하는 범인으로 몰리기도 한다. 그래서 과학은 종종 신앙의 적으로 간주된다.

주일학교에 잘 다니던 아이가 더 이상 교회에 가지 않는다며 고민하는 부모의 이야기를 들었다. 학교에서 과학을 배우더니 그동안 교회에서 배운 내용은 다 거짓말이었다며 교회에 가지 않겠다고 했단다.

얼마 전 저녁 식사 자리에서 만난 분의 남편 이야기도 비슷했다. 미국 남부에서 근본주의 신앙 교육을 받고 자란 그는, 대학에 들어간 후에 무신론자가 되었다. 지구의 나이는 1만 년이고 진화론은 거짓이라고 배웠기에 과학을 전공하면서 큰 갈등을 느낀 것이다. 몇 년 동안 고민하면서 지구가 45억 년 전에 생성되었다는 지질학의 주장이 기독교와 모순되지 않음을 깨달았지만, 생물진화론은 결국 걸림돌이 되고 말았다. 과학자가 된 그에게 진화는 분명한 사실이었고, 자신이 배운 기독교 신앙과 모순되었다. 결국 그는 과학을 택하고 신앙을 버렸다. 이런 안타까운 일은 얼마나 많이 일어나는 걸까?

교회에 다니는 아이들의 숫자가 줄어들면서 주일학교가 위축되고 그리스도인의 숫자가 현저히 줄어든 캠퍼스에서는 학생 선교 단체들이 어려움을 겪고 있다. 무신론자들은 과학을 무기로 종교를 공격하고, 복음의 능력을 보여야 할 교회는 교회 사유화와 세습을 비롯한 도덕적 타락으로 한국 사회에 퍼져가는 반(反)기독교 정서에 오히려 기름을 붓고 있다.

물론 반대의 경우도 있다. 몇 년 전 미국 유학생 수련회에서 만난 어느 젊은 교수는 우주와 생물의 역사를 다룬 과학 다큐멘터리를 보면서 창조주의 존재를 깊이 느꼈으며 자신이 그리스도인으로 살아가는 데 과학이 커다란 유익을 주었다고 한다. 한마디로, 광대한 우주의 시공간과 다양한 생물의 세계를 보면서 은혜를 받았다는 얘기였다.

어지럽다. 과학은 위대한 창조주의 창조 역사를 드러내는 유용한 도구이지만, 아이들과 청년들 그리고 지성인들을 신앙의 길에서 밀어내기도 한다. 창조-진화 논쟁으로 대표되는 과학과 기독교의 불편한 관계는 그리스도인들이 과학을 거부하고 지성인들이 기독교를 버리게 만들었다. 한국 사회에서는 이 문제가 더 심각해질 것이다.

이 어그러진 상황의 해결책은 무엇일까? 무엇보다 균형잡힌 창조신학 교육이 시급하다. 무신론자들이 과학을 무기로 사용한다고 해서 과학 자체를 적으로 규정하는 어리석은 대응은 이제 멈춰야 한다. 과학이 하나님의 존재를 부정한다고 해석하는 무신론자들의 주장과 달리, 과학이 하나님의 창조 역사를 보여 준다고 가르쳐야 한다. 창조주는 그 지혜와 지식의 부요함을 통해 창조를 계획하셨고 자연법칙을 통해 하나하나 창조세계를 구현해 오셨다. 하나님의 창조가 인간의 이해를 넘어 다양할 수 있음을 가르쳐야 한다.

문제는 균형잡힌 교육이 쉽지 않다는 것이다. 과학과 관련된 주일학교 교육을 꼽으라면, 대부분의 과학을 부정하는 창조과학(젊은 지구론)을 가르치는 일 정도가 고작이다. 목회자나 교사도 사실 무엇을 어떻게 가르쳐야 할지 잘 모른다. 과학을 균형 있게 다루는 창조신학을 신학교에서도 별로 배운 적이 없을 뿐더러, 스스로 공부하려 해도 성경적·과학적으로 균형잡힌 책이나 커리큘럼을 접하기가 쉽지 않다.

「오리진」은 균형잡힌 창조신학을 가르쳐 주는 저서들이 턱없이 부족한 한국 교회에 단비와 같은 책이다. 이 책은 과학과 기독교의 핵심 이슈들에 대해 다양한 과학적 견해와 신학적 견해들을 하나씩 살펴 가면서 창조-진화 논쟁의 지형도를 그려준다. 또한 지구 연대나 생물진화, 아담과 하와의 기원을 비롯한 혼란스런 주제들에 관해 복음주의 신학과 현대 과학의 관점에서 어느 선까지 신학적으로 그리고 과학적으로 수용할 수 있는지 체계적으로 정리해 준다.

과학이 발전하면서 성경 해석을 자꾸 바꾸게 되는 것은 아닐까? 그렇다면 과학이 성경보다 우월해지는 것은 아닐까? 이런 염려를 하는 그리스도인이 많다. 분명한 한계를 갖는 과학을 맹신하는 것은 어리석은 일이다. 그러나 마찬가지로 성경을 과학 교과서처럼 경직되게 읽는 것도 어리석은 일이다. 이 책의 독자들이 누릴 한 가지 유익은 성경 해석과 과학에 관한 폭넓은 조망이다. 성경 본문과 과학이 일치해야 한다고 보는 일치론적 입장과 그렇지 않다고 보는 비일치론적 입장의 다양한 견해를 살펴봄으로써, 독자들은 창조주와 창조 역사를 바라보는 풍성한 시각을 배울 수 있다.

물론 과학과 신학에 관한 다양한 주제를 이 정도 분량에 담았기에 책의 깊이에는 한계가 있을 수밖에 없다. 그래서 과학적 증거와 신학적 입장을 모두 만족시키는 단 하나의 정답이 없다는 것을 알고 나면 오히려 혼란스러워할 독자들도 있을 것이다. 하지만 그 점이 바로 독자들을 더 깊은 공부로 이끌고 아직 완전히 밝혀지지 않은 창조의 역사 앞에서 우리를 겸손하게 만들 것이다.

건전한 창조신학을 가르쳐 줄 입문서로서 손색이 없는 이 책은 21세기 과학 시대를 사는 그리스도인들의 필독서다. 성경을 가르치는 목회자나 주일학교 교사는 물론이고, 과학을 가르치는 기독 교사들도 반드시 탐구해야 할 책이다. 과학 때문에 신앙이 흔들리는 사람에게는 새로운 시각과 돌파구를 열어줄 것이며, 과학적 사고와 과학의 권위에 익숙한 현대인들에게 복음을 전하려는 사람에게는 변증의 방법과 전략에 대한 깊은 성찰을 제공할 것이다. 과학을 무기로 삼은 무신론자들의 공격이 거세지는 시대에 사는 모든 그리스도인에게 일독을 강력히 권한다.

서울대학교 물리천문학부 교수
우종학

감사의 말

하나님을 사랑하는 것이 어떤 것인지를 수년간 말과 행동으로 보여 준 가족들과 친구들, 목사님들과 선생님들께 감사의 마음을 전하고 싶다. 이분들의 격려를 통해 우리는 과학을 공부하고 또 우리가 가진 은사로 그리스도를 섬길 수 있었다.

지금보다 훨씬 길었던 초고를 인내하며 읽고 이 프로젝트를 마무리 지을 수 있도록 격려해 준 데이비드 베커와 게일 디터스, 베스 하스마, 헨리 하스마, 앤 호킨스, 션 아이보리, 아트 멀더, 래리 오스터반, 잭 스노잉크, 벤 반호프 등의 친구들과 가족들에게도 감사한다.

라일 비에르마와 에이미 블랙, 조이 보네마, 존 쿠퍼, 로날드 핀스트라, 스탠 한, 테아 렁크, 스티븐 매더슨, 클라렌스 메닝아, 글렌 모튼, 스티브 모쉬어, 크레이그 러스벌트, 랄프 스티얼리, 대니얼 트리에, 제레미 반앤트워프, 데이비스 영 등 초고를 읽고 자신들의 지식과 통찰을 나누어준 과학자와 신학자, 기타 전문가들에게도 감사한다.

마지막으로 페이스 얼라이브(Faith Alive Christian Resources)의 편집자들에게 감사의 마음을 전하고 싶다. 이들이 있어 우리는 이 책을 쓰기 시작할 수 있었고, 이후에도 이들은 창조, 설계, 진화에 대해 배우고 싶어 하는 그리스도인들을 돕는 데 헌신했다. 우리가 이 프로젝트의 일원이었다는 것이 영광스럽다.

데보라 B. 하스마, 로렌 D. 하스마

개정판 서문

이 책의 초판(2007년)은 개혁신학과 그 전통에 친숙한 그리스도인들을 주 독자층으로 삼았지만, 이 개정판은 더 다양한 대상을 주 독자층으로 삼는다. 내용 자체는 크게 변하지 않았다. 다만 본문 몇 군데를 수정했고, 초판에 있던 몇 가지 오류를 바로잡았으며, 종교개혁 전통에 대해 '내부자적' 시선으로 서술한 부분은 대부분 들어냈다. 본래 10장에서 다루었던 '미세 조정'이라는 주제를 7장으로 옮겨와 다루었으며, 기원과 관련하여 제기되는 일반적인 질문들에 대한 답을 추가로 13장에서 정리하고, 예배와 관련한 새로운 장을 추가했다. 또한 참고 자료 목록을 업데이트하여 최근에 발표된 책과 논문들까지 포함시켰다.

많은 그리스도인이 기원이라는 주제를 '위험한 바다'라고 생각한다. 즉, 잘못된 방향으로 항해를 하다 보면 우리의 지성으로 신앙을 좌초시킬지도 모른다고 생각하는 것이다. 그래서 이 책은 독자들로 하여금 방향을 잃지 않고 이 위험한 바다를 항해하도록 돕기 위해 쓰였다. 책의 일부, 특히 초반부에서는 이 배가 다양한 기독교 전통을 지닌 그리스도인들이 공통적으로 합의한 내용들이 흐르는 폭 넓은 운하를 지나도록 조종할 것이다. 그리고 후반부에 가서는 그리스도인들 간에 이견이 있는 다소 험난한 코스를 탐험할 것이다. 경우에 따라서는 날카로운 바위가 많은 코스를 지날 수도 있다. 한 가지 정해진 방향으로 독자를 안내하기보다는 그리스도인들이 지나게 되는 다양한 경로를 소개하면서 각 경로의 위험성을 지적하는 데 집중하려 한다.

서론

창조, **설계**, **진화**. 이 세 단어는 받아들이는 사람에 따라 다양한 의미로 해석되며, 뜨거운 논쟁의 중심이 되기도 한다. 그리고 이 단어들이 상징하는 쟁점들은 다음과 같은 심각한 질문들과 밀접하게 관련되어 있다.

- 신은 존재하는가?
- 신은 어떤 방식으로 우주와 관계를 맺는가?
- 우리는 어떻게 여기까지 왔는가?
- 우리는 누구인가?

그리스도인들도 창조, 설계, 진화에 대해 저마다 다른 의견을 갖고 있다. 우리는 전 세계를 돌아다니며 여러 교회를 방문하여 목회자들을 만나거나 대학에서 학생들을 만나면서 그들 사이에도 다양한 의견이 존재한다는 사실을 확인했다. 우리가 만난 그리스도인들은 **누가** 우주를 창조하였는지에 대해서는 모두 같은 답을 내놓았지만, 이 하나님이 **어떻게** 우주를 창조하셨는지에 대해서는 저마다 다른 생각을 갖고 있었다.

어떤 그리스도인은 과학적 증거를 찾아 하나님이 만물을 창조하셨다는 믿음을 증명하려 애쓰고, 또 어떤 그리스도인은 과학적 증거를 찾으면 믿음이 필요 없어지기 때문에 과학적 증거는 필요 없다고 말한다. 성경은 단지 영적인 문제들에 관한 것이며 과학과 무관하다고 생각하는 그리스도인이 있는 반면에, 지구의 나이와 인간의 기원과 같은 모든 과학적 정보가 이미 성경에 다 있다고 생각하는 그리스도인도 있다. 또 지구가 수천 년 전에 창조되었다고 생각하여 빅뱅 이론을 미심쩍어 하는 그리스도인도 있다. 이들은 보통 **진화**라는 단어 자체를 싫어하며, 인간이 원숭이로부터 진화했다는 말을 어떻게 그리스도인이 믿을 수 있는지 놀라워한다. 또 그리스도인 학생들 중에는 진화를 뒷받침하는 과학적 증거를 알게 되면 신앙을 잃게 될 거라는 경고를 들으며 자란 이들도 있다. 하지만 또 어떤 그리스도인은 지구가 오래 전에 만들어졌으며 하나님이 진화를 통해 생명을 창조하셨다는 주장이 성경적 믿음과 완벽한 조화를 이룰 수 있다고 생각한다. 이들은 도리어 이 쟁점을 두고 논쟁하느라 시간을 허비하는 그리스도인들을 신기하게 여긴다. 그리고 이 둘의 중간에 위치한 그리스도인들이 있다. 이들은 지구가 오래 전에 창조되었다는 것은 믿지만 생물학적 진화에 대해서는 의문을 가진다. 그러면서 진화 과정상의 공백(gap)이 지구상에 생물을 출현시킨 지적설계자의 존재를 증명하는 증거가 될 것이라 추측한다.

종교와 과학은 서로 모순되는가?
어떤 사람들은 아래 두 집단 간의 갈등을 창조와 설계, 진화를 둘러싼 이 논쟁의 실체로 파악한다.
- 과학을 이용하여 종교를 깎아 내리는 무신론자들
- 과학자들의 연구 결과를 거부하는 종교인들

이 두 입장 중 하나만 택해야 하는 경우, 과학을 믿는 것은 신을 부정하는 것이 되고 신을 믿는 것은 과학을 거부하는 것이 되고 만다. 당신은 어느 쪽을 택할 것인가? 과학인가, 종교인가?

하지만 당연히 이것은 그리 단순한 문제가 아니다. 창조와 진화, 설계를 둘러싼 쟁점들은 이보다 훨씬 복잡하고 또 훨씬 흥미롭다.

> 이 책에서 우리는 '과학'이라는 단어를 물리학과 천문학, 화학, 지질학, 생물학 등의 자연과학을 통칭하는 의미로 사용할 것이다. 사회학이나 정치학, 경제학 같은 사회 과학은 이 책의 논점이 아니다.

날씨 논쟁

기원에 관한 문제가 왜 단순히 과학 대 종교의 문제가 아닌지 살펴보기 위해, 우리가 날씨를 주제로 유사한 논쟁을 벌이는 문화 속에 살고 있다고 가정해 보자. 성경은 분명 하나님이 날씨를 다스리신다고 말한다. 하나님이 비와 가뭄을 주관하신다고 말하는 성경 구절도 한두 개가 아니다(참고, 신 11:14-17; 왕상 8:35-36; 욥 5:10; 37:6; 렘 14:22). 신명기나 시편, 예레미야서의 저자들은 구체적으로 비와 눈이 쌓여 있는 '곳간'이라는 단어까지 사용했다(참고, 신 28:12, 24; 시 135:7; 렘 10:13).

비는 어떻게 해서 내리는가? 우리는 과학 시간에 물이 지면에서 증발한 후 대기가 찬 곳에서 수증기로 응축되어 구름이 형성된다고 배웠다. 또 한랭전선과 온난전선과 저기압 세력의 조화로 비가 내린다는 것도 배웠다. 텔레비전의 기상정보 프로그램을 통해 과학자들이 아주 정교한 컴퓨터 프로그램을 사용하여 예측해 낸 며칠 후의 날씨도 미리 알 수 있다. 이 같은 기상 예측 능력은 농부나 항공기 조종사, 군인, 해안에 거주하는 사람들에게 특히 중요하다. 따라서 과학자들은 해마다 더 정확한 기상 예측 컴퓨터 프로그램을 개발한다.

이런 상황에서 학교의 날씨 교육에 대한 논쟁이 시작되었다고 가정해 보자. 한편에서 기상학을 연구하는 저명한 과학자들이 "바람과 비의 원인을 과학적으로 분석한 결과, 날씨를 조절하는 신적 존재는 없다는 것이 명확해졌다"라는 주장이 담긴 베스트셀러를 써낸다. 이에 발맞추어 과학 선생들로 구성된 전문 기관이 "학생들은 모든 날씨 현상이 자연적 확률에 따라 일어나는 것이라고 배워야 한다. 날씨는 누군가의 통제에 의해 결정되는 것이 아니며, 이 일에 관여하는 신의 행위 같은 것은 없다"라는 교육 지침을 발행한다. 그러나 다른 한편의 사람들은 "하나님이 날씨를 다스리신다고 성경이 분명히 말하기 때문에, 비와 바람에 대한 과학적인 설명들은 틀림없이 잘못된 것이다"라고 주장하면서 책과 대중 연설을 통해 "무신론자들이 증발과 응축이라는 무신론적 이론을 발명해 냈으나, 우리는 그들이 말하는 과학 이론이 거짓이며 성경만이 참임을 증명할 수 있다"라고 역설한다. 그러면서 교회에 가서 "바람과 비의 발생 원인에 대한 과학자들의 말을 믿는다면, 이는 성경에 대한 믿음을 저버리는 것이다"라고 가르치고, 교육위원회와 법원에 진정서를 넣어 학교에서 과학 시간에 증발과 응축에 대한 과학 이론의 대안으로 날씨의 '곳간' 이론도 함께 가르쳐야 한다고 주장한다.

이런 논쟁이 지속되는 세상에 산다면 당신은 이 문제를 단순히 과학과 종교 간의 갈등으로 인식하는 것에 만족할 수 있을까? 한쪽편의 주장에만 전적으로 동의할 수 있을까?

둘 이상의 선택 사항

다행히 우리는 날씨를 결정하는 요인을 두고 위와 같은 논쟁을 하지 않는다. 날씨에 관한 한, 대부분의 그리스도인은 성경의 주장과 과학의 주장이 모두 옳다고 생각한다. 즉, 하나님이 과학적으로 설명이 가능한 증발과 응축의 과정을 통해 날씨를 다스리신다고 믿는다. 대부분의 무신론자도 날씨에 대한 과학적 설명만으로는 신의 존재 여부를 판단할 수 없다고 생각한다. 따라서 과학 시간에 날씨에 관해 어떻게 가르쳐야 하는지에 대한 법정 공방은 일어나지 않는다.

창조와 진화와 설계에 관한 논쟁도 이 날씨 논쟁과 유사하나, 다만 여러 가지 면에서 훨씬 복잡하고 어렵다. 성경을 어떻게 해석할 것인가는 이보다 더 어려운 주제로, 더 많은 신학적 쟁점을 야기한다. 이 논의를 진행하기 위해서는, 무엇보다 먼저 우리 앞에 양 극단의 두 가지 선택 사항만 놓여 있는 것이 아님을 기억해야 할 것이다.

이 책에 관하여

이 책의 목적은 선택의 폭을 다양하게 넓힌 후, 성경과 과학의 관점에서 이 선택 사항들을 하나씩 살펴보는 것이다. 우리는 기원에 관한 쟁점들을 심도 있게 들여다보면서, 그리스도인들이 전반적으로 동의하는 영역과 이견이 존재하는 영역을 각기 살펴볼 것이다. 하나의 선택 사항만 옳다고 주장하거나, 별다른 분석 없이 다양한 의견을 죽 늘어놓기만 하는 것은 이 책의 목표가 아니다. 구체적으로 우리는 이 책에서 다음과 같은 작업을 하게 될 것이다.

- 적절한 성경 해석 원리에 비추어, 하나님의 '말씀'(word)이 기원에 관해 무엇을 가르치는지 우리가 생각한 바를 정리할 것이다.
- 적절한 과학적 방법론에 비추어, 하나님의 '세계'(world)가 기원에 관해 무엇을 드러내는지 우리가 생각한 바를 정리할 것이다.
- 많은 보조 데이터를 가진 잘 확립된 과학 이론과 잠정적이고 사변적인 과학 이론을 구분할 것이다.

- 기원에 관하여 그리스도인들이 지닌 다양한 관점을 살펴보고, 하나님의 말씀과 하나님의 세계를 근거로 파악한 내용에 비추어 각 관점의 장단점을 논의할 것이다.

> 이 책은 경우에 따라 그리스도인들을 **우리**라고 칭할 텐데, 이는 성경이 하나님의 감동을 받아 기록되었다고 믿고 그 가르침에 따라 살기로 결심한 사람들이 이 책이 상정한 기본 독자층이기 때문이다. 이 책이 생각한 일차 독자는 하나님이 우주를 창조하셨다고 믿으면서, 이 하나님의 '세계'에 대한 과학 연구와 하나님의 '말씀'에 대한 세심한 연구를 통해 기원에 대한 유용한 가르침을 얻을 수 있을 거라고 생각하는 사람들이다. 대부분의 독자가 이미 이 전제를 받아들이고 있을 거라 생각하기에 이 신념을 **증명하려는** 노력은 기울이지 않겠다. 혹 이 전제에 동의하지 않는 독자라 할지라도, 이 전제에 동의하는 사람들을 이해하는 계기로 이 책을 활용할 수 있을 것이다.

1장에서는 하나님의 말씀과 하나님의 세계 사이의 상관관계를 살펴볼 것이다. 과학을 신학 위에, 혹은 신학을 과학 위에 두려 하기보다는 이 두 영역을 모두 주관하시는 하나님의 주권을 중심으로 이 주제를 살펴볼 것이다.

2장에서는 과학 연구 활동이 기독교 세계관과 모순되지 않으며, 그리스도인이 신앙을 버리지 않고도 다른 세계관을 지닌 과학자들과 함께 일할 수 있음을 주장할 것이다. 그러고 난 다음, 설명할 수 있는 자연 현상과 설명할 수 없는 자연 현상, 초자연적 기적, 무작위적 사건 등 네 가지 영역에서 하나님의 주권이 어떻게 작용하는지 살펴볼 것이다.

3장에서는 하나님의 세계를 둘러싼 과학적 지식을 얻을 때 연구자들이 주로 사용하는 실험과 관찰, 역사적 방법을 하나씩 살펴볼 것이다. 그리고 이 중 역사 과학이 자연사를 연구하는 데 가장 믿을 만한 방법임을 밝힌 후, 과학의 한계를 논의하는 것으로 이 장을 마무리 지을 것이다.

4장에서는 과학과 신학을 각기 '자연'과 '성경'이라는 하나님이 주신 두 가지 계시에 대한 인간의 해석으로 바라볼 것이다. 이 장에서는 이 인간의 해석들에 영향을 주는 요인들을 살펴보고, 각 해석이 타당하게 적용되는 경우가 어떤 경우인지 토의할 것이다. 여기서는 우주 공간에서의 지구의 움직임과 관련하여 교회와 갈릴레오 사이에 있었던 갈등을 한 가지 사례 연구로 살펴볼 것이다. 이 갈릴레오의 이야기에 인간의 기원을 둘러싼 오늘날의 논쟁에 도움이 될 여러 가지 중요한 교훈이 담겨 있기 때문이다.

5장과 6장에서는 지구의 나이에 관하여 자연과 성경이 말하는 바를 살펴볼 것이다. 구체적으로 5장에서는 지구의 나이에 관한 지질학적 증거들과 창세기 1장의 내용이 서로 일치한다고 보는 네 가지 해석을, 6장에서는 이 둘이 서로 불일치한다고 보는 다섯 가지 해석을 살펴본 후, 4장에서 제시한 성경 해석 원칙에 비추어 이 각각의 해석들을 평가할 것이다.

7장에서는 천문학자들이 우주의 역사에 대해 밝혀낸 결과들을 정리하면서, 우주가 장구하고도 역동적인 역사를 지닌 어마어마하게 큰 공간임을 뒷받침하는 증거들을 살펴볼 것이다. 또한 이 우주의 역사가 오래된 것은 사실이나, 빅뱅의 증거들을 통해 볼 때 **무한히** 오래된 것은 아니며 시간적으로 그 시작점이 있었음을 알 수 있다는 이야기도 할 것이다. 그리고 오늘날 많은 과학자가 지구상에 생명체가 존재하고 행성들의 주변부를 따라 발달하기에 적합하도록 자연의 기본 법칙이 '미세하게 조정'되어 있다고 말하는데, 이 부분에 대해서도 다룰 것이다.

8장에서는 **진화**라는 단어에 담긴 다양한 의미를 분류한 뒤, 진화론에 담겨 있는 무신론적 세계관을 자세히 들여다볼 것이다. 또한 점진적 창조론과 진화론적 창조론의 입장을 정확히 짚어 보고, 각 이론에 내재된 신학적 문제를 논의할 것이다.

9장에서는 동식물의 진화에 초점을 맞추어 공통조상론과 진화론을 뒷받침해 주는 화석 증거와 해부학적·지질학적·유전학적 증거들을 살펴볼 것이다. 그리고 나서 이 증거들을 바탕으로 기원에 관한 기독교적 입장 세 가지를 분석하는 것으로 이 장을 마무리할 것이다.

10장에서는 오늘날 진행되는 기원에 관한 논쟁에서 **지적설계**가 어떤 역할을 하는지 알아볼 것이다. 여기서는 미세조정론을 지적설계론과 비교하고 생물학적 생명체가 어떤 과정을 거쳐 그토록 복잡해졌는지 자세히 살펴볼 것이다.

11장에서는 인간의 기원에 관한 과학적 증거들을 요약하고, 인간이 하나님의 형상대로 만들어졌다는 말의 의미와 원죄 등 기원과 관련된 신학적 주제들을 다룰 것이다. 12장에서는 아담과 하와 이야기와 그들의 생존 시기를 각기 다르게 이해하는 다섯 가지 시나리오를 소개하고, 각 시나리오의 장단점을 11장에서 정리한 과학적 쟁점과 신학적 쟁점들에 비추어 분석할 것이다.

13장에서는 기원에 관하여 그리스도인들이 자주 묻는 질문들을 정리한 후, 그중 몇 가지를 구체적으로 논의할 것이다. 하나님의 존재를 증명하는 자연적 증거와 인간 존재의 중요성, 기원의 관점에서 본 예배의 의미 등이 그 예다. 이 장은 창조와 진화, 설계에 관해 각기 다른 의견을 가진 그리스도인들이 어떻게 함께 살아가고 일할 수 있는지에 대하여 몇 가지 조언을 제시하는 것으로 마무리할 것이다.

마지막 14장을 비롯한 이 책 전반에서, 당신은 세계의 이 모든 아름다움과 경이를 만들어 낸 창조주를 찬양하기에 적절한 공간들을 발견할 것이다. 그중에서도 14장에서는 이 토론을 진행함에 있어서 예배와 그 중요성을 특별하게 논의할 것이다.

연구를 위한 조언

개별 연구나 소그룹 연구를 위해 구성된 이 책의 각 장은 크게 두 부분으로 이루어져 있다.
- 주제별 심층 분석
- 성찰 및 토론을 위한 질문들

  이 책을 스터디 그룹에서 사용할 계획이라면, 여섯 차례나 네 차례, 혹은 세 차례에 걸쳐 책의 전체 내용을 살펴보면 될 것이다. 여섯 차례에 걸쳐 토론을 진행할 생각이라면, 1-2장을 하나로 묶고, 3-4장, 5-6장, 7장, 8-10장, 11-12장을 하나로 묶으면 될 것이고, 네 차례에 걸쳐 공부할 계획이라면, 1-4장, 5-7장, 8-10장, 11-12장으로 나눠 살펴보면 될 것이다. 세 번 만에 전체 내용을 살펴봐야 한다면, 1-4장, 5-7장, 8-12장으로 나눌 것을 권한다. 머리말과 13-14장, 부록은 참고용으로 활용하면 될 것이다.
  아래는 토론 모임을 처음으로 이끄는 독자들을 위한 조언이다.
- 구성원들로 하여금 토론 전에 이 책을 읽게 하여 미리 관련 지식을 습득하게 하라.
- 토론을 시작하면 책을 읽으면서 각자가 특별히 흥미롭게 생각한 내용 한두 가지를 먼저 이야기하게 하라. 모임의 성격에 따라 이 과정만으로 자연스럽게 본 토론을 시작할 수도 있다.
- 모든 사람이 자신의 견해를 말할 수 있게 하라. 한두 사람이 토론 전체를 장악하기 시작하면, 대화의 방향을 책이 제시한 또 다른 관점으로 유도하거나 지금까지 생각을 나누는 데 소극적으로 임했던 사람에게 발언권을 부여하라.
- 대화가 한 가지 주제에 멈춰서 정체된다면, 각 장 끝에 있는 질문들을

활용해 토론을 진전시키라(미리 그 질문들을 살펴보고 각자의 그룹에서 가장 효과적으로 활용될 만한 질문을 정해 놓는 것이 도움이 될 것이다).
- 필요하다면 다른 그리스도인들에 대해 부정적인 말을 하지 않도록 사람들에게 상기시키라(나보다 다른 사람이 멍청하다거나 믿음이 부족하다는 식으로 말해서는 안 된다). 토론에서 비판의 대상이 되는 것은 '사람'이 아니라 '생각'이다.
- 토론이 끝날 때 함께 찬양을 부르거나 성경 말씀을 읽고 기도를 함으로써 하나님이 만드신 작품을 찬양하고 그리스도 안에서 모두가 하나임을 기억하게 하라.

혹 과학 수업을 들은 지 오래되었더라도 걱정할 필요는 없다. 우리는 대부분의 독자가 과학자나 신학자가 아닐 것이라 가정하고 이 책을 썼다. 경우에 따라 다소 전문적으로 느껴지는 내용이 나오기는 하지만, 가급적 전문 용어를 사용하지 않으려고 노력했다. 우리의 바람은, 이 책을 읽음으로써 독자들이 기원이라는 복잡한 주제를 좀더 쉽게 이해하고 위대하신 하나님을 향하여 더 깊은 경외감을 갖는 것이다.

저자들에 관하여

데보라 B. 하스마

나는 어려서부터 음악과 책읽기 못지않게 과학과 수학을 좋아했다. 학교 선생님들과 교회 선생님들은 학문에 대한 나의 관심을 독려해 주셨다. 당시 출석하던 복음주의 교회는 창세기 1장을 젊은 지구론적 해석으로 가르쳤지만, 그렇다고 해서 그 관점이 신앙의 필수 요건이라고 강조하는 사람은 없었다. 내가 다닌 공립 고등학교 역시 생물 시간에 진화론을 가르쳤으나, 다행히 선생님들은 이것을 반종교적인 방식으로 가르치시지 않았다.

이후 미네소타 주 세인트폴에 소재한 베델 대학에서 물리학을 전공하면서 과학과 수학에 대한 사랑을 적절히 결합시킬 수 있었다. 나는 복잡한 계산을 통해 실제 실험의 결과를 정확하게 예측할 수 있다는 사실이 매우 놀랍게 느껴졌다. 그 시절에 나는 과학이 기독교 세계관에 기초하고 있음을 배웠다. 즉, 과학 연구는 자연법칙의 규칙성에 기초하며, 그 자연법칙의 규칙성은 하나님의 신실한 주권에 기초한다는 사실을 알게 된 것이다. 언젠가 예배를 드릴 때였다. 당시 설교자는 더 많은 그리스도인이 대학에 들어가 학계에 복음을 전하고, 그 문화 속에 기독교 세계관을 전파할 필요가 있다고 말했다. 그 순간 나는 과학자들 사이에서 기독교의 목소리를 내고, 교회 안에서 과학의 목소리를 내라는 하나님의 부르심을 느꼈다. 이후 지금까지도 나는 그 부르심에 따라 열정적으로 그 두 영역 사이에 다리를 놓고, 과학자들과 그리스도인들에게 양자의 입장이 상반되는 것이 아니라는 점을 알리려 애쓰고 있다.

대학원에서 물리학을 공부할 때 나의 가장 큰 관심사는 천체물리학이었다. 이후 나는 매사추세츠 공과대학에서 은하계와 우주 팽창에 대한 연구로 박사학위를 받았다. 그리고 우주의 나이를 주제로 한 연구 프로젝트를 시작하면서부터 그리스도인들이 우주의 나이와 기원의 문제를 어떻게 생각하는지 좀더 자세히 알아야겠다는 생각을 하게 되었다. 그래서 여러 저자의 책을 읽고 IVF에서 만난 동료 그리스도인 대학원생들과도 이 주제에 대해 토론했다. 그 결과 성경을 잘 읽어보면 성경이 과학과 하나님의 세계에 대해 과학이 말하는 바를 상당히 존중하고 있음을 알게 된다는 사실을 깨달았다.

대학원생으로 참석했던 한 과학 학회에서 어떤 천문학자는 최신 천문학적 연구 결과를 일반 대중에게 알리는 일의 중요성을 이야기했다. 과학자들은 자기들끼리만 그 결과를 공유하고 끝낼 것이 아니라 남녀노소를 막론하고 우주를 더 알고 싶어 하는 모든 사람에게 그 결과를 알려야 한다는 것이었다. 국민들이 내는 세금을 받아 일하는 과학자라면 더욱 그럴 것이다. 하지만 나는 이 이유 말고도 천문학을 사람들에게 알려야 할 더 근본적이고 적절한 이유가 있음을 깨달았다. 그것은 바로 이 우주가 하나님의 작품이기 때문이다. 대학에서 물리학을 배울 때, 나는 마음속으로 혼자 하나님을 찬양하는 것에 만족할 수 없었다. 이것을 다른 사람들에게 알려 그들도 함께 온 하늘 가득 선포된 하나님의 영광을 찬양할 수 있게 해야 했다. 이 책을 쓰고 캘빈 대학에서 가르치는 기회를 주심으로써, 하나님은 당신의 작품을 더 많은 사람에게 알릴 수 있게 해주셨다.

로렌 D. 하스마

나는 늘 과학 공부가 재미있었다. 아마 초등학교 저학년 때부터 천문학 책을 읽었던 것 같다. 신학 공부도 재미있었다. 어려서부터 개혁파 교회에 다니고, 유치원부터 대학 때까지 기독교 학교에 다녔기 때문에, 신학을 배울 기회는 많았다. 처음으로 과학과 신학을 연결시키려 한 것은 중학생 시절 주일학교 성경 공부 시간의 일이었던 것으로 기억한다. 그때 목사님은 하나님이 모든 행성을 각기 적절한 자리에 머물도록 지키신다는 성경의 가르침을 말씀해 주시면서, 과학도 각 행성이 중력으로 인해 저마다의 궤도에 머물러 있다고 설명한다는 점을 알려주셨다. 그러면서 과학과 성경이라는 두 관점이 서로 갈등 관계에 있는 것이 아니라고 말씀하셨고, 하나님이 중력의 법칙을 창조하셨고 그 법칙을 통해 행성들을 제 궤도에 있게 하신다고 설명해 주셨다. 이 사건과 이 같은 목사님의 말씀의 기초가 된 개혁신학 덕분에 나는 이후 수년간 과학과 종교가 서로 갈등 관계에 있다고 누군가 주장할 때마다 큰 걱정 없이 올바른 방향으로 생각을 이어갈 수 있었다. 또 하나 내게 큰 도움이 된 것은 고등학교 3학년 때 참석했던 성경 공부 모임이었다. 그 시간은 직접적으로 기원 같은 과학적인 주제를 두고 토론하는 시간은 아니었으나, 성경을 해석하고 이해하며 적용하는 일에 대해 많은 것을 배울 수 있었다.

어릴 때는 주로 젊은 지구론적 해석으로 창세기를 배웠지만, 그 어떤 선생님이나 목사님도 그것만이 유일하게 옳은 해석이라고 주장하시지는 않았던 것 같다. 고등학교와 대학교에서 나는 지구의 나이와 역사에 관한 과학적 증거를 배우기 시작했다. 그리스도인들 중에 이 과학을 불신하는 사람들이 있음을 알았지만, 직접 공부를 해 보니 과학자들이란 대체로 매우 똑똑하고 주의 깊은 사람들이었다. 여러 신학자의 창세기 주석도 더 깊은 사고를 하는 데 도움을 주었다. 이들의 글 덕분에 나는 하나님의 세계에 대한 연구와 하나님의 말씀에 대한 연구를 조화롭게 병행할 수 있었다.

캘빈 대학을 졸업한 다음부터 과학은 나의 직업이 되었다. 나는 하버드 대학교 대학원에 진학해 물리학으로 박사학위를 받았고, 이후 5년간 신경과학이라는 흥미로운 분야에서 전임 과학연구원으로 일했다. 신경과학이란 세포와 생물의 작동방식에 대한 생물학적 연구와 원자와 전기 신호의 움직임에 대한 물리학적 연구를 결합한 학문이다.

1999년 다시 캘빈 대학으로 돌아와 학생들을 가르치면서 과학과 신학에 대한 나의 애정은 커져만 갔다. 누군가 특정한 쟁점들에 관하여 과학과 기독교 신학이 서로 부딪친다고 주장할 때마다, 나는 그 주제를 파고들고자 하는 열정과 소명과 의무감을 느꼈다. 그리고 그렇게 수년간 주의 깊게 그 쟁점들에 대한 과학, 철학, 신학을 연구한 결과, 여러 차례 그 두 영역 사이에 실제적인 모순이 존재하지 않는다는 결론을 내릴 수 있었다. 과학과 신학은, 서로 조화를 이룸은 물론 상대 영역에 대한 이해를 더욱 풍성하게 만든다.

ORIGINS

1장
하나님의 말씀과 하나님의 세계

"하나님은 어떤 분인가?" 이것은 기본적으로 과학적인 질문이 아니라 종교적인 질문이다. 반면에 "탄소 원자의 질량은 얼마인가?"와 같은 질문은 종교적인 질문이 아니라 과학적인 질문이다. 과학과 종교 간의 갈등을 피하고 싶다면, 그 두 영역을 완전히 분리하는 것이 가장 쉬운 방법일 것이다. 실제로 많은 무신론자와 불가지론자가 이 입장에 근거하여 글을 써 왔다. 그들은 과학이 답할 수 없는 도덕적 의미나 인간의 가치에 관한 문제는 종교나 철학에 묻고, 과학이 답할 수 있는 자연 세계에 관한 질문은 종교가 아니라 과학에 물어야 한다고 말한다. 매력적인 해결책이다.

그러나 종교와 과학을 항상 분리할 수는 없다. 종교적 질문을 제기할 수밖에 없는 과학적 발견들이 있기 때문이다. 그중 몇 가지 예를 살펴보자.

- 천문학자들이 우주의 광대함을 연구할 때, 우리는 이토록 광대한 우주 안에 존재하는 미미한 인간 존재의 의미를 묻지 않을 수 없다.
- 생물학자들이 질병을 일으키는 병균들을 연구할 때, 우리는 고통의 원인에 대해 생각하지 않을 수 없다.
- 생태학자들이 지구 동식물들의 다양성에 대해 연구할 때, 우리는 이 지

구를 보호해야 할 책임을 또 한 번 자각하게 된다.
- 물리학자들이 강력한 에너지원을 발견했을 때, 우리는 이것을 전쟁에 사용해야 할지 말아야 할지를 두고 논쟁하게 된다.

위와 같은 과학적인 발견들은 분명 도덕적이고 종교적인 질문들에 관한 우리의 신념과 결정에 영향을 미친다.

그리스도인이든 무신론자든 사람들은 대개 개별 영역에서만 통하는 신념 체계에 만족하지 못한다. 즉, 개별 영역에서는 통하지만 전체적으로 볼 때는 서로 충돌하고 모순되는 신념 체계에 만족하지 못한다는 말이다. 우리는 자연 세계를 연구할 때의 신념과 투표할 때의 신념, 돈을 쓸 때의 신념과 교회에서의 신념을 따로 갖고 싶어 하지 않는다. 우리는 일관되고 통합된 하나의 신념 체계를 바탕으로 삶의 모든 부분이 흘러가기를 바란다.

무엇보다 중요한 것은, 하나님이 삶의 모든 영역을 주관하신다고 말하는 성경을 믿는 그리스도인이라면 종교와 과학을 간단히 분리시킬 수 없다는 사실이다. 행성과 별을 창조하신 하나님은 동시에 인간들을 감동시켜 성경을 쓰게 하시고 인간 역사에 모습을 드러내셨다. 하늘과 바다를 만드신 하나님은 인간들에게 이기심이 아닌 사랑으로 행하라고 명하셨으며, 또한 식물과 동물을 만드신 그분은 명령에 불순종한 인간을 구원하신다. 우리에게 세상을 과학적으로 연구할 능력을 주신 분과 기록된 계시를 이해하고자 할 때 성령으로 우리를 인도하시는 분은 같은 하나님이다. 하나님의 말씀에 대한 연구와 하나님의 세계에 대한 연구를 우리는 결코 분리할 수 없다. 두 영역 모두 하나님으로부터 나왔고 같은 하나님을 향하기 때문이다.

그리스도인들이 동의하는 내용과 이견이 존재하는 주제들

그리스도인들이 동의하는 내용

창조, 설계, 진화를 두고 이야기할 때면, 그리스도인들은 서로 의견이 다른 부분에 집중하기 쉽다. 그러나 이에 앞서 대부분의 그리스도인이 동의하는 내용이 무엇인지 살펴보는 것도 중요할 것 같다. 이는 우리가 이 책에서 확실히 확인하고 넘어가려는 지점이기도 하다. 하나님의 기본 원칙과 하나님의 말씀, 그리고 하나님의 세계에 대해 거의 모든 그리스도인이 동의하는 내용을 다섯 가지로 정리해 보았다.

하나님은 이 우주를 창조하셨고 지키시며 다스리신다

이는 많은 그리스도인이 매주 교회에서 암송하는 세계 교회 신조인 사도신경 첫 줄에서부터 확증하는 사실이다. "천지를 만드신 하나님 아버지를 내가 믿사오며." 그리스도인들은 하나님이 무에서 유를 창조하시고 당신의 말씀, 곧 아들을 통해 이 모든 것을 존재하게 하셨다고 믿는다(요 1:1-3). 이후에도 하나님은 지속적으로 온 우주를 지키시면서 당신의 섭리에 따라 모든 피조물을 다스리신다.

이 세상을 창조하신 하나님은 인간들 앞에 자신의 모습을 드러내기도 하신다

하나님은 역사상 수차례 다양한 방식으로 자신의 모습을 드러내셨다. 성경과 성육신이 그 예이며, 히브리서 첫 부분에도 이 사실이 설명되어 있다.

> 옛적에 선지자들을 통하여 여러 부분과 여러 모양으로 우리 조상들에게 말씀하신 하나님이 이 모든 날 마지막에는 아들을 통하여 우리에게 말씀하셨으니 이 아들을 만유의 상속자로 세우시고 또 그로 말미암아 모든 세계를 지으셨느니라. 이

는 하나님의 영광의 광채시요 그 본체의 형상이시라. 그의 능력의 말씀으로 만물을 붙드시며 죄를 정결하게 하는 일을 하시고 높은 곳에 계신 지극히 크신 이의 우편에 앉으셨느니라. (1:1-3)

이 세계를 창조하신 하나님은 동시에 우리를 구원하시는 분이다

하나님이 우리를 창조하셨기에 우리는 그분께 속해 있다. 그러나 인간이 하나님을 배신했을 때도 그분은 우리를 구원해 주셨다. 하나님은 예수 그리스도로 하여금 인간의 몸을 입고 태어나 이 땅에서 살고 죽으며 또 부활하게 하심으로써 우리를 구원하셨다.

성경은 권위 있는 책이며 구원의 길을 알려주기에 충분하다

하나님은 인간 저자들을 감동시켜 성경이 자신의 의도한 바를 참되게 드러내도록 하셨다. 또한 성령님이 우리 마음에 계시면서 성경의 메시지가 인간의 것이 아니라 하나님으로부터 온 것임을 증거한다. 그리스도인들은 이 성경만 가지고도 핵심적인 믿음과 실천을 굳건히 세울 수 있다고 믿는다. 구원받기 위해 우리가 알아야 할 모든 것이 성경에 있다고 여기기 때문이다. 물론 하나님이 자연 세계 같은 다양한 수단을 통해 우리에게 새로운 것을 가르쳐주실 수도 있지만, 틀림없이 이 새로운 가르침들 역시 하나님이 성경을 통해 가르쳐 주신 내용과 모순되지 않고 조화를 이룰 것이다.

하나님은 인간의 노력이 미치는 모든 영역을 다스리시며 인간에게 특별한 능력과 책임을 맡기셨다

이와 관련하여 신학자 코넬리우스 플랜팅가(Cornelius Plantinga)는 다음과 같이 말했다.

하나님의 창조는 생물물리적 범주를 넘어 하나님이 인간의 속성 가운데 심어 놓으신 모든 문화적 가능성에까지 광범위하게 영향을 미친다.…하나님의 선한 창조는 지구와 그 안의 피조물은 물론, 결혼과 가족, 예술과 언어, 상업, 그리고 (심지어 이상적인 세상에서의) 정부와 같은 모든 문화적 선물까지도 아우른다. 인간이 타락하여 이 선물들을 오염시켰을 때도 하나님은 이 선물을 완전히 거두어 가지 않으셨다. 도시를 세우고, 장막을 치고, 음악을 하고, 철공예를 하는 내용이 담긴 창세기 4장에서도 이 같은 문화 활동의 시초를 찾아볼 수 있다. 이 모든 것은 하나님이 창조세계에 심어 두신 가능성을 실현시킨 것으로, 하나님의 피조물, 즉 그 자체로 하나님을 가장 많이 닮은 인간 피조물이 지닌 창의력을 나타내 보인다.

「기독 지성의 책임」(*Engaging God's World*, 규장)

이를 자연과학에 적용해 보면, 하나님이 자연 세계를 체계적으로 연구할 때 필요한 능력과 책임도 인간에게 은혜로 주셨다는 결론을 얻을 수 있다. 그러나 인간이 그 어떤 노력을 다할지라도 그것은 불완전할 수밖에 없고, 따라서 우리는 이 일을 해 나갈 때 하나님의 형상을 지닌 자로서 하나님이 주신 선물에 감사하는 마음을 가져야 할 것이다.

그리스도인들 간에 이견이 존재하는 주제들

만물을 **누가** 창조하였는가에 대해서는 그리스도인들이 모두 같은 답을 하지만, 이 하나님이 만물을 **어떻게** 창조하셨는지에 대해서는 지난 수십 년간 다양한 이견이 존재해 왔다. 그렇게 수많은 이견이 나오게 한 질문들의 핵심은 다음 두 가지 질문으로 요약될 것 같다.

- 하나님의 말씀을 연구할 때, 하나님의 창조 사역을 설명하는 성경 구절을 어떻게 이해하는 것이 최선인가?
- 하나님의 세계(자연)를 연구할 때, 자연이 그 역사에 대해 말하는 바를 어

떻게 결론짓는 것이 옳은가?

먼저 그리스도인들 중에 젊은 지구 창조론자(young earth creationist)라고 자처하는 사람들이 있다. 이들은 지구의 나이가 수천 년에 지나지 않으며 대홍수에 의해 지구가 지금의 모양을 갖추었다고 보는 것이 창세기에 대한 최선의 해석이라고 믿는다. 우주의 나이가 젊다거나 우주가 외양상으로만 오래된 것처럼 보인다고 주장하는 이 견해를 과학적 데이터가 얼마나 뒷받침하는지와 성경 해석 방법에 대해서는 이들 안에도 다양한 의견이 있다.

반면 오랜 지구 창조론자(old earth creationist)라 자처하는 그리스도인들도 있다. 이들은 창세기 1장에서 말하는 **하루**가 실제로는 과학 역사에 존재한 긴 연대들을 가리킨다고 해석한다. 아예 창세기의 이야기가 지구의 나이와 아무런 관계가 없다고 생각하는 그리스도인들도 있다. 이들은 성경 본문을 통해 지구 나이를 유추하는 것은, 성경이 의도하지 않은 가르침을 찾아내려는 헛수고라고 본다.

이 오랜 지구 창조론자들 가운데 일부는 진화론적 창조론자들(evolutionary creationist)이다. 이들은 과학 데이터와 성경을 제대로 이해하고 해석한다면 하나님이 진화의 과정을 주관하고 이용하여 천지를 창조하셨음을 알 수 있다고 본다. 한편 마찬가지로 오랜 지구 창조론자의 다른 한 부류인 점진적 창조론자들(progressive creationist)은 성경과 과학 모두 하나님이 천지를 창조하실 때, 그중에서도 특히 인간 역사를 이루실 때 자연적 과정뿐 아니라 기적도 함께 사용하셨음을 말한다고 주장한다. 항상 그런 것은 아니지만 **지적설계**는 주로 점진적 창조론의 근거로 등장한다.

이처럼 다양한 종류의 젊은 지구론과 오랜 지구론을 하나씩 살펴보고, 그리스도인들이 창조와 진화, 설계에 대해 갖고 있는 다양한 입장을 이해하는 것이 이 책의 목적 중 하나다. 5장과 6장, 8장, 그리고 부록에서 이 용어들을 더 자세히 정의하고 그 다양한 신념을 구체적으로 살펴볼 것이다.

지금까지 살펴본 바와 같이 그리스도인들 사이에도 의견이 일치하지 않는 까닭에, 많은 교회와 교파와 기관들은 그리스도인도 기원에 관해 다양한 관점을 가질 수 있다고 주장해 왔다. 이들은 이 모든 관점이 진심으로 하나님과 성경에 충실하기 위한 열망에서 나온 것이며 기독교 신앙이라는 테두리 안에 있다고 설명한다. (기원에 관하여 각 교파와 기독교 기관이 취하는 입장을 구체적으로 정리한 자료들을 "참고 자료"에 소개해 두었으니 참고하기 바란다.)

하나님의 말씀과 하나님의 세계에 귀를 기울이라

그리스도인들끼리 기원에 관한 주제로 논의할 때면, 이렇게 묻는 사람들이 꼭 있다. "과학을 토대로 성경 읽기 방법을 택할 것인가, 아니면 성경을 토대로 과학을 연구할 것인가?" 그러나 신학이 과학의 지시를 따라야 하는가 아니면 그 반대여야 하는가라고 묻기보다는, 다음과 같이 묻는 것이 더 적절할 것 같다.

- 그리스도인이 우주 만물의 창조를 연구하며 배운 것들이 성경 해석에 영향을 미치는 것이 타당한가?
- 그리스도인이 성경을 연구하며 배운 것들이 우주 만물 창조의 해석에 영향을 미치는 것이 타당한가?

위 두 질문에 대한 답은 모두 '그렇다'가 되어야겠지만, 우리가 어떻게 하느냐에 따라 이것은 긍정적인 결과를 가져올 수도 있고 부정적인 결과를 가져올 수도 있다.

자연 해석에 대한 성경의 영향

성경을 잘못 사용하는 한 가지 예는, 성경이 가르치려고 의도하지 않은 내용을 성경에 있는 것처럼 해석하는 것이다. 성경이 그 자체로 권위를 지니며 구원받기 위해 알아야 할 모든 것을 가르치는 것은 사실이지만, 성경을 모든 인간적 지식을 포괄한 참고서라고 생각해서는 안 된다. 농사법과 관련된 내용이 나오기는 하지만 성경은 농사 지침서가 아니다. 마찬가지로 돈의 사용법을 다룬 부분이 있지만 경제 교과서라 할 수 없고, 자연 세계에 대해 이야기하지만 과학 교과서와 동일시해서는 안 된다. 공사 중인 집에 사용할 관의 크기를 알아야 하는 배관공에게 성경을 공부하라고 말하지 않듯이, 과학자들에게 성경을 공부하면 전기회로들이 신호에 어떻게 반응하는지 알 수 있을 거라고 말할 수 없다.

하지만 자연 세계를 더 적절하게 해석하는 데 성경이 영향을 끼칠 수는 있다. 예를 들어 성경은 하나님이 자연 세계와 상호작용하실 수 있다고 가르치는 반면에, 자연 세계 연구를 위한 훈련을 받을 때 과학자들은 가능한 한 모든 것을 자연적 과정과 관련된 용어로 설명하라고 배운다. 만약 과학자가 한평생 과학을 통해서만 답을 구한다면, 그는 모든 사건을 **언제나** 완벽한 자연적 설명으로 결론지으려 들 것이다. 이때 성경이 그의 왜곡된 관점을 바로잡아줄 수 있다. 성경은 하나님이 정상적인 자연 과정들을 통하지 않고 일하실 수 있는 분이며 실제로 종종 그렇게 하신다고 가르친다. 하나님이 기적을 행하실 수도 있다는 말이다. 그렇기 때문에 그리스도인 과학자는 과학적으로 설명할 수 없는 사건이 일어날 수 있다는 가능성에 마음을 열어 두어야 한다.

성경은 과학만으로는 알 수 없는 자연 세계에 대한 중요한 교훈을 우리에게 알려준다. 즉, 과학자들은 식물과 암석과 먼지를 구성하는 원소들이 인간의 몸을 구성하는 원소들과 똑같다는 사실을 밝혀냈지만, 성경은 그럼에도 불구하고 인간이 창조세계에서 아주 특별한 위치를 차지한다고 말한다. 또한 과학자들은 봄, 여름, 가을, 겨울의 계절 변화가 태양 주위를 도는 공전 궤도와 지구의 자전 각도 때문이라고 설명하지만, 성경은 신실하고 지속적인 하나님의 다스리심으로 인해 사계절이 생긴다고 알려준다.

성경 해석에 대한 과학의 영향

과학이 성경 해석에 영향을 주는 경우는 또 어떨까? 경우에 따라서는 부적절한 영향을 끼칠 수도 있는데, 과학과 상충하는 것 같은 특정 성경 구절을 무시하는 경우가 그 예다. 과학적 추론만으로 성경을 해석해서는 안 된다. 또 과학을 기준으로 성경을 읽느라 특정 부분의 성경 해석이 성경의 다른 부분에서 명확히 가르치는 내용과 갈등을 일으키게 해서도 안 된다.

한편 과학이 성경 해석에 긍정적인 영향을 주는 경우도 있는데, 하나님의 자연을 연구하여 알게 된 지식이 하나님의 말씀을 이해하는 데 도움을 주는 경우가 그 예다. 이를 좀더 포괄적인 맥락에서 생각해 보자. 삶의 모든 경험에는 성경에 대한 우리의 이해를 변화시키고 향상시킬 가능성이 잠재되어 있다. 예를 들어, 강한 믿음을 갖고 지나치게 많은 죄를 짓지 않으면 하나님이 우리에게 부와 건강의 복을 주실 것이라고 생각하는 '부와 건강' 복음을 성경이 지지한다고 잘못 해석할 때, 하나님은 고통이나 상실과 같은 인생 경험이나 다른 그리스도인들의 지혜를 사용해 이 오해를 바로잡아 주신다. 이와 비슷하게 자연 세계에 대한 과학적 지식을 통해서도 하나님은 성경의 특정 부분들에 대한 우리의 이해를 도우실 수 있다.

특정 성경 구절의 내용이 모호하거나 여러 가지로 해석이 가능할 때도 과학의 도움을 받을 수 있다. 해가 뜨고 지고, 비가 일정한 패턴으로 내리며, 씨앗이 자라 키 큰 곡식이 되는 것과 같은 일상적인 일들을 생각해 보자. 일상적으로 일어나는 이런 일들을 하나님은 기적을 통해 일으키실까, 아니면 기적적인 개입 없이 자연법칙과 일상적인 과정들을 이용하실까? 성경을 읽다 보면 하나님이 낮과 밤을 정하시고 우기와 건기가 있게 하셨으며 큰 수확을 얻도록 땅에 복을 주셨다는 표현이 여러 구절에서 등장한다. 이 말씀들을 읽다 보면 하나님이 매번 특별한 기적으로 이 일상적인 일들을 일으키신다고 생각하기 쉽다.

그러나 특별하고 기적적인 하나님의 역사가 아닌, 하나님이 예전에 확립하셨고 지금까지 유지하시는 법칙에 따른 자연 과정을 통해 위와 같은 사건들이 일어나게 하신다는 결론을 내리게 만드는 말씀들도 있다(참고 렘 33:25). 성경만으로는 여러 가능한 해석 중 어떤 것이 옳은지 확실히 판별할 수 없는 경우들이 있다. 성경은 현대 과학이 이러한 문제들을 체계적으로 연구하기 오래 전에 기록된 책이기 때문이다. 성경 저자들이 자연을 지키시고 통제하시는 이가 아브라함과 사라와 이삭과 리브가의 하나님이라고 주장하는 데 열심이었던 반면, 하나님이 그 일들을 구체적으로 **어떻게** 행하셨는지에 대해서는 특별한 흥미를 보이지 않았던 것도 아마 이 때문일 것이다.

하지만 우리는 하나님이 이 일들을 어떻게 행하시는지에 대해서도 많은 관심을 갖고 있다. 우리는 하나님이 어떻게 밤과 낮을 만드시고 식물들을 자라게 하시는지 궁금하여, 이를 이해하기 위해 체계적으로 하나님의 세계를 연구한다. 이렇게 과학 연구를 통해 배운 것들을 활용해 성경의 특정 구절을 어떻게 해석할 것인지에 대한 답을 얻을 수 있다. 과학 연구 결과는 하나님이 일출과 일몰, 비와 수확을 주관하신다는 성경의 주장을 뒤

집지 않는다. 오히려 지구의 공전이나 물의 증발과 응축, 그리고 생물학적·화학적 과정과 같이 이해 가능한 일정한 자연법칙들을 통해서 하나님이 이 일들을 주관하신다는 사실을 더 구체적으로 알려준다. 어떤 성경 구절을 두 가지로 해석할 수 있을 때, 우리는 이러한 과학 정보와 삶의 경험을 근거로 그중 하나를 선택할 수 있다. 과학은 하나님이 특별하고 기적적인 행동 없이 이 모든 일을 주관하신다는 사실을 확증해 준다.

과학을 신학 위에 혹은 신학을 과학 위에 올려놓기 전에, 하나님이 이 두 가지 영역을 모두 다스리심을 기억하자. 또 우리에게는 성령님이라는 존재가 계셔서 과학과 신학의 새로운 이해와 지혜로 우리를 이끌어 주신다. 하나님이 성경 말씀을 통해 자연 세계의 지식을 우리에게 가르치려 하신다면, 그리스도인은 당연히 그 말씀을 들어야 한다. 하나님이 과학적 지식과 경험을 통해 우리로 하여금 성경을 더 잘 이해하도록 하신다면, 그리스도인은 그 또한 들어야 할 것이다. 과학으로 인해 성경의 특정 부분을 무시하거나 성경의 한 부분을 다른 부분과 모순되게 해석하는 잘못을 범해서는 안 되지만, 특정 구절을 여러 의미로 해석할 수 있고 동시에 이 모든 해석이 성경의 다른 부분과도 일치하는 경우라면, 하나님은 과학을 통해 그 구절에 대한 우리의 이해를 도우실 것이다. 하나님은 세계를 창조하셨고, 인간에게 영감을 주어 성경을 기록하셨다. 세계와 성경, 이 두 가지 모두를 통해 하나님이 우리에게 들려주시는 말씀에 귀 기울이는 것이 우리의 목적이 되어야 할 것이다.

논쟁을 넘어서

사도신경은 "전능하사 천지를 만드신 하나님 아버지를 내가 믿사오며"라는 말로 시작한다. 하지만 이 천지를 하나님이 **어떻게** 만드셨다고 믿어야 할지에 대해서는 말하지 않는다. 그리스도인에게 중요한 것은 하나님이 온 우주를 창조하셨다고 믿는 것이다. 하나님이 **어떻게** 이 세계를 만드셨는지에 대한 확고한 믿음을 갖는 것은 구원에 필수적인 요소가 아니다. 그러나 하나님은 우리에게 호기심과 놀라운 세상을 주셨고, 따라서 우리 중 많은 사람은 그 '어떻게'를 더 알고 싶어 하며, 일부는 아예 그것을 직업으로 삼고 있다.

기원에 대하여 그리스도인들 사이에도 다양한 의견과 광범위한 관심 분야가 존재하는 것은 사실이나, 그럼에도 불구하고 모든 그리스도인은 다음의 내용들을 공통적으로 기억하고 있어야 한다.

- 하나님의 말씀과 하나님의 세계, 이 두 영역을 모두 진지하게 받아들여야 한다. 한쪽을 더 중시해 다른 한쪽을 무시하는 것은 하나님의 계시 일부를 무시하는 처사다.
- 서로를 비방하는 일을 피해야 한다. 의견을 달리하는 사람의 동기를 비판하려는 사람들은 언제나 거짓 증거하는 죄를 범하지 않도록 조심해야 한다. 예를 들어, 젊은 지구론을 믿는 어떤 그리스도인들은 오랜 지구론을 믿는 그리스도인들이 세상 과학자들의 존경을 받기 위해 자신들의 신앙을 타협했으며 결국에는 성경 전체를 내버리게 될 거라고 주장한다. 반대로 오랜 지구론을 믿는 그리스도인들 중에도 젊은 지구론을 믿는 사람들이 교만할 정도로 고집이 세고 반지성적이며 자의적인 성경 해석으로 우상을 만들어 냈다고 비난하는 사람이 있다. 그러나 특별히 극단적인 몇몇 경우를 제외하고는 기원에 대한 나름의 신념을 가진 대부분의 그리스도인에게 이런 지적은 적합하지 않다.
- 복음 앞에 불필요한 걸림돌을 놓지 말아야 한다. 기원에 대한 현대적인 논쟁이 있기 수세기 전에 살았던 아우구스티누스도 당시에 이와 비슷한 문제에 직면한 후 다음과 같은 글을 남겼다.

일반적으로 볼 때 불신자들도 지구와 관련하여 일정한 지식을 갖고 있다.…각 사람이 이성과 경험을 통해 확신하게 된 지식들이다. 그리스도인이 성경의 뜻을 알려준다고 하면서 불신자들에게 이 주제에 관한 비상식적인 이야기를 하는 것은 수치스럽고 위험한 일이다. 이렇게 사람들이 그리스도인을 크게 무시하고 비웃는 난처한 상황을 피하기 위해, 우리는 모든 수단을 강구해야 할 것이다. 무지한 한 개인이 당할 수치가 걱정되어서라기보다는, 신앙이 없는 사람들이 성경 저자들 또한 그 무지한 사람과 똑같은 것을 말하고 있다고 오해하여 우리가 구원을 위해 애써야 할 그 사람들을 도리어 놓쳐 버리고, 성경 저자들까지 몽매한 사람들로 비판받고 거부당할 위험이 있기 때문이다.

「창세기의 문자적 의미」(The Literal Meaning of Genesis)

- 그리스도인들의 자녀들이 과학을 두려워하지 않고 계속 공부해 나갈 수 있도록 격려해 주어야 한다. 젊은 그리스도인들 중에는 하나님의 축복으로 과학에 대한 호기심과 재능을 지녔는데도, 과학자란 신의 존재를 부정하려 애쓰는 사람이기 때문에 과학을 연구하면 신앙이 위태로워질 거라고 경고하는 주위 사람들 때문에 주저하는 이들이 있다. 그러나 우리는 오히려 이런 젊은 그리스도인들에게 용기를 북돋워주어 과학에 대한 하나님의 부르심에 응답하고 그분이 만드신 작품을 연구할 수 있게 해야 한다.

마지막으로, 하나님의 세계에 대한 그리스도인들의 일차적 반응은 논쟁이 아니라 창조자에 대한 넘치는 찬양과 경배가 되어야 할 것이다. 시편 29편에서 시편 기자는 하나님의 세계를 보면서 찬양으로 응답한다. 북이스라엘의 한 언덕에 앉아 있거나 레바논 어느 바닷가에 서 있었을 시편 기자를 마음속에 그려보자. 가만히 지중해를 바라보고 있자니 하늘에 구름이 생기고 저 멀리서 천둥소리가 들려온다. 결국 해변에 폭풍우가 몰려와 레바논 숲은 거침없는 바람으로 가득 차고, 시리온(Sirion)이라고도 불리는 헤르몬(Hermon) 산에서는 그 천둥소리가 메아리 되어 들리며, 가데스 광야는 내리치는 번개로 어지럽다. 그러다 어느덧 폭풍이 지나가 바람이 멈추고 파도가 잔잔해지자, 이에 시인이 다음과 같이 노래한다.

너희 권능 있는 자들아!
　영광과 능력을 여호와께 돌리고 돌릴지어다.
여호와께 그의 이름에 합당한 영광을 돌리며
　거룩한 옷을 입고 여호와께 예배할지어다.
여호와의 소리가 물 위에 있도다.
　영광의 하나님이 우렛소리를 내시니
　여호와는 많은 물 위에 계시도다.
여호와의 소리가 힘 있음이여
　여호와의 소리가 위엄차도다.
여호와의 소리가 백향목을 꺾으심이여
　여호와께서 레바논 백향목을 꺾어 부수시도다.
그 나무를 송아지 같이 뛰게 하심이여
　레바논과 시룐으로 들송아지 같이 뛰게 하시도다.
여호와의 소리가 화염을 가르시도다.
여호와의 소리가 광야를 진동하심이여
　여호와께서 가데스 광야를 진동시키시도다.
여호와의 소리가 암사슴을 낙태하게 하시고
　삼림을 말갛게 벗기시니
그의 성전에서 그의 모든 것들이 말하기를 영광이라 하도다.

여호와께서 홍수 때에 좌정하셨음이여

　여호와께서 영원하도록 왕으로 좌정하시도다.

여호와께서 자기 백성에게 힘을 주심이여

　여호와께서 자기 백성에게 평강의 복을 주시리로다.

여기서 시편 기자는 천둥 번개를 동반한 폭풍우가 생기는 과정이나 기상학, 강수, 대기권의 찬 기단 앞머리나 전기 방전에 대해서는 한 마디도 하지 않는다. 단지 그는 **누가** 이 일을 하고 있는지에만 집중한다. 하나님이 폭풍우를 다스리신다. 천지만물이 그분의 권위와 영광을 외친다. 시인은 세찬 바람과 천둥소리, 번갯불의 번쩍임과 같이 바깥에서 폭풍우를 만난 인간의 경험을 예술적으로 승화시켜 하나님의 영광과 권능을 선포한다. 동시에 이 시는 하나님의 백성들에게 가나안 사람들이 천둥 번개를 다스리는 신으로 믿고 있는 바알을 부인하라는 교훈을 전달하는 역할도 한다. 시인은 그것이 사실이 아니라고 위풍당당하게 외친다. 바알이 아닌 이스라엘의 하나님 주 여호와가 이 모든 것을 다스리신다! 믿음의 눈으로 천둥 번개와 같은 자연의 경이를 접할 때 우리는 "주님께 영광을!"이라고 외치지 않을 수 없다. 폭풍우 속에서 우리는 그분의 능력을 경험하는 동시에 자신의 무력함을 느낀다. 자연은 진정한 능력이 어떤 것인지 맛보게 하여 우리로 하여금 전능하신 하나님의 능력을 깊이 이해하도록 돕는다.

성찰 및 토론을 위한 질문들

1. 서론에서는 저자들이 직접 겪은 경험과 그 경험이 하나님의 말씀과 세계에 대한 우리의 신념과 관심에 어떤 영향을 끼쳤는지 간단히 이야기했다. 당신은 창조와 진화, 설계라는 이 주제와 관련하여 어떤 경험을

했는가? 하나님이 세상을 창조하신 과정을 더 자세히 배우기 시작한 계기는 무엇이었는가?
2. 학창 시절에 과학이라는 과목을 어떻게 생각했는가? 좋아했는가, 어려워했는가, 아니면 따분해했는가?
3. 기원에 대해 그리스도인들이 서로 다른 의견을 말하는 것을 본 적이 있는가? 그들은 각기 어떤 입장을 보였는가? 그 자리의 분위기는 우호적이었나 아니면 논쟁적이었나?
4. 그리스도인들이 근본 원칙에는 찬성하나 구체적인 부분에서 다른 의견을 보이는 주제들로 또 어떤 것이 있을까?
5. 기원 문제에 대해 이야기하다가 다른 그리스도인의 동기에 대해 거짓된 증언을 하는 사람을 본 적이 있는가? 그것은 어떤 상황에서 일어난 일이었는가?
6. 이 장에서 저자들은 그리스도인이 자연으로부터 배운 것을 성경 해석에 적용하는 것과 반대로 성경을 자연 해석에 적용하는 것이 타당한지 물었다. 이에 대한 당신의 답은 무엇인가?
7. 성경에 대한 우리의 이해를 돕기 위해 성령님은 어떤 방법을 사용하실까? 또 그릇된 성경 해석을 막기 위해서는 어떤 방법을 사용하실까?

ORIGINS

2장 세계관과 과학

이 책의 2장을 읽고 있다는 것은 당신이 기원이라는 주제에 관심을 갖고 있다는 뜻일 것이다. 무엇 때문인가? 왜 당신은 하나님이 세상을 어떻게 창조하셨는지 더 알고 싶어 하는가? 이 책이 답해 주길 바라는 그 심도 깊은 질문은 무엇인가? 개인적인 연구나 소그룹 토론을 통해 기원에 대해 어떤 결론을 내리느냐는, 사실 세상에서의 자신의 위치와 신에 대해 각자가 마음 깊이 품고 있는 신념에 따라 달라진다. 우리는 이것을 **세계관**이라 부른다.

그런데 세계관이 뭘까? 세계관 혹은 세계-인생관은 주로 '한 사람이 인생에 관한 중대한 질문들에 대답할 때 사용하는 하나의 신념 체계'로 정의된다. 여기에는 우주와 인간의 기원, 인간의 존재 목적, 신의 존재 여부, 그리고 인간과 신의 관계에 대한 질문이 포함된다. 이런 맥락에서 보면 무신론도 종교와 무관하다고 할 수 없다. 무신론은 위의 질문들에 대해 신을 중심으로 답하는 유신론적 신념 체계와 다른 답을 내놓는 또 하나의 신념 체계다. 개인의 세계관은 기독교나 유대교, 회교, 불교, 정령 신앙, 회의론, 상대론, 무신론 등 다양한 형태로 표출된다. 또한 각 범주 안에도 다양한 세계관이 존재한다. 무신론자라 하여 모두 같은 세계관을 가지고 있는 것은 아니며, 그리스도인들의 세계관 역시 서로 비슷하긴 하지만 완전히 똑같다고 말할 수는 없다.

> 인생에 관한 중대한 질문들에 대해 전통적인 기독교 신학과 대체적으로 일치하는 답을 내놓는 경우, 우리는 그의 세계관을 '기독교 세계관'이라 칭할 것이다.

이 장에서는 먼저 과학을 연구할 때 이렇게 다양한 세계관이 어떤 식으로 표출되는지, 그리고 서로 다른 세계관을 가진 과학자들이 어떻게 협업할 수 있는지를 살펴볼 것이다. 그런 다음, 기독교 세계관을 지닌 과학자들이 아래 네 가지 현상에 대한 하나님의 다스림을 어떻게 이해하는지 토론할 것이다.

- 과학자들이 설명할 수 있는 자연 현상
- 과학자들이 연구 중이나 아직 명확하게 설명해 내지 못한 자연 현상
- 초자연적인 기적
- 무작위로 일어나는 현상

현대 과학자들의 세계관

오늘날의 과학자들은 다양한 세계관을 가지고 있다. 주요 과학 분야의 선두 주자들을 포함하여 상당수의 과학자가 그리스도인이며, 이외에도 유대교와 회교, 힌두교, 불교를 믿는 과학자들이 있다. 하지만 오늘날 과학자들이 가장 많이 가진 세계관은 '상대주의'(relativism)일 것이다. 상대주의란 우

리가 가진 질문들에 대하여 절대적인 정답, 곧 진리는 존재하지 않으며, 각기 다른 신앙들 중에 절대적으로 옳은 한 가지를 정하기는 불가능하니, 도덕이나 종교 문제에 있어서는 자기가 원한다면 아무 것이나 믿어도 좋다고 보는 세계관이다. 과학자들이 일반적으로 가진 또 하나의 세계관으로는, 그런 중대한 질문들에 대한 답은 알 수도 없고 그다지 중요하지 않을 수도 있다고 생각하는 '불가지론'(agnosticism)이 있다. 우리가 아는 과학자들 사이에서는 상대적으로 덜 알려져 있지만, 대중적인 과학 서적에서 자주 볼 수 있는 '환원주의적 무신론'(reductive atheism)이라는 세계관도 있다. 이는 자연 세계만이 실재할 뿐 신은 존재하지 않으며, 따라서 종교는 미신에 불과하고 논리나 실험으로 증명할 수 있는 것만이 진리라고 주장하는 세계관이다. 이 장에서 반복적으로 나오게 될 '무신론적 세계관'은 특히 환원주의적 무신론을 가리킨다.

그럼에도 우리는 매우 다양한 세계관을 가진 과학자들이 매번 큰 갈등 없이 공동 연구를 진행하는 모습을 본다. 그들은 공동으로 실험하고 과학 이론을 공유하며 상대의 말에 귀 기울여 합의된 과학적 결론들을 도출해 낸다. 근본적으로 서로 다른 세계관을 가진 과학자들이 어떻게 하나의 과학적 결론을 내릴 수 있는 것일까?

어떤 사람들은 과학이 그 특성상 세계관과 무관하다고 말한다. 즉, 좋은 과학자란 객관적 사고를 하는 사람으로, 일단 실험실에 들어가는 순간 기존의 모든 편견과 신앙을 버린다는 것이다. 그러나 과학의 역사를 되짚어 보면, 세계관적 신념이 과학적 결정에 중대한 영향을 미친 사례를 얼마든지 찾아볼 수 있다. 오히려 **객관적 진실**이 존재한다는 생각이야말로 또 다른 세계관적 신념이라 할 수 있다.

또 과학자들이 일시적으로 **개인적인** 세계관을 한쪽으로 미뤄둔 채 신 같은 초자연적 존재가 없다고 보는 **전문적인** 세계관을 취하기 때문에 그들의 공동 연구가 가능하다고 설명하는 사람들도 있다. 자연법칙을 연구할 때는 과학자들이 초자연적 요인을 논의에서 완전히 배제한다는 말이다. 예를 들어, "중력의 법칙 때문에 사과가 땅에 떨어진다"라고 설명한 과학자의 말에는 '신'에 대한 언급이 없고, 따라서 그 과학자는 신이 존재하지 않는 것처럼 행동했다는 것이다. 개혁파 교회 성도인 우리가 보기에 과학에 관한 이 같은 설명은 부정확함은 물론 불쾌하게 느껴지기까지 한다. 우리에게 신앙은 우리가 행하는 모든 행동에 영향을 미치는 것으로, 주중에 과학 연구를 할 때면 잠시 제쳐 둘 수 있는 성질의 것이 아니다. 그러나 이 설명이 틀린 것이라 해도, 우리 앞에 놓인 질문은 사라지지 않는다. 만약 무신론자와 그리스도인이 함께 과학 실험을 해서 똑같은 과학적 결론을 내렸다면, 이는 그리스도인이 자기 신앙을 포기했다는 뜻 아닐까? 아니면 무신론자가 자신의 세계관을 버린 것이 아닐까? 어쩌면 둘 다일 수도 있지 않을까? 이에 대한 답을 얻기 위해서는, 이 세계관들의 차이점보다 공통점을 먼저 살펴보아야 한다.

과학 연구에 필요한 세계관적 신념

모든 과학자는 각자의 세계관과 무관하게 과학 연구를 할 때 근본이 되는 특별한 철학적 신념들을 갖고 있다. 이 중 몇 개를 50페이지 도표 왼쪽에 나열했다. 이러한 근본 신념들은 과학으로 증명할 수 없는 것들이다. 과학을 통해 알아낸 사실들이 어느 정도는 이 신념들을 뒷받침해 줄 수 있지만, 이 신념 자체는 문화나 종교 또는 과학자 개인의 선택 같은 과학 외적인 요소에서 비롯된다. 현대적 시각으로 보자면, 이 신념들은 너무나 당연해서 따로 언급할 필요조차 없어 보인다. 하지만 인류 역사 전체로 보면 대부분의 사람에게 이것은 익숙한 신념들이 아니었다. 물리적 세계의 여러 측면에 신이 깃들어 있다고 믿는 정령 신앙에는, 자연의 규칙성과 인과관계에 대해 오늘날 우리와 매우 다른 시각이 존재한다. 자연 세계의 작동 원리에 대해 논리적이고 아름다운 이론들을 확립시킨 플라톤과 아리스토텔레스 역시 실험을 통한 과학적 증명을 등한시함으로써 진실과 거리가 먼 오답을 내놓기도 했다. 심지어 오늘날의 점성술이나 뉴에이지 사상을 추종하는 사람들 중에도 도표 왼쪽에 나열한 일부 신념들에 동의하지 않는 이도 있을 것이다.

이제 하나님과 세계에 대한 성경의 가르침을 기초로 한 기독교적 신념을 살펴보자. 도표 오른쪽에 나열된 이 기독교적 신념들이 어떤 식으로 왼쪽의 세계관적 신념들과 자연스럽게 연결되는지 살펴보기 바란다. 그리스도인들에게 하나님과 자연 세계에 대한 성경의 가르침은 과학 활동을 위한 풍부한 자원인 동시에 동기이며, 또한 과학이 어떻게 해서 이렇게 성공적으로 이루어지는지를 이해하는 근거가 된다. 과학을 연구하는 그리스도인들은 하나님이 존재하지 않는 것처럼 행동하지 않는다. 오히려 변덕스럽지 않은 하나님, 세상을 질서정연하게 창조하시고 지금도 세상을 질서 있게 다스리시는 성경의 하나님이 **실재**하신다는 믿음을 바탕으로 과학을 연구한다.

이런 맥락을 고려하면 전문적인 그리스도인 과학자들이 어떻게 해서 다른 세계관을 가진 과학자들과 똑같은 과학적 결론에 도달하는지 이해할 수 있다. 다른 세계관을 가진 과학자들은 도표 오른쪽에 나열한 하나님과 인생의 의미에 대해서는 공감하지 않으나 도표 왼쪽에 있는 신념들을 그리스도인 과학자들과 공유한다. 그들의 신념과 그리스도인들의 신념이 부분적으로 교집합을 이루기 때문에, 이 전문 과학자들 역시 그리스도인들과 함께 일하고 합의를 도출해 낼 수 있다. "모든 진리는 하나님으로부터 나온다. 따라서 사악한 자들이 진리와 정의를 두고 갑론을박할지라도 우리는 그것을 거부하지 않을 것이다. 진리와 정의는 궁극적으로 하나님으로부터 나오기 때문이다"(딛 1:12에 관한 칼뱅의 주석)라고 쓴 1500년대의 신학자이자 교회 개혁가 장 칼뱅은 이런 현상을 당연한 것으로 받아들였을 것이다. 칼뱅은 이런 글도 썼다.

우리 그리스도인들이 물리학과 변증학과 수학을 비롯한 여러 학문 영역에서 비그리스도인의 도움과 인도를 받기를 주님이 원하신다면 기꺼이 그 도움을 받도록 하자. 만약 이 학문 영역에서 하나님이 값없이 주시는 선물을 무시한다면, 나태함에 대한 처벌을 받아 고통을 겪게 될 것이다.

「기독교 강요」(Institutes of the Christian Religion), 2.2.16.

과학 연구에 필요한 세계관적 신념	기독교적 신념
인간에게는 부분적으로나마 자연을 연구하고 자연의 작동 방식을 이해할 수 있는 능력이 있다.	모든 인간은 하나님의 형상을 지니고 있다(창 1:27). 하나님이 주신 능력 덕분에, 우리는 부분적이나마 세계의 작동 방식을 이해할 수 있다.
자연 세계의 현상들은 자연적 인과관계에 의해 발생한다. 예를 들어, 나무 한 그루가 쓰러진 것은 나무가 스스로 원했거나 숲의 정령이 시켰거나 혹은 단순히 그렇게 될 운명이었기 때문이 아니라, 그 나무 위로 강한 바람이 불었기 때문이다.	자연신이나 변덕스러운 우상은 존재하지 않으며, 운명도 없다. 오직 신실하고 변함없이(시 119:89-90) 세계를 창조하고 다스리시는(창 1장) 유일한 하나님이 계신다(신 6:4).
자연 현상은 각 공간과 시간에서 규칙적으로 반복하여 일어난다. 과학자들은 전 세계 실험실에서 동일한 실험 결과를 얻고, 이번 주에도 지난주에 발견한 것과 똑같은 결과를 알아낸다. 이 같은 일관성 덕분에 우리는 논리와 수학을 사용해 자연 현상을 연구할 수 있다.	하나님은 물리적인 우주를 창조하실 때 자연법칙(렘 33:19-26)과 충실한 언약(창 8:22)을 함께 세우셨다. 따라서 대부분의 경우 자연이 규칙적이면서도 반복적이고 보편적인 패턴에 따라 움직이는 것은 놀라운 일이 아니다.
자연 현상을 정확히 설명하는 과학 모델을	하나님은 다양한 방법으로 자유롭게 세상

정립하고 확인하는 데 있어서 관찰과 실험은 필수적이다. 논리와 추론만으로는 자연 세계를 정확히 이해할 수 없다.

을 창조하셨다. 반면에 우리 인간은 많은 한계를 지닌 죄인들이라, 하나님의 방식을 완전히 이해할 수 없다(욥 38장). 따라서 논리와 추론에 기반을 둔 과학 모델은 실험과 관찰을 통해 실제로 하나님이 만드신 것들과 비교하여 신중히 검토되어야 한다.

과학은 인간의 시간과 자원을 사용할 만한 가치가 있는 활동이다.

자연 연구는 하나님이 만드신 작품을 연구하는 일이기 때문에(시 19:1) 가치 있는 활동이다. 하나님은 그분의 창조 작품을 연구하고(창 2:19-20; 잠 25:2) 관리하라고(창 1:28-29; 시 8:5-8) 우리를 부르셨다.

세계관과 하나님의 다스림

설명할 수 있는 자연 현상에 대한 하나님의 다스림

계절의 주기나 봄마다 다시 돋아나는 풀처럼 자연이 규칙적으로 변화하는 것을 관찰한 과학자들은 그 작동 원리를 이해하기 위해 노력한다. 그중 매우 보편적으로 반복되는 패턴들을 과학자들은 **자연법칙**이라 부른다. 중력의 법칙이 그 대표적인 예로, 과학자들이 관찰한 우주의 모든 물체는 이 법칙을 따른다. 중력은 그날그날 바뀌는 것이 아니라 항상 예측 가능한 힘이기에 이를 수학 공식으로 표현할 수도 있다. 중력이 매우 규칙적이고 확실하게 작용하는 것을 본 과학자들은 "중력의 법칙이 태양계를 지배한다"고 표현하기도 한다.

그러나 성경은 이것이 전부가 아니라고 말한다. 성경은 이 모든 것을 다스리는 것은 자연법칙이 아니라 하나님이라고 가르친다. 하나님은 '약속하신 주야와 천지의 법칙'(렘 33:25)에 대해 말씀하셨다. 낮과 밤, 여름과 겨울 같은 규칙적인 자연법칙은 하나님의 설계에 따라 정립된 것이라는 말이다. 이 패턴들이 이토록 규칙적이고 이해가 가능하다는 사실 자체가 하나님이 우리에게 주신 선물이며, 이 선물이 없었다면 우리는 결코 이 세계를 이해할 수 없었을 것이다.

종교와 과학이 충돌하는 논쟁에 참여한 이들은 이 사실을 자주 잊는다. 종교 측 사람들은 모든 새로운 과학적 발견을 하나님에 대한 도전으로 여기면서, 과학이 자연의 어떤 현상을 이해할 수 있다는 말을 하나님이 더 이상 필요치 않거나 그 해당 자연 현상에 관여하시지 않는다고 주장하는 것으로 해석해 버린다. 그러나 성경이 말하는 하나님은 인간이 자연 세계의 작동 원리를 과학적으로 설명해 내는 순간 불필요해지는 그런 하나님이 아니다! 성경은 하나님이 모든 일상적인 자연 현상을 다스리신다고 분명히 말한다. 극적인 초자연적 현상뿐 아니라 일상적인 계절의 변화에 대해서도 하나님이 적극적으로 일하신다는 것이다. 하나님에 대한 이러한 관점은 시편 104:19-24에 잘 나타나 있다.

> 여호와께서 달로 절기를 정하심이여
>   해는 그 지는 때를 알도다.
> 주께서 흑암을 지어 밤이 되게 하시니
>   삼림의 모든 짐승이 기어나오나이다.
> 젊은 사자들은 그들의 먹이를 쫓아 부르짖으며
>   그들의 먹이를 하나님께 구하다가
> 해가 돋으면 물러가서
>   그들의 굴 속에 눕고
> 사람은 나와서 일하며
>   저녁까지 수고하는도다.
> 여호와여 주께서 하신 일이 어찌 그리 많은지요
>   주께서 지혜로 그들을 다 지으셨으니

주께서 지으신 것들이 땅에 가득하니이다.

이 시편에 묘사된 사건들은 자연 현상인 동시에 하나님의 행동으로 인한 결과다. 해가 지면(자연 현상) 하나님이 밤이 되게 하시고(하나님의 행동), 사자들이 먹이를 쫓는 것은(자연 현상) 곧 하나님께 먹이를 구하는 행위다(하나님의 섭리). 이처럼 성경은 하나님이 모든 자연 현상을 책임지신다는 점을 명쾌하게 선포한다. 과학이 어떤 자연 현상을 설명할 수 있다 해도 그것이 하나님의 자리를 대신하는 것은 아니며, 하나님이 부재하시다는 증거가 되는 것도 아니다. 그리스도인 물리학자 도널드 맥케이(Donald MacKay)는 「열린 마음에 관하여」(The Open Mind and Other Essays, 1988)라는 책에서 하나님의 섭리를 이렇게 묘사한다. "이 세상이 존속한다는 것을 당연한 일로 받아들여서는 안 된다. 창조주의 능력의 말씀이 매 순간 붙잡고 있기에 이 세상은 존속할 수 있는 것이다." 이 같은 섭리에 따라 하나님은 모든 자연법칙과 원자와 광파를 지키신다. 모든 물질과 에너지, 모든 공간과 시간도 하나님의 지속적이면서 적극적인 관여로 인해 유지된다.

맥케이는 이 같은 관점을 역동적 안정성(dynamic stability)이라 표현했다. 이는 사물들이 겉으로는 안정적이고 불변하는 듯 보이지만 실제로는 지속적인 역동적 과정을 통해 유지된다는 말이다. 그는 이것을 컴퓨터 게임에 비유하여 설명했다. 컴퓨터로 당구를 친다고 생각해 보자. 내가 큐대의 위치를 조절해 공을 치면, 컴퓨터가 화면상에서 공을 돌게 만든다. 공들은 내가 예측한 모든 규칙을 따른다. 즉, 내가 세게 칠수록 공은 더 빠른 속도로 직선 방향으로 굴러가 측면에 있는 벽에 부딪치거나 다른 공과 부딪친다. 컴퓨터 화면상으로 볼 때 이 공들은 견고하게 스스로 존재하는 물체로서, 규칙적이고 반복적인 행동 패턴(컴퓨터 게임 속 '자연법칙')을 따르는 것처럼 보인다. 하지만 그렇다고 해서 내가 컴퓨터의 전기 코드를 빼버리는데도 전자 당구공이 계속 거기 있을 수는 없다! 당구공 자체가 견고하고 안정적인 것이 아니라, 컴퓨터가 끊임없이 화면으로 전기 신호를 보내 그 같은 이미지를 보이게 할 뿐이다. 공의 움직임을 통제하는 법칙 역시 그 자체로서는 안정적이지 않다. 프로그램에 갑작스런 고장이 생기는 경우, 공은 움직임을 멈추고 더 이상 그 법칙을 따르지 않을 것이다.

맥케이는 우주에 존재하는 물질과 에너지, 자연법칙들도 이처럼 그 자체로 독립적으로 존재하거나 안정적인 것이 아니라고 말한다. 하나님은 이 모든 것을 만들기만 해놓고 뒤돌아 떠나 버리신 분이 아니다. 이 모든 것이 변함없이 존재하고 안정적인 모습을 보이는 것은 하나님이 그것들을 지속적으로 다스리시기 때문이다.

물론 하나님이 어떤 방법으로 자연 세계를 다스리시는지 완전히 이해할 수 있는 사람은 없다. 과학자들은 가설을 만들고 실험을 함으로써 하나님이 자연에 설계해 놓으신 규칙적이고 반복적인 패턴의 일부를 찾아낼 뿐이다. 그러나 뉴턴이 중력을 알아낸 것처럼 이 자연적 패턴을 부분적으로 이해하는 것만으로도 우리는 자연 세계를 상당히 정확하고 명쾌하게 설명할 수 있으며, 이 때문에 과학자들은 그 같은 이해를 자연법칙이라 부른다. 하지만 자연법칙을 하나님이 실제로 세계를 주관하시는 방법이라고 단정해서는 안 된다. 과학자들이 아직 찾아내지 못한 더 세세하고 미묘한 부분이 남아 있을 수 있기 때문이다. 아인슈타인이 뉴턴의 법칙보다 정확한 예측을 가능하게 하는 일반상대성이론을 발견한 것처럼, 새로운 실험과 이론이 자연적 패턴에 대한 과학자들의 이해를 바꿔버리는 경우도 허다하다. 과학자들이 하나의 자연 현상의 모든 측면을 완전히 이해하고 있다고 스스로 확신하는 것은 불가능하다. 따라서 하나님이 자연을 다스릴 때 사용하시는 자연법칙을 발견했다고 말하는 것 또한 부정확한 주장일 것이다. 그보다는 "일반적으로 하나님은 규칙적인 패턴에 따라 자연을 다스리시며, 우리가 이해하는 바에 한하여 우리는 이 패턴을 자연법칙이라 부른다"라고 말하는 것이 더 정확한 표현이다(이 책에서는 이 두 번째 문장을 짧게 줄여 "하나님이 자연법칙을 통해 다스리신다"라고 표현하는 경우도 있을 것이다).

이해력에 한계가 있음에도 불구하고, 과학자들은 자연을 더 배우기 위해 계속 노력해 왔다. 숱한 실험을 통해 새로운 모델을 만들고 새로운 예측을 세움으로써 자연의 패턴을 한층 더 잘 이해하게 되었고, 따라서 하나님이 세상을 다스리시는 방법도 더 잘 알게 되었다. 그리스도인 과학자들에게 이 같은 과학적 발견 과정은 하나님에 대한 경외심을 고취시키고 예배하는 경험이 될 수 있다.

그리스도인은 과학 지식의 진보를 두려워할 것이 아니라 오히려 기뻐해야 한다. 과학자들이 자연법칙을 통해 자연 세계의 일부를 설명하는 것은, 이 영역에서 하나님의 이름을 쫓아버리는 것이 아니라 오히려 하나님이 세계를 다스리시는 패턴을 부분적이나마 이해하는 데 도움을 주기 때문이다.

명확하게 설명해 내지 못한 자연 현상들에 대한 하나님의 다스림

하나님의 세계에는 설명할 수 없는 자연적 현상들이 있어서 우리를 놀라게 하기도 한다. 해마다 먼 길을 이동하는 제왕나비를 생각해 보자. 북미 지역에서 번데기를 벗어난 제왕나비는 수백 킬로미터를 날아 한 번도 가본 적이 없는 조상들의 고향을 찾아 멕시코로 간다. 이런 불가사의에 대해 어떤 그리스도인들은 다음과 같이 말한다.

> 곤충학자들이 오랫동안 이 신비를 연구했으나, 어떻게 이런 일이 일어나는지에 대한 답을 찾지 못했다.…만약 하나님의 창조세계에서 애벌레와 나비 이외에 별다른 설계의 증거가 없다면, 이 사실만 가지고도 하나님이 그것을 설계하셨다고

말할 수 있을 것이다.

> 창조 프로젝트, "나비 편: 변태의 신비"(Butterflies: The Miracle of Metamorphsis)
> http://www.projectcreation.org/creation_spotlight/spotlight_detail.php?PRKey=32

그리스도인인 우리는 하나님이 애벌레와 나비는 물론 세계 전체를 설계하고 창조하셨다고 믿는다. 우리는 제왕나비의 아름다움과 그 생활 주기의 복잡함, 그리고 경이로운 이동을 관찰하면서 하나님을 찬양한다. 그러나 아직 설명해 내지 못한 신비가 있다고 해서 하나님이 창조자요 설계자이신 것이 **증명**되었다고 말할 수 있을까?

과거에는 이런 논쟁이 불가능했다. 그러나 오늘날 진행되는 과학 연구의 양을 보면, 언젠가는 과학자들이 나비의 비행과 이동 경로에 대한 자연적 원인을 밝혀낼 수 있을 것이다. 그렇게 된다면 이 논쟁에서는 무엇이 남게 될까? 하나님은 어디로 가게 될까? 이런 논쟁에서 초점은 과학적 지식의 틈새, 즉 과학자들이 아직 이해하지 못한 것들에 맞춰진다. 과학적 이해의 틈새가 하나님의 손이 일하시는 것을 관찰할 수 있는 최선의 위치(혹은 유일한 위치)로 설정되는 것이다. 그러나 지금도 과학적 지식은 나날이 확장되며, 이에 따라 그 틈새는 점점 줄어든다. 만약 하나님이 '틈새의 신'일 뿐이라면, 과학적 지식이 많아질수록 하나님의 자리는 좁아질 것이다. 실제로 많은 무신론자와 회의론자가 지난 수세기 동안 일어난 과학 지식의 폭발적 증가가 하나님의 존재가 자연 세계와 무관함을 증명하는 근거라고 생각한다. 과학 지식의 틈새에서 하나님의 존재를 찾는 주장을 펴는 그리스도인은 이 무신론자들과 회의론자들의 꾀에 넘어간 셈이다.

더 나은 접근법은 과학이 설명할 수 없는 것과 설명할 수 있는 것 모두를 하나님이 설계하고 창조하셨다고 인정하고 선포하는 것이다. 즉, 과학의 이해 여부와 상관없이 하나님이 모든 자연 세계의 규칙적인 기능들을 다스리신다고 보는 것이다. 이것이 하나님의 실체에 대한 더 참된 증언을 담고 있는 접근법이며, 이 관점을 따른다면 아무리 과학이 발전하더라도 하나님의 존재가 퇴색하는 일은 없을 것이다. 그렇게 해야 과학자들이 제왕나비의 이동을 이해하더라도 우리는 여전히 제왕나비를 보호하고 다스리시는 하나님의 신실한 주권과 섭리를 찬양할 수 있다. 오히려 과학자들이 더 많은 자연 현상을 해석해 낼수록 하나님이 다스리시는 방법에 대한 이해의 폭이 넓어질 것이다. 어떤 과학적 발견이 이루어져도 자연에 대한 하나님의 설계는 변하지 않으며, 자연이 영속적인 하나님의 손에 철저히 의존하여 존재한다는 사실도 변함이 없을 것이다. 하나님은 과학이 발전한다고 해서 그 존재감이 위축되는 분이 아니다.

언젠가 과학자들이 제왕나비들의 이동 과정을 완전히 밝혀낸다면 이는 실로 놀라운 일이 될 것이다. 아마 그것은 복잡한 유전암호나 나비들의 눈에 존재하는 독특한 자외선 감지기와 관련이 있을 테지만, 그것이 무엇이든 간에 이는 그 같은 자연 과정을 설계하신 하나님을 더욱 찬양할 이유가 되지 않을까? 잠언 25:2에는 "일을 살피는 것은 왕의 영화"라는 표현이 나온다. 하나님은 인간이 당신이 주신 재능을 사용하여 이렇게 불가사의한 일들을 해결하기를 원하신다. 그리고 해결의 실마리를 찾아내고 자연 과정 속에 존재하는 하나님의 그 불가사의한 방식을 알아내는 데서 기쁨을 느끼기를 원하신다.

초자연적 기적들에 대한 하나님의 다스림

'기적'이라는 주제를 다룰 때는 어쩔 수 없이 과학과 종교가 충돌할 수밖에 없다고 생각하는 사람들이 있다. 그리스도인들은 하나님이 기적을 일으키실 수 있으며 또 실제로 그렇게 해 오셨다고 믿는다. 민수기 16장에 묘사된 지진이나 애굽에서의 메뚜기 재앙 같은 성경의 기적들은 자연법칙을 직접적으로 위배하지 않지만, 물이 포도주가 되고, 병자가 낫고, 죽었다가 다시 살아나는 것 같은 기적들은 분명 초자연적 현상이다. 반면에 과학은 자연 세계가 일반적으로 작용하는 방식인 자연법칙을 근거로, 물이 포도주로 변하거나 죽은 사람이 다시 살아나는 것은 불가능하다고 말한다.

이것이 핵심이다! 일반적인 과정에서는 이런 일들이 일어날 수 없다. 이 중 성경이 기록될 당시의 사람들은 몰랐으나 과학을 통해 새롭게 알게 된 사실은 하나도 없다. 과학 이전의 성경 시대의 사람들도 분명 평범한 자연 현상과 초자연적 현상을 구분할 수 있었을 것이다. 대체 어떤 결혼 피로연에서 자연발생적으로 물이 포도주로 변한단 말인가! 분명 모세와 이사야, 예수님은 의도적으로 초자연적인 기적들을 행하셨고, 이는 이스라엘 백성에게 하나님의 임재와 능력을 보여 주기 위함이었다.

그렇다면 과학은 기적을 믿는 우리의 믿음과 상충하는 것일까? 언제나 자연법칙이 자연을 지배한다고 믿는 사람들은 "그렇다"라고 대답할 것이다. 그들은 자연법칙의 작용에 예외가 있을 수 없으며, 따라서 죽은 자가 다시 살아나는 것은 불가능하다고 생각한다. 그러나 그리스도인들은 자연법칙이 아니라 하나님이 자연을 다스리신다고 믿는다. 대부분의 경우에는 하나님도 자연법칙을 사용해 세계의 규칙적인 패턴을 지키시지만, 자연이 그 패턴에 갇혀 있는 것은 아니라고 생각한다. 하나님 나라의 목적에 필요하다면 하나님은 얼마든지 일반적인 패턴을 벗어난 방식으로 자연 세계를 다스리실 수 있으며, 이때 우리는 기적을 경험하게 된다. 다만 그 외 대부분의 경우에는 하나님이 일반적인 패턴을 따라 일하시므로, 그때는 우리가 자연법칙을 이용해 과학적으로 설명할 수 있는 일반적인 현상들을 보게 되는 것이다.

본질적으로 초자연적 기적은 과학 연구로 설명할 수 있는 성질의 것이 아니다. 기적은 일상적 자연 속에서 흔히 보이는 규칙적인 질서를 따르지 않는 독특한 현상이다. 과학은 자연적 원인과 이에 따른 결과만을 연구할 수 있는데 반해, 기적은 일반적인 자연적 원인으로 인해 발생하는 것이 아니다. 과학은 그저 "일반적인 자연법칙이 작용할 때, 물이 자연발생적으로 포도주로 변하는 일은 없다"라고 말할 수 있을 뿐, 그런 기적이 가능한지 불가능한지에 대해서는 말하지 못한다.

무작위적으로 일어나는 현상들에 대한 하나님의 다스림

그리스도인들은 "이 지구상의 생명체는 우연히 발생한 것이라고 보기에 너무나 경이롭다. 하나님이 창조하신 것임에 틀림없다"라고 말한다. 반면 비그리스도인들은 "생명체는 무작위적 과정(random process)을 통해 발생했다. 신은 이 과정에 관여하지 않았다"라고 말한다. 우리는 이 두 주장 모두에 동의하지 않는다. 이를 설명하려면 먼저 과학자들이 사용하는 **무작위적**(또는 **우연**)이라는 단어의 의미를 정리하고 넘어가야 할 것 같다.

과학자들은 그 결과를 예측할 수 없을 때 '무작위적'이라는 표현을 사용한다. 한 쌍의 주사위를 던지는 경우를 생각해 보자. 과학자들은 5나 11이라는 결괏값이 나올 확률은 계산할 수 있지만, **구체적으로** 언제 그 숫자가 나올지는 예측할 수 없다. 주사위를 던질 때마다 매번 다른 숫자가 나오는 것은 어떤 신비로운 힘이 작용하기 때문이 아니다. 주사위는 우리가 잘 알고 있는 중력 및 운동의 자연법칙을 따라 구를 뿐이다. 매번 다른 결과가 나오는 것은 주사위가 튀어 오르고 회전하는 방식의 차이 때문이다. 주사위를 조금만 다르게 던져도 그 미세한 차이는 주사위가 튀어 오를 때마다 증폭되고, 그렇게 튀어 오르기를 몇 번 반복하고 나면 처음과 완전히 다른 최종 결과가 나온다. 결과를 예측할 수 없다는 의미에서 이 체계는 '과학적으로 무작위적'이라 할 수 있다.

날씨도 과학적으로 무작위적인 현상이다. 기상 전문가들은 온난전선과 한랭전선, 온도와 기압골에 따른 대기의 일반적인 움직임에 대해 많은 것을 알고 있다. 비가 내리는 자연적 원인도 알고 있다. 20퍼센트의 확률로 비가 올 것을 예측할 수 있으며, 심지어 앞으로 며칠 동안 한 야구장의 온도와 구름양이 어떻게 될 것인지도 비교적 정확하게 예측할 수 있다. 하지만 주사위 던지기와 마찬가지로 대기의 움직임은 너무나 복잡하여 정확히 예측하기가 불가능하다. 이처럼 그 체계가 복잡하기 때문에 기상 전문가들은 오후의 평균 구름양과 강수확률 같은 확률만 계산할 뿐, 내일 오후 2시에 당신의 집 지붕 위에 구름 하나가 머물지의 여부 같은 정확한 결과를 알아내지는 못한다.

이처럼 **무작위적**(또는 우연)이라는 단어의 과학적 사용은, 성경이 말하는 하나님의 다스리심과 아무런 모순 없이 어울린다. 성경에서 하나님은 여러 차례 인간적 관점에서 무작위적인 것으로 보이는 현상들을 통해 역사하셨다. 잠언 16:33에는 "제비는 사람이 뽑으나 모든 일을 작정하기는 여호와께 있느니라"라고 쓰여 있다. 현대 과학이 발전하기 수백 년 전에 살았던 고대인들도 제비뽑기나 날씨 같은 현상들은 예측할 수 없다는 것을 알았다. 다만 이 잠언 말씀을 포함한 성경 구절들은 오늘날 과학자들이 '확률'로 설명하는 현상들을 하나님의 주권이 드러난 예로 선포했던 것이다. 인간적 관점에서 무작위적으로 보이는 현상들은 하나님의 섭리를 성경적으로 이해하는 데 아무런 방해가 되지 않는다. 하나님은 우리가 예측할 수 없는 '우연한' 현상들도 통제할 수 있는 분이기 때문이다.

"생명은 신이 만든 것이 아니라 우연히 발생했다"라고 말하는 사람들이 있다. 이런 문장에서 쓰인 **우연**이라는 단어에는 과학자들이 사용하는 것과는 매우 다른 뜻이 담겨 있는데, 그것은 **원인과 목적의 결여**라는 철학적 의미다. 여기서 **우연**은 성경의 하나님과 대립되는 또 하나의 신의 기능을 감당한다.

그리스도인들은 하나님의 다스림을 벗어나 존재하는 것은 아무 것도 없으며, 과학적으로 볼 때 무작위적인 현상들도 마찬가지라고 믿는다. 하나님은 목적을 이루기 위해 이런 현상들을 사용하실 수 있으며, 하나님의 뜻이 곧 이 현상들의 의미가 된다. 그리스도인들이 "지구 생명체의 존재는 너무나 놀라워서 도저히 우연히 발생했다고 볼 수 없다"라고 말할 때, 이 문장에서 '우연히'를 '하나님 없이'로 바꾼다면 그들의 의도가 좀더 명확히 전달될 것이다.

영어 단어에는 하나 이상의 뜻이 들어 있는 경우가 많다. 여기서 문제는 **우연**이라는 단어에 담긴 두 가지 뜻, 즉 과학적 우연과 철학적 우연을 혼동하여 발생한 것이다. 즉, 과학적으로 예측하기 힘든 현상에 의미와 목적까지 없다고 간주하는 바람에 문제가 생기는 것이다. 그러나 의미와 목적은 종교적인 문제이기 때문에 과학은 이에 대해 아무런 답을 줄 수가 없다. 과학은 폭풍우의 구체적인 사항을 예측할 수 없다는 말만 할 수 있을 뿐, 그 폭풍우가 가뭄으로 고생하는 농부들의 기도에 대한 하나님의 응답이라든가 모든 비바람이 하나님의 다스림 안에 있다는 식의 답은 줄 수 없다. 과학은 인간적 관점에서 무작위적인 것으로 보이는 현상들도 하나님이 다스리신다는 우리의 성경적 믿음에 그 어떤 도전도 할 수 없다.

한편 잠언 16:33은 하나님이 과학적으로 무작위적인 체계 속에서도 특정한 결과를 선택하실 수 있음을 보여 준다. 하나님은 제비뽑기나 유전자 돌연변이와 같은 특정 현상들이 과학적으로 예측할 수 없는 방식으로 일어나도록 설계해 두셨다. 하지만 일부 무작위적 현상이나 모든 무작위적 현상에 대해 하나님은 한 가지 특정한 결과가 나오도록 정해 놓으셨을 수도 있다. 다만 이것을 매우 신비롭게 통제하심으로써 현상의 전반적인 조합이 무작위적으로 배치된 것처럼 보이게 하여 과학적으로는 그 중요한 의미를 알아낼 수 없게 하신 것이다. 또 경우에 따라 하나님은 이 일을 매

2장 세계관과 과학

우 극적인 방식으로 행하심으로써 과학적으로 설명은 가능하나 일어날 확률이 매우 낮은 결과를 택하시기도 한다. 이런 현상들이 우리에게는 기적처럼 보이는 것이다.

이 장의 도입부에서 우리는 "누가 다스리는가?"라는 질문을 던졌다. 답은 하나님이다. 기독교 세계관은 다음 내용들을 믿는 세계관이다.

- 하나님은 계절의 주기나 식물의 생장과 같이 과학자들이 설명할 수 있는 자연적 현상들을 다스리신다.
- 하나님은 제왕나비들의 이동과 같이 여전히 연구 중이지만 과학자들이 아직 설명해 내지 못한 자연적이고 규칙적인 현상들을 다스리신다.
- 하나님은 부활이나 물이 포도주로 변하는 것과 같이 과학 이론으로는 설명할 수 없는 초자연적 기적들을 다스리신다.
- 하나님은 주사위 던지기나 날씨처럼 과학적으로는 그 결과를 예측할 수 없는 무작위적 현상들을 다스리신다.

주 하나님께 영광을!

성찰 및 토론을 위한 질문들

1. 과학을 믿을 때도 종교를 믿는 것만큼의 믿음이 필요하다고 말하는 사람들이 있다. 이것은 유용한 비교일까? 그렇다고 생각한다면 그 이유는 무엇이며, 그렇지 않다고 생각한다면 또 그 이유는 무엇인가? 과학자들도 스스로 증명해 내지 못한 것을 믿는 경우가 있을까? 당신은 당신의 종교적 신념을 뒷받침해 줄 수 있는 어떤 증거를 갖고 있는가?
2. 모든 진리가 하나님으로부터 나온다고 믿는가? 하나님을 믿지 않는 사람들이 많은 사실을 발견해 왔다는 점은 어떻게 설명하겠는가?

3. 세계가 작동하는 원리를 과학이 설명할 수 있기 때문에 하나님은 필요하지 않다는 주장에 어떻게 답할 것인가?
4. 과학자들이 설명할 수 없는 자연 현상들이 있기 때문에 하나님이 틀림없이 존재하신다는 주장에 대해서는 어떻게 답할 것인가?
5. 기적을 행하는 하나님을 묘사하는 두 가지 비유가 있다. 첫 번째는 '자동조종장치'로 비행기의 이륙과 귀환을 조종하여 군사 작전을 실시하는 비행기 조종사이고, 두 번째는 악보대로 아름다운 연주를 하다가 가끔씩 악보와 전혀 다른 방식으로 연주하는 피아니스트다. 어떤 비유가 더 그럴듯한가? 혹 이보다 나은 비유가 있다면 이야기해 보라.
6. 무신론자인 노벨 물리학상 수상자 스티븐 와인버그(Steven Weinberg)는 이런 말을 했다.

> 우리가 행하는 과학 작업들이 조금씩 종교 영역에 수렴되어 결국에는 그 둘이 하나가 되고 말 거라는 인상을 대중들에게 심어주지 않도록 각별한 주의를 기울여야 한다. 그것은 사실이 아니다. 나는 건설적인 대화를 원하지 않으며, 과학과 종교의 화해를 위한 그 어떤 일도 하고 싶지 않다. 그 두 영역은 서로 불화한 채 지내는 것이 좋다.
>
> "아빠, 전 무신론자예요"("Dad, Im an Atheist", *Re: Generation Quarterly*, July 1, 2000)에서 제레미 비어(Jeremy Beer)가 인용.

와인버그는 왜 그토록 과학과 종교 간의 화해를 반대했을까? 그리스도인들은 어떤 방식으로 와인버그 같은 사람들에게 대응해야 할까?

ORIGINS

3장
과학: 하나님의 세계를 연구하는 과정

이 글을 쓰는 지금 이곳 미시간은 지루했던 겨울이 끝나 가는 3월이다. 11월에는 반가웠던 눈도 이제 답답하게 느껴진다. 눈이 녹아도 하늘은 여전히 말라 죽은 잔디나 벗겨진 나무 둥치처럼 우울한 잿빛이다. 머리로는 봄이 다시 와서 앞마당이 푸르게 변하리라는 것을 알지만, 마음으로는 겨울이 영원히 끝나지 않을 것만 같다. 이럴 때 창세기 8:22에 나온 하나님의 약속을 읽으면 안심이 된다. "땅이 있을 동안에는 심음과 거둠과 추위와 더위와 여름과 겨울과 낮과 밤이 쉬지 아니하리라." 지금도 신실하게 계절을 다스리시는 하나님이 정하신 때에 따뜻한 날씨를 보내 주실 것이다. 이와 같이 하나님의 말씀은 그분의 백성에게 **누가** 만물을 창조했는지 확인시켜 주는 역할을 한다. 이 세계관에 대해서는 이미 2장에서 논의했다.

우리도 과학자로서 하나님이 **어떻게** 매년 따스한 봄 날씨를 불러 오시는지 좀더 자세히 이야기해 보겠다. 하나님은 가속도와 중력이라는 자연 법칙을 통해 태양 주위를 도는 지구의 궤도를 다스리신다. 한 주 한 주가 지날수록 태양 주위를 도는 지구 자전축의 기울기가 변하고, 이로 인해 우리 집 마당의 잔디를 포함한 북반구에 비치는 태양 직사광의 양이 많아지고 낮이 길어진다. 이러한 지식들은 하나님의 세계를 주의 깊게 연구하여 얻은 것으로, 하나님의 창조세계에 대한 전체 과학 지식의 일부다.

하지만 과학은 단순한 지식의 총체가 아니다. 과학을 더 정확하게 정의하자면, 인간이 지식을 쌓아 가는 **과정**이라 할 수 있다. 이 장에서는 과학 지식을 얻는 과정으로 사용되는 세 가지 방법인 실험과 관찰, 그리고 역사적 방법에 대해 알아볼 것이다.

이 책은 이 중에서도 특히 역사 과학을 광범위하게 다룬다. 따라서 먼저 이 세 가지 과학 연구 방법의 유사성과 차이점을 살펴본 뒤, 역사 과학이 과거 하나님의 세계의 일들을 어떻게 드러내는지 더 집중적으로 논의하도록 하겠다.

과학을 연구하는 세 가지 방법

세 가지 과학 연구 방법에는 모두 **모델**(혹은 **가설**이나 **이론**)을 정립하는 과정이 포함된다. 과학자의 모델이란 자연 세계의 물리적 인과 관계 반응에 대한 아이디어를 모아놓은 것이다. 과학자는 이 모델을 통해 과거에 행한 실험과 관찰 결과를 설명하고, 앞으로 행할 실험과 관찰 결과를 예측한다.

실험 과학

종합대조실험(controlled experiment)은 과학에서 가장 중요한 도구 중 하나다. 다음은 종합대조실험의 예다.

> 한 생물학자가 실험실에서 씨앗의 숫자를 정확하게 세고, 그것을 흙이 들어 있는 두 개의 상자에 나누어 심는다. 한 상자는 차가운 온도를, 또 다른 상자는 따뜻한 온도를 유지해 준다. 이후 며칠 동안 물을 주면서 각 조건 아래서의 발아율을 관

찰하여 몇 개의 싹이 나오는지 그 숫자를 센 다음, 차가운 흙보다는 따뜻한 흙에서의 발아율이 높다고 기록한다. 그 결과 이 생물학자는 차가운 흙보다 따뜻한 흙에서 씨앗의 발아가 더 잘 된다는 모델을 세운다. 이 모델을 바탕으로 생물학자는 매우 차가운 흙에서는 씨앗이 한 개도 발아하지 않고, 매우 뜨거운 흙에서는 모든 씨앗이 발아할 것이라고 예측한다. 이 모델과 예측을 검사하기 위해 그는 다시 그 식물 씨앗들을 뿌려 실험을 진행하는데, 이번에는 다양한 온도의 흙이 담긴 여러 개의 상자를 이용한다. 적당히 차가운 흙과 적당히 따뜻한 흙에서는 첫 번째 실험에서와 같은 결과가 나오고, 매우 차가운 흙에서 발아가 전혀 일어나지 않는 것도 예측과 일치한다. 그런데 예측과 달리 매우 뜨거운 흙에서도 발아되는 씨앗이 하나도 없는 것이 아닌가! 따라서 생물학자는 애초의 모델을 이렇게 변경한다. "발아율은 흙의 온도가 높아질수록 증가하지만 너무 뜨거운 흙에서는 씨앗이 발아되기 전에 다 '익어'버린다."

실험 과학(Experimental Science)은 물리학과 화학, 분자생물학 분야에서 사용하는 가장 기초적인 형태의 과학이며, 일부 생태학이나 지리학 분야에서도 실행된다. 실험실에서의 실험은 우선 접근성이 뛰어나다. 즉, 실험실에서 일어나는 일은 과학자가 얼마든지 측정할 수 있고, 처음부터 끝까지 그 실험을 관찰할 수 있으며, 실험 결과물을 없앨 수도 있고, 언제든 실험을 다시 시작할 수도 있다. 위에서 수행한 발아 실험에서와 같이 과학자는 흙의 온도를 비롯한 수많은 변수를 통제할 수 있고, 외부 변수(토끼가 씨앗을 먹는 상황 등)를 제거할 수도 있다. 또한 과학자는 첫 번째 실험에서 나온 결과를 확인하기 위해 필요한 만큼의 실험을 반복할 수도 있다. 물리학 법칙의 근본적인 일관성 같은 기본 전제도 이렇게 반복 실험을 통해 검사할 수 있다. 이런 과정을 거쳐 실험 과학자들은 앞으로의 실험을 통해 확인되거나 반박될 수 있는 예측(매우 뜨거운 흙에서의 발아율 등)을 만들어 낸다.

관찰 과학

과학을 연구하기 위한 또 하나의 중요한 도구는 주의 깊은 관찰이다. 연구 대상이 되는 체계가 실험실에서 실험하기에 부적합하거나 실험실에서 너무 멀리 떨어져 있는 경우, 혹은 환경의 영향을 너무 많이 받는 경우에는 실험실에서 종합대조실험을 할 수가 없다. 이럴 때 과학자들은 세심한 관찰을 통해 연구를 수행한다. 또한 의학 연구처럼 윤리적인 이유 때문에 실험에 제한이 있는 경우에도 이 방법을 사용할 수 있다. 아래에서 관찰 과학의 예를 살펴보도록 하자.

한 생태학자가 산불 후의 산림 회복 과정을 연구하기 위해 작년에 산불이 일어났던 한 장소를 방문한다. 그는 특정 구역의 모든 나무 숫자를 세고, 어떤 종류의 식물이 분포하는지 기록한다. 그리고 이후 10년간, 매년 다시 그곳에 돌아와 자라는 식물의 수를 확인한다. 처음에는 야생화들이 먼저 싹이 돋고 자라지만, 몇 년이 지나자 나무들이 경쟁적으로 성장하기 시작한다. 그는 숲이 무성하지 않아 햇볕이 잘 들고 확 트인 공간에서는 야생화 같은 풀이 잘 자라지만, 점차 그 공간이 식물들로 무성해져 그늘이 생기면 나무들이 더 잘 자란다는 가설을 세운다. 한걸음 더 나아가 그는 다른 산불 지역에서도 이와 똑같은 회복 패턴이 관찰될 것이며, 나무의 성장은 그늘의 양과 관계있을 것이라고 예측한다. 그러면서 그는 산불이 더 광범위하게 일어난 또 다른 현장을 관찰하기 시작한다. 더 적은 수의 나무가 살아남은 그 산에는 그늘의 양이 앞서 관찰한 산보다 적다. 여기서도 그는 산림 회복 초기에는 야생화들이 먼저 자란다는 자신의 가설을 확인한다. 그리고 나무의 수는 첫 번째 산에서보다 훨씬 적은 것으로 나타난다. 이는 그늘진 환경이 나무의 생장에 중요하다는 그의 모델과 일치하는 결과다.

관찰 과학(Observational Science)은 기상학, 생태학, 의학, 천문학, 지리학 분야에서 자주 사용되는 방법이다. 일반적으로 관찰 과학의 대상들은 실험 과학 대상들에 비해 접근성이 떨어지는 편이다. 생태학자가 1년 내내 한 자리에 앉아 식물의 성장을 관찰하는 것은 불가능하며, 천문학자가 특정 행성의 온도를 알기 위해 우주여행을 할 수도 없는 노릇이다. 이러한 어려움을 해결하기 위해 과학자들은 대안을 마련했는데, 바로 일정한 기간마다 한 번씩 식물의 수를 세거나, 행성의 빛을 측정하여 그 온도를 유추하는 것이다. 관찰 과학은 통제가 불가능하다. 기상학자들이 스스로 원한다고 해서 한랭전선을 만들어 낼 수 없고, 생태학자가 산림 회복 과정을 관찰하고 싶다고 해서 산불을 낼 수도 없다. 관찰 과학은 있는 그대로의 자연 현상을 활용할 수밖에 없다. 이러한 통제의 어려움 때문에 관찰 과학은 실험 과학에 비해 반복성이 떨어진다. 그러나 생태학자가 원할 때마다 산불이 일어날 수는 없더라도, 생태학자가 연구할 수 있을 만큼의 충분한 산불 현장은 이미 존재한다. 대부분의 경우에는 여러 상황에서의 기본적인 자연법칙의 일관성을 검토할 수 있을 정도의 사례가 상존한다. 또한 관찰 과학은 실험 과학의 유용한 보완책이 되는데, 이는 실험은 불가능하나 관찰은 가능한 상황들이 많기 때문이다. 실험 과학자들과 마찬가지로 관찰 과학자들도 다른 비슷한 체계에서의 관찰을 통해 확인되거나 반박될 수 있는 예측(산불 후의 야생화의 생장 비율 등)을 만들어 낸다.

역사 과학

과학 연구의 세 번째 방법은 체계의 지난 행적에 대한 모델을 정립하는 방법으로, 여기에는 직접 관찰하는 것이 불가능한 과거의 사건들이 포함된다. 다음 예를 살펴보자.

한 생태학자가 숲의 역사를 연구하기 위해 외딴 숲으로 들어간다. 그녀는 먼저 최근에 지나간 폭풍으로 인해 쓰러진 큰 나무를 살펴보고, 나무둥치 조각을 실험실로 가져가 나이테를 센다. 여기서 그녀는 131년 전에 생긴 나이테의 굵기가 특히 얇다는 것과(그해의 기후가 건조했다는 뜻) 가벼운 화재의 증거를 발견한다. 이 사실을 가지고 그녀는 131년 전에 산불이 일어나 주변의 많은 나무가 소실되었지만, 이 나무는 그 와중에 살아남은 나무 중 하나일 거라는 가설을 세운다. 그런 다음 최근에 일어난 산불을 연구하는 동료들의 연구 결과를 바탕으로, 그 숲에서 가장 큰 나무들은 131년 전에 겪은 산불의 흔적을 가지고 있을 것이고, 그보다 작은 크기의 나무들 중 다수는 이 산불 후 5-10년이 지난 120년에서 125년 전에 발아해서 자랐을 거라는 가설을 세운다. 이 가설을 확인하기 위해 그녀는 그 숲의 여러 나무에서 표본을 채취하여 나이테를 분석한다. 그 결과 나이가 많은 나무들에는 모두 131년 전 불에 탄 흔적이 있고, 그보다 키가 작은 나무들 중 다수의 나이가 약 120살인 것으로 확인된다.

역사 과학(Historical Science)은 생태학과 기후학, 천문학, 우주학, 진화생물학, 지질학, 고생물학 연구에서 광범위하게 사용된다. 역사 과학은 숲이나 암석, 행성 같은 자연 체계의 역사를 유추하기 위한 것이다. 과학자들이 과거의 시간과 장소에서 이 체계를 직접 관찰할 수 없기 때문에, 역사 과학에서 직접적인 연구란 애초부터 불가능하다. 하지만 이 사건들이 남긴 증거를 가지고 과학자들은 그 체계에 간접적으로 접근할 수 있다. 역사 과학자들은 탐정처럼 오늘날 우리 눈에 드러나 있는 증거들을 이용해 역사를 유추해 낸다.

관찰 과학과 마찬가지로 역사 과학에서도 조건을 통제하는 것은 불가능하다. 과거로 돌아가 기존의 사건들을 변화시키는 것이 불가능하기 때문에, 과학자들은 실제로 일어난 일들만을 가지고 연구한다. 그러나 역사 과학의 경우에도 유사한 여러 사건(예를 들어, 한 차례의 산불 후에 자라난 여러 다른 나무들)을 통한 반복적 연구가 가능하다. 그러나 반복적이지 않은 사건들도 있다(우주가 그 예다. 천문학자들이 연구할 수 있는 우주는 오직 하나다). 하지만 이런 경우에도 과학자들은 사건이 형성되는 동안 일어난 자연적 과정을 설명해 주는 증거들을 찾아낸다. 따라서 과거부터 현재까지 가능한 한 긴 기간 동안의 자료를 수집하는 역사 과학은 물리학 법칙들이 그 시간이 지나는 동안 변함없이 유지되어 왔는가를 확인하는 데 특히 유용하다.

가장 중요한 것은, 역사 과학도 실험 과학이나 관찰 과학처럼 **확인 가능한 예측**을 한다는 사실이다. 역사 과학자들은 하나의 체계(나무 한 그루나 하나의 성단)를 지속적으로 연구하고 그 사건의 역사적 모델을 정립하여 앞으로의 관찰 결과를 예측한다. 이들은 다른 유사한 체계에서 이 관찰을 진행할 수도 있고, 같은 체계 안에서 다른 장비들을 이용해 관찰을 실행할 수도 있다. 어떤 방법을 취하든 이 같은 관찰을 통해 과학자는 자신의 가설을 검사하여 체계의 역사에 대해 자신이 세운 모델의 정확성을 확인받거나 반박 당한다.

게성운 초신성 잔해

망원경이 발명되기 전부터 다양한 세계 문화권의 사람들은 하늘을 주의 깊게 관찰하여 혜성과 태양의 흑점을 기록하고 달력과 별자리 지도를 만들었다. 1054년 중국과 아랍의 천문학자들은 빛나는 객성(guest star) 하나가 하늘에 나타났다고 기록하면서 그것이 나타난 성좌와 일자를 남겨 놓았다. 인디언 원주민들을 비롯한 그 밖의 문화권에서도, 그처럼 상세한 기록은 남겨 놓지 않았지만, 그 사건을 관찰한 것만은 분명해 보인다. 그 객성은 몇 주 동안 낮에도 보일 만큼 밝게 빛났다. 그리고 모습을 나타낸 초기에 밤하늘의 별 중에서도 가장 밝게 빛나던 이 별은 조금씩 어두워져 2년 후에 완전히 사라졌다.

이제 시간을 1900년대 초로 돌려보자. 이 시기에 현대식 천체 망원경을 보유한 서양의 천문학자들은 중국에 게성운(Crab Nebula)에 대한 기록이 남아 있다는 것을 모른 채, 게성운을 관찰하고 사진을 찍었다. 그들은 10년 간격으로 찍은 사진을 비교하여 성운이 팽창하고 있다는 사실을 발견하고 이 성운이 폭발한 한 별의 잔해라고 주장했다. 또한 그들은 성운의 팽창 속도를 계산하고 이를 역산하여 이 초신성이 약 900년 전에 폭발한 것이 틀림없다는 결론을 내렸다.

이것이 역사 과학의 또 다른 예다. 이 천문학자들은 현대의 관찰과 과학적 정보를 바탕으로 체계의 과거 역사에 대한 모델을 만들고, 이 모델을 이용해 검증 가능한 가설을 세웠다. 그리고 900년 전에 그 초기 폭발에 대한 기록을 남긴 문화권이 있는지 살피기 시작하여 중국과 이슬람의 천문학자들이 남긴 상세한 기록을 찾아냈다. 그 기록에 남아 있는 날짜는 현대 천문학자들이 계산한 시기와 일치했고, 하늘에서의 폭발 위치까지도 딱 맞아떨어졌다. 이 같은 연구 결과가 인류의 기록을 통해서도 확인되는 것으로 보아, 역사 과학은 얼마든지 실행 가능한 방법일 뿐 아니라 정확성과 신뢰도까지 높은 방법임을 알 수 있다.

세 가지 방법이 모두 필요하다

이 세 가지 과학 방법은 서로 뒤섞이기도 한다. 실험이 복잡해지고 통제가 어려워지면 그것은 관찰 과학으로 변모해 간다. 관찰 과학을 하는 과학자들도 때로는 연구 중인 대상을 더 잘 이해하기 위해 실험실에서 실험을 진행하기도 한다. 역사 과학에서 사용되는 모델은 기존에 발표된 관찰 자료에 근거하여 만들어지며, 반대로 현재 체계의 행적을 관찰할 때도 해당 체계의 과거 역사에 대한 좋은 모델이 있는 경우에는 연구가 더 활발해진다.

과학 지식을 얻기 위해서는 이 세 가지 방법이 모두 필요하다. 산림 회

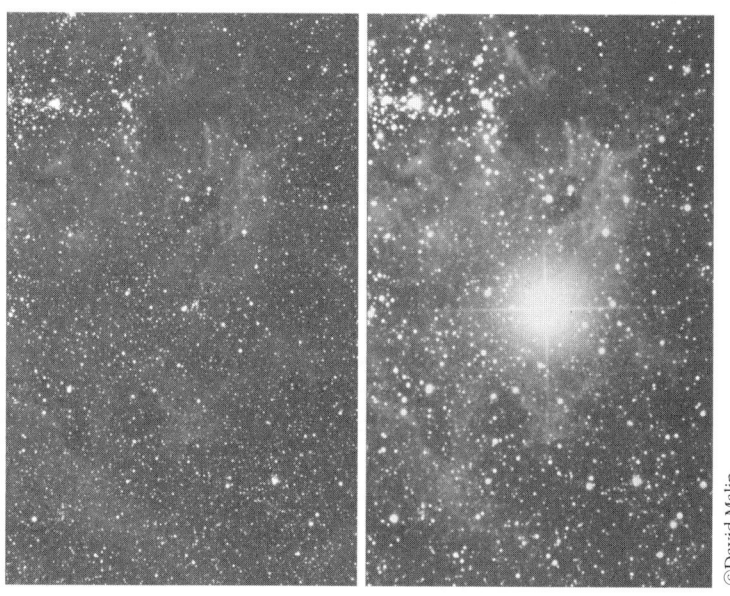

위 사진은 게성운 초신성의 경우보다 훨씬 최근인 1987년 2월 24일에 일어난 또 다른 초신성 폭발을 보여 주는 사진이다. 왼쪽과 오른쪽의 사진은 각기 폭발 전후의 성운으로, 폭발 후에 별들이 얼마나 밝아졌는지를 보여 준다. 가장 밝은 순간의 초신성 하나는 전체 은하계의 빛, 그러니까 10억 개의 별보다 밝을 수도 있다! 이처럼 엄청난 폭발 사건은 하나님이 자신과 자신의 놀라운 능력을 자연 세계에 드러내시는 여러 방법 중 하나다.

복과 연결된 체계는 너무 광범위하고 복잡해서 실험실에서의 실험이 불가능하기 때문에 관찰 연구를 적용할 수밖에 없지만, 씨앗 발아에 대한 실험실의 연구 결과는 산림 감독관이 산불 후에 어떤 식물이 가장 잘 발아하는지 이해하려 할 때 도움이 된다. 또한 과거 산불에 대한 역사적 연구를 통해 과학자들은 장기적으로 숲이 어떻게 복원될지를 이해할 수 있다. 이 세 가지 방법이 각기 새로운 사실을 발견한 경우에는 다른 두 가지 과학 방법을 통해 그 타당성을 검증해 볼 수도 있다. 이 세 가지 형태의 연구 방법은 서로의 연구를 보강하거나 잘못된 점들을 고쳐주면서 자연 세계와 그 역사를 더 잘 이해할 수 있도록 이끌어나간다.

인간의 죄와 역사 과학

'저주 장'이라고도 불리는 창세기 3장은 인간이 죄악으로 타락하게 된 과정을 설명하고 있다. 14-19절은 타락에 대한 결과로 인간이 더 큰 고통 속에서 아이를 낳을 것이며, 가시덤불과 엉겅퀴가 있는 땅을 힘들게 일구게 될 것이라 말한다. 이런 말씀을 읽을 때면 인간의 타락으로 인해 창조세계가 정확히 얼마나 변했는지 궁금해진다. 인간의 타락 때문에 근본적인 자연법칙들이 모두 변한 것일까, 아니면 이 타락과 저주에 의한 변화는 하나님과 인간의 관계와 인간들 사이의 관계, 그리고 인간과 자연의 관계 변화에만 국한된 것이었을까?

인간의 타락이 자연법칙을 근본적으로 바꾸어 놓았다고 직접적으로 말하는 성경 구절은 없다. 다만 창세기 3:14-19을 아래 로마서 8:20-21에 비추어 해석해야 한다고 주장하는 그리스도인들은 있다.

> 피조물이 허무한 데 굴복하는 것은 자기 뜻이 아니요 오직 굴복하게 하시는 이로 말미암음이라. 그 바라는 것은 피조물도 썩어짐의 종노릇 한 데서 해방되어 하나님의 자녀들의 영광의 자유에 이르는 것이니라. (롬 8:20-21)

반면에 창세기 3:14-19에 나온 타락과 저주의 결과가 매우 제한적인 것이었다고 해석하는 그리스도인들도 있다. 이들은 전체적인 문맥을 보면 로마서 8장은 그리스도를 통해 **인간이** 원죄의 얽매임에서 해방되어 하나님의 자녀로 변화했다는 이야기를 하는 것이라고 주장한다. 지금 창조세계가 좌절하는 이유는 인류가 하나님의 형상을 지닌 순결한 자이자 창조세계의 관리자로서의 역할을 제대로 수행하지 못하기 때문이라는 것이다. 또 이들은 예레미야 33:16-26에서 하나님이 창조세계와 맺으신 "주야와 맺은 언약…천지의 법칙"을 지적한다. 이 말씀에서 하나님은 인간이 타락하고 저주를 받은 후에도 그 전과 똑같이 자신의 약속과 법칙을 지키시는 것으로 기술된다. 그들은 또 시편 19:1("하늘이 하나님의 영광을 선포하고 궁창이 그의 손으로 하신 일을 나타내는도다")을 인용하며, 창조세계가 오늘날에도 여전히 하나님의 영광을 선포한다고 주장한다.

결국 그리스도인들은 최소한 두 가지 방향으로 창세기 3:14-19을 해석하며, 양쪽 모두 나름의 성경적 근거를 갖고 있는 것이다. 하지만 이것은 또한 자연 세계에 대한 질문이기도 하다. 그렇다면 자연 세계에 대한 연구가 이 문제를 해결하는 데 도움을 줄 수 있지 않을까? 이 경우 답은 '그렇다'이다. 천문학이나 지질학 같은 역사 과학이 자연 세계의 과거 행적에 관한 정보를 줄 수 있기 때문이다.

천문학자들은 별빛 속에 각 별에서 작용하는 중력과 압력, 원자들의 움직임, 빛의 속도 같은 자세한 자연법칙 정보가 담겨 있다는 사실을 발견했다. 이들은 태양의 빛과 태양계 근처의 별들, 태양계에서 가장 멀리 떨어진 별들에서 오는 빛을 모두 비교한 후, 그 모든 경우에 정확하게 적용되는 기본적인 자연법칙을 알아냈다. 빛이 이동하는 데는 시간이 걸리기 때문에, 우리가 보는 빛은 사실 오래 전에 그 별을 떠난 빛이다. 즉, 우리가 보는 빛은 아주 오래 전의 기본적인 자연법칙이 어떠했는지를 보여 준다. 태양계에서 멀리 떨어진 모든 별이 가까이 있는 별들과 똑같은 자연법칙을 공유한다는 사실은, 자연법칙이 과거 한 시점에 갑자기 변한 적이 없었음을 보여 주는 증거가 된다.

지질학자들도 이와 비슷한 증거를 찾아냈다. 그들은 암석 연구를 통해 암석의 형성 당시에 적용되던 기본적인 자연법칙을 발견하고 가장 오래된 암석과 최근에 형성된 암석을 비교하여 자연법칙이 과거에 급작스럽게 변한 적이 없었다는 확실한 증거를 찾아냈다.

인간의 타락과 그 영향에 대해서는 11장과 12장에서 다시 논의하고, 지금은 한 가지 사실만 강조하고 넘어가려 한다. 즉, 타락이 인류에게 어떤 영향을 미쳤든지, 자연을 연구해 보면 그것이 원자와 분자, 암석과 별이 움직이는 자연법칙을 근본적으로 바꾸지 않았음을 알 수 있다. 이것은 우리가 지질학이나 천문학 같은 역사 과학을 통해 하나님이 과거에 창조물을 어떻게 다스리셨는지 알 수 있음을 뜻한다. 동시에 이것은 타락한 우리 인류는 온전히 이해할 수 없겠지만, 하늘은 처음 창조되었을 때와 마찬가지로 오늘날에도 '하나님의 영광을 선포'하고 있음을 뜻한다.

과학 지식: 많은 지식 중 하나일 뿐

과학은 자연 세계와 그 역사에 대한 질문의 답을 얻으려 할 때 큰 도움을 주는 강력하고 신뢰할 만한 도구다. (이 신뢰성에 대해서는 4장에서 더 자세히 다룰 것이다.) 하지만 자연 세계와 상관없는 질문들에 대한 답을 얻으려 할 때는 별 쓸모가 없는 도구일 뿐이다. 이 질문들에 대해서는 과학이 아닌 그 외의 세상을 이해하는 방식과 믿을 만한 지식 획득 수단들에 의존해야 한다. 경찰관은 목격자의 증언을 토대로 범죄 당시에 어떤 일이 벌어졌는지를 판단하고, 역사학자는 사료를 통해 과거의 생활에 대해 배운다. 또 우리는 과학 실험이 아니라 상대와 겪었던 인격적인 경험을 기준으로 한 친구의 신뢰성을 판단한다. 음악이나 미술 작품의 질을 판단할 때는 심미적 경험에 의존하며, 하나님의 성품을 이해하고 하나님의 임재를 경험하기 위해서는 기도와 찬양이 도움이 된다. 이러한 방법들은 과학적 종합대조실험이나 수학적 모델링과는 무관하지만, 자연 세계가 아닌 다른 영역의 지식을 얻는 방법으로서는 상당히 신뢰할 만하다.

지금까지 과학이 성공적으로 이뤄져 온 까닭에, 과학만이 믿을 만한 지식 획득 수단이라고 주장하는 사람도 있다. 이런 생각은 인간 존재를 포함한 모든 것을 과학적 시각으로 바라보는 환원주의적 무신론 세계관에서 비롯된 것이다. "인간은 유전 정보와 호르몬 반응에 의해 조절되는 화학적 기계일 뿐이다"라는 문장으로 자신의 믿음을 표현하는 환원주의자도 있다. 환원주의자들은 "…일 뿐이다"라는 표현을 씀으로써 과학을 제외한 다른 모든 차원의 인간 경험과 지식을 부정해 버린다. 도널드 맥케이는 이것이 셰익스피어의 소네트를 '종이 위의 잉크'일 뿐이라고 설명하는 것과 같다고 지적했다(참고 「열린 마음에 관하여」). 물론 셰익스피어의 소네트는 단순히 종이 위의 잉크가 아니다. 그것은 글자와 단어, 운율과 박자, 암시와 은유, 그리고 사랑 혹은 비애의 표현이다. 우리는 과학이 아니라 언어와 문학, 인생의 경험을 이해할 때 이 소네트의 본질을 알게 된다. 이 갖가지 종류의 지식을 두루 사용할 때에야 비로소 이 시를 완벽하게 이해할 수 있다.

> '…일 뿐이다'라는 표현이 들어간 주장을 접했을 때 사용할 수 있는 기술이 하나 있다. 바로 '…일 뿐이다'라는 말을 '…일 뿐 아니라'로 바꾸는 것이다. 즉, "맞습니다, 인간의 몸은 화학 물질로 이루어져 있습니다, 하지만 인간은 화학적 기계일 뿐 아니라, 복잡한 생물학적 체계이며, 사회적 집단 안에서 상호관계를 맺고, 문화와 예술을 창조하며, 창조주 하나님과 연결된 존재입니다"라고 대응하는 것이다.

과학 지식은 우리가 역사와 성경, 개인적인 경험, 문화를 통해 배운 중요한 진리를 보충할 뿐, 그 모든 것을 대체하는 것이 아니다. 과학은 하나님이 인류에게 주신 많은 선물 중 하나일 뿐이다.

성찰 및 토론을 위한 질문들

1. 한 사건을 옆에서 처음부터 끝까지 관찰하지 못한 경우에 그 사건을 과학적 과정을 통해 연구하는 것이 가능할까? 형사가 범죄 현장에서 단서를 모으는 것과 역사 과학은 어떤 면에서 유사할까? 형사들은 모델을 만드는가? 예측을 하고 그것을 검사해 보는가?
2. 그리스도인들이 과학계에서 경력을 쌓기 위해 애쓰는 것이 왜 중요할까? 그들은 과학 지식에 어떤 영향을 미칠 수 있을까? 또 과학계와 교회에는 어떤 영향을 미칠 수 있을까?

4장 하나님의 세계는 하나님의 말씀과 모순되는가?

1633년 갈릴레오 갈릴레이가, 태양은 정지해 있고 지구를 비롯한 다른 모든 우주 행성이 그 태양 주위를 회전한다고 주장했다는 이유로, 로마 종교 재판정에 섰다. 지금은 초등학교 교과서에도 실려 있는 내용이지만, 당시만 해도 지구가 돈다는 주장은 교회의 가르침에 대한 정면 도전이었다. 지구는 우주 공간에 정지해 있고 태양이 지구 주위를 돈다는 것이 당시 교황청의 입장이었기 때문이다. 이 논쟁에서 갈릴레오는 당시 처음 개발된 망원경으로 행성들과 태양, 달을 관찰한 과학적 결과를 근거로 삼았던 반면, 교황청은 수세기 동안의 매일의 경험에 근거하여 세운 학문적 전통과 성경에 기초한 교회 전통을 내세웠다. 결국 그날 교황청은 갈릴레오를 이단으로 규정하여 그의 책을 금서로 지정하고 가택연금을 선고했다.

무엇 때문에 갈릴레오와 교회 사이에 이런 갈등이 생긴 걸까? 앞서 2장과 3장을 통해 우리는 과학과 기독교가 근본적으로 조화를 이루며 서로 밀접한 관련이 있다는 사실을 확인했다. 하나님은 우리 주변의 자연 세계를 창조하셨고 지금도 다스리시며, 과학은 이 하나님의 창조세계를 연구하는 체계적인 방식이다. 따라서 이 둘 사이에는 아무런 갈등이 없어야 할 것 같다. 그런데 성경은 지구가 움직이지 않는다고 말하고 과학은 지구가 움직인다고 말한다면, 우리는 어떻게 해야 할까?

이 장에서는 하나님의 계시가 드러난 두 권의 '책'이라는 은유를 들어 이 같은 갈등의 원인을 알아볼 것이다. 두 권의 책이란 하나님의 말씀(성경)과 하나님의 세계(자연)를 가리킨다. 구체적으로 우리는 다음과 같은 주장을 할 것이다.

- 이 갈등은 하나님의 두 가지 계시 사이에서 발생한 것이 아니라, 과학과 성경에 대한 인간의 해석에서 비롯되었다.
- 과학과 성경을 해석하는 과정은 외부와 완전히 단절된 진공 상태에서 진행되는 것이 아니라 주변 문화의 영향을 받기 마련이다.
- 올바른 방법을 사용한 과학 해석과 성경 해석은 신뢰할 수 있다.

그리고 이 장은 21세기의 갈등들에 나타나는 역동적 측면을 잘 보여 주는 17세기 갈릴레오 사건을 더 자세히 살펴보는 것으로 마무리될 것이다.

하나님의 계시가 드러난 두 권의 책

1장에서 우리는 하나님의 말씀과 하나님의 세계에 대해 이야기했다. 하나님은 성경 한 장 한 장에 자신의 말씀을 기록으로 남기셨을 뿐 아니라(성경책), 지구와 온 우주를 창조하셨다(자연이라는 책). 우리는 성경을 하나님의 특별 계시라 부르고, 자연을 일반 계시라 부른다. 종교개혁 당시에 만들어진 신앙고백서 중 하나인 "벨직 신앙고백"(Belgic Confession)은 이러한 구분을 다음과 같이 생생하게 표현한다.

우리는 두 가지 도구를 통해 하나님을 압니다. 첫째는 우주의 창조와 보존과 통치를 통해서입니다. 이것은 아름다운 책으로 우리 눈앞에 있습니다. 로마서 1:20에서 바울이 말한 것처럼, 그 안에 있는 모든 크고 작은 피조물은 하나님의 보이지 않는 것들, 즉 그분의 영원하신 능력과 신성을 생각나게 하는 글자와 같습니다. 이것만으로도 인간은 결코 평계치 못한 채 유죄를 선고받고 또 죄에서 벗어날 수 있습니다. 둘째, 하나님은 당신의 영광과 구원 사역을 위해 이 세상에서의 삶에서 우리가 필요로 하는 만큼, 거룩한 말씀으로 더 분명하게 자신을 드러내십니다.

벨직 신앙고백 제2조

"벨직 신앙고백"이 나오기 몇 세기 전에도 이미 아우구스티누스를 비롯한 여러 신학자가 하나님의 계시를 드러낸 두 권의 책에 관한 이 은유를 사용했다. 아우구스티누스는 그리스도인들에게 두 권의 책을 모두 '읽을' 것을 권하며 이렇게 말했다

당신은 반드시 그 거룩한 책을 읽어야 하며, 우주라는 책을 관찰해야 한다. 성경은 읽고 쓸 줄 아는 사람만이 읽을 수 있지만, 우주라는 책은 글을 읽을 수 없는 사람도 읽을 수 있다.

「시편 강해」(Enarrationes in Psalmos), 45.7

초기 신학자들이 이런 은유를 떠올린 것은 자연 세계를 돌보시는 하나님의 손길을 표현한 성경 구절들을 통해서였다. 시편 19편이 그 좋은 예였다. 이 시편은 전반부에서는 자연에 계시된 하나님을 찬양하고("하늘이 하나님의 영광을 선포하고"), 후반부에서는 말씀을 통해 드러난 하나님의 계시를 찬양한다("여호와의 율법은 완전하여 영혼을 소성시키며").

83페이지의 도표는 하나님의 계시를 드러낸 이 두 권의 책의 특징을 나타낸 것이다. 표의 가장 윗부분을 보면 하나님이 자연의 저자인 동시에 성

경의 저자이심을 알 수 있다. **우리는 하나님이 이 두 종류의 계시를 모두 기록한 저자이시기에 자연과 성경이 서로 충돌할 수 없다고 믿는다.**

하나님의 계시가 드러난 두 권의 책

계시란 하나님이 자신을 우리에게 알리시는 방식이다. 따라서 계시가 드러난 이 '두 권의 책'은 다른 무엇보다 '하나님에 대해' 배울 수 있는 두 가지 방편이다. 하나님은 자연과 성경에서 스스로를 모순되는 존재로 드러내지 않으신다. 그분에게는 거짓이나 변덕이 없으며, 우리도 성경과 다른 뭔가를 자연에서 보여 줌으로써 하나님이 스스로를 부인하시리라고 생각하지 않는다. 이 계시들을 통해 얻은 하나님에 대한 지식에 근거하여 이 비유를 '창조세계에 대한' 지식으로까지 확장시키는 것은 합리적인 과정일 것이다. 성경이 자연 세계에 대해 말하는 것이 있다면, 그것은 자연 세계 자체에 대한 연구 결과와 모순되지 않아야 할 것이다.

이 '두 권의 책' 은유는 완벽하지는 않지만 과학과 종교 간 갈등을 이해하는 데 유용하다. 과학은 자연 세계를 이해하기 위한 인간의 노력이며, 성경 해석은 성경을 이해하기 위한 인간의 노력이다. 만약 이 둘 사이에 갈등이 발생한다면, 그것은 인간이 두 권 중 한 권 또는 두 권 모두를 잘못 이해했기 때문일 것이다.

도표의 아랫부분은 과학과 성경 해석이 우리 삶의 다른 영역과 분리되어 일어나지 않음을 보여 준다. 즉, 과학의 결론은 세계관과 정치 등 인간의 경험에 바탕을 둔 여러 상황의 영향을 받고, 성경 해석의 결론은 신학과 교회 전통, 심지어 정치의 영향까지 받는다. 이처럼 성경 해석이 외부의 영향을 받는 경우는 이 장 후반부에서 갈릴레오 이야기를 통해 더 자세히 보게 될 것이다.

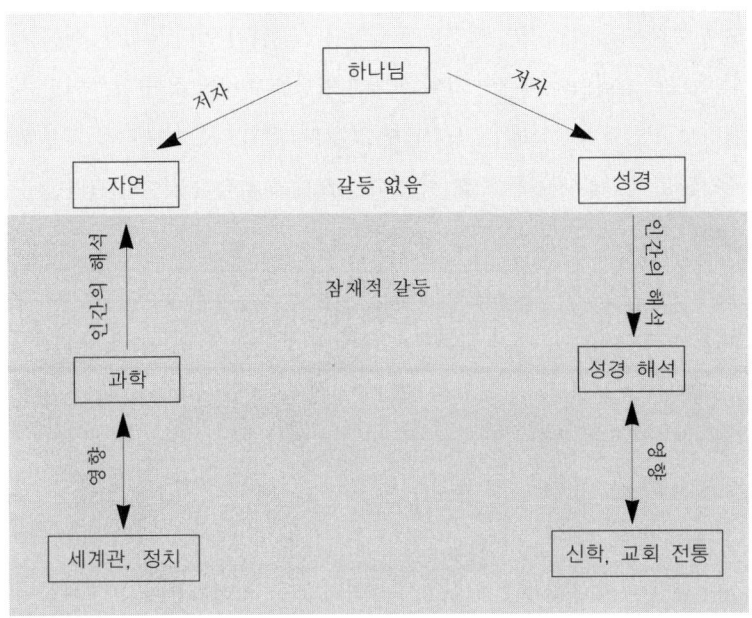

문화가 과학에 미치는 영향

세계관과 과학이 서로 미치는 영향

세계관은 과학에 영향을 미칠 수 있다. 2장에서 논의했듯이, 과학자들은 자연의 규칙성이나 실험을 통한 검증 같은 세계관적 신념에 따라 연구를 진행한다. 그리고 이렇게 얻은 과학적 결과가 최종 결정을 내릴 때 필요한 정보와 맥락을 건전한 방식으로 제공함으로써 다시 세계관에 영향을 미치게 된다. 예를 들어, 환경에 관심을 갖는 것은 개인의 **세계관** 때문이지만, 그 환경을 돌보기 위한 최선의 행동을 선택할 때 정보를 제공하는 것은 **과학**이다.

　세계관은 또 다른 방식으로 과학적 과정에 영향을 미친다. 즉, 한 과학자가 여러 과학적 모델(이론) 중에서 하나를 선택해야 하는데 실험적 증거들을 통해서는 어떤 것이 최선의 모델인지 판단하기 어려운 경우, 이때 과학 이외의 신념이나 지식이 그의 선택에 영향을 미치는 것이다. 주어진 자료만으로는 최적의 모델을 가려낼 수 없을 때, 각기 다른 세계관을 가진 과학자들은 똑같은 자료를 보고 서로 다른 모델을 최적의 것이라 판단할 수 있다.

물론 세계관과 과학이 건강하지 못한 방법으로 서로 영향을 미치는 때도 있다. 자료를 주의 깊게 검토하지 않은 채 자신의 세계관과 다르다는 이유만으로 특정한 과학적 결론을 받아들이지 않는 경우가 그중 하나다. 반대로 실질적으로 과학적인 자료가 뒷받침되어서가 아니라, 자신의 세계관과 일치한다는 이유만으로 특정 과학 모델을 지지하는 경우도 있을 수 있다. 예를 들어, 일부 의사들은 과학적 증거가 부정적으로 나타나는데도 특정한 대체 의학 치료법을 열렬히 신봉하기도 한다. 세계관적 신념 때문에 그 치료법이 효과를 나타내길 바라고, 심지어 그 치료법에 반하는 과학 데이터가 나왔는데도 여전히 그것이 과학적인 치료법이라고 우기는 것이다.

이런 경우에는 '자기 교정'이라는 과학적 과정의 특징을 통해 문제를 바로잡을 수 있다. 즉, 각기 다른 세계관을 가진 과학자들이 서로 이의를 제기하면서, 주장하는 모델을 더 강력하게 뒷받침하는 사례를 제시하라고 상대편에 요구하여 더욱 창조적인 사고를 하도록 만드는 것이다. 그러면 각 진영은 자신의 모델의 적합성을 지지하거나 상대편 모델의 부적합성을 입증할 새로운 기술과 실험을 고안하게 되고, 그러는 사이에 이들은 새로운 합의점에 도달한다. 처음에는 세계관적 신념의 차이로 인해 상반된 모델이나 주장을 내놓았더라도, 결국에는 실험과 관찰을 통해 서로 다른 세계관을 가진 과학자들이 하나의 합의점에 도달하는 것이다.

오늘날 그리스도인들 중에는 과학계로 하여금 그 같은 결론에 도달하게 한 증거들은 면밀히 살펴보지도 않은 채, 그들이 기원에 대해 무신론적 선입견을 가지고 있다며 무조건 비난하는 사람들이 많다. 그러나 이런 태도는 아래와 같은 여러 가지 이유로 잘못된 것이라 할 수 있다.

- 첫째, 실제로 과학자들 중에는 무신론자가 아닌 사람들이 많다. 과학계가 진정한 합의점에 도달했다면, 그 내용은 그리스도인을 포함한 모든 다양한 종교적 관점을 지닌 사람들의 전문적인 판단 전체를 대변한다고 볼 수 있다.
- 둘째, 2장에서 "모든 진리는 하나님의 진리다"라고 말한 것을 다시 떠올려 보자. 과학적 진리를 발견한 사람의 세계관적 신념이 무엇이든 간에, 그것이 진리라면 그 지식은 하나님의 선물이다.
- 셋째, 단순히 우리가 믿는 것과 다르다고 해서 그 과학적 결과를 성급하게 부정해서는 안 된다. 갈등이 겉으로 분명하게 드러날 때, 우리는 필연적으로 더 견고한 과학적 증거의 설명을 찾게 된다. 그런데 성급하게 특정 결과를 반대하고 나선다는 것은 자연에 드러난 하나님의 계시에 충분한 경의를 표하지 않겠다는 의미다. 이는 그 결과로부터 새로운 진리를 배울 수도 있다는 사실을 부정하는 행위다.

특정한 세계관을 비방하기 위해 과학을 사용하는 것도 세계관과 과학이 서로 유해한 영향을 미치는 또 하나의 경우다. 예를 들어, 과학자와 일반인을 불문하고, 모든 무신론자는 오랫동안 과학적 결과들은 무조건 무신론의 진실성을 입증한다고 강력히 주장해 왔다. 글이나 말로 이 같은 주장을 펼칠 때, 무신론자들은 과학이 끝나는 지점과 세계관이 시작하는 지점을 명확하게 구분 짓지 않은 채 과학적 결과와 세계관에서 비롯된 주장을 완전히 혼합하여, 과학자가 아닌 보통 사람들은 그 차이점을 볼 수 없게 만들어 버린다. 실제로 이렇게 과학과 무신론을 섞어서 말한 과학자는 아주 소수임에도 불구하고, 이런 식의 글과 강연들로 인해 과학계 전체가 무신론자들이라는 평판을 얻게 된 것이다.

이제 이렇게 과학과 세계관을 혼합해 버린 예를 구체적으로 살펴볼 텐데, 이 예는 갈릴레오 이야기와 연결해서 생각해도 좋을 것 같다. 무신론자들은 주로 다음과 같은 주장을 펼친다.

- 전제 1: 기독교는 지구가 우주상에서 움직이지 않는다고 말한다.
- 전제 2: 과학은 지구가 움직이는 것을 입증했다.
- 결론: 기독교는 거짓이다.

그리스도인이라면 분명 위의 결론에 동의하지 않을 것이다. 그렇다면 어떻게 반론을 제기하는 것이 가장 효과적일까? 어떤 사람들은 **과학** 자체가 불완전하고 편향적이라고 주장하며 위의 결론을 반박하고, 또 어떤 사람들은 무신론자들이 말하는 천문학적 증거가 잘못되었으며 성경이 말하는 것처럼 지구가 실제로 우주 공간에서 정지해 있다고 주장한다. 그러나 기계적으로 과학 자체에 문제가 있다고 말하는 것은 중대한 오류를 범하는 일이다. 구체적인 과학적 결과를 살펴보지도 않고 과학을 거부해 버리는 것은, 과학적 실수인 동시에 **신학적** 실수다. 이는 하나님이 자연 속에 두신 계시의 증거를 너무 쉽게 무시하는 처사이기 때문이다. 이 같은 갈등 상황 속에서 진리를 알아내기 위해서는, 그 두 가지 종류의 계시에서 나오는 정보가 **모두** 필요하다.

둘째 전제에서 말한 과학적 결론이 확실한 증거로 입증된 것이라면, 그리스도인이 취하기에 더 나은 접근법은 첫째 전제로 제시된 세계관적 주장에 이의를 제기하는 것이다. 무엇보다 기독교란 지구의 움직임에 관한 우리의 신념에 따라 좌지우지되는 종교가 아니다. 실제로 첫째 전제에 의문을 제기하는 것이 그리스도인들에게 매우 중요하다. 이런 세계관적 전제에 의문을 던지지 않는 그리스도인은, 과학만을 기준으로 기독교와 무신론 중 옳은 쪽을 정해야 한다고 주장하는 무신론자와 다를 바가 없다.

이런 경우 최선의 전략은, 과학을 공격하는 것이 아니라 과학에서 세계관적 주장을 분리시키는 것이다. 과학적 진술과 세계관적 진술을 구분하여, 각 진술을 따로 평가해야 한다.

정치와 과학이 서로 미치는 영향

과학과 종교에 관한 논의가 정치 영역으로 들어가면 문제는 더욱 복잡해진다. 이때 사람들은 과학적 증거보다는 당파나 정치 공작을 보고 어떤 관점을 지지할지 결정한다. 불행히도 아직까지 이런 주장들이 온통 과학의 언어로 포장된 채 남아 있으며, 과학적 결과 또한 정치적인 이유로 뒤틀리고 왜곡되는 경우가 많다. 과학과 종교 안에서는 사소한 갈등에 그칠 문제들이 정치 영역으로 가면 개인 간의 중대한 정치적 싸움의 대상이 되거나 정당 간의 문화 전쟁을 유발하기도 한다. 정치 영역과 법정에서 한 시민이 선택할 수 있는 것은 주로 두 가지밖에 없다. 원고의 편이 아니면 피고의 편이 되고, 이쪽 정당 후보나 당론을 지지하지 않으면 저쪽 정당의 후보나 당론을 지지하는 셈이 된다. 특히 여기서 우리는 대부분의 경우 둘 이상의 선택 사항이 있다는 사실을 기억해야 한다.

대개 좀더 자세히 들여다보면 더 많은 타협점과 창의적인 해답을 찾을 수 있다. 예를 들어, 오늘날 주변에서 흔히 볼 수 있는 정치 분쟁 중 하나인 새로운 발전소나 산업 단지, 혹은 주택을 건설하려는 개발자와 환경 보존을 위해 건설을 반대하는 환경론자 사이의 다툼이 있다고 생각해 보자. 이런 경우 보통 한쪽의 입장을 선택하면 다른 하나는 포기해야 하는 것으로 생각하기 쉽다. 경제 발전을 지지한다는 것은 곧 환경을 파괴하겠다는 말이 되고, 환경을 보호하겠다는 것은 곧 경제 발전을 막겠다는 말이 되는 식이다. 하지만 이런 상황을 두고 연구하는 창의적인 사람들은 환경을 보전하면서도 조심스럽게 개발할 방법을 찾아내곤 한다.

과학과 종교 간의 논쟁이 정치적 논쟁으로 바뀔 때는 더욱 특별한 주의를 기울여야 한다. 앞서 제시한 예문에 나온 첫째 전제처럼, 거짓된 전제가 아무 의심 없이 통용되지 않는지 살펴봐야 한다. 이때 다음 질문들을 스스로 던져보는 것이 도움이 될 것이다.

- 양쪽이 과학적 데이터를 충분히 살펴보았는가?
- 그들은 진정한 종교적 가르침에 관심을 갖고 있는가?
- 혹 논쟁이 개인 간의 다툼이나 정치적 싸움을 위한 전장으로 변질된 것은 아닌가?

문화가 성경 해석에 미치는 영향

이제 '두 권의 책' 도표 중 오른편에 그려진 '성경' 부분을 집중적으로 살펴보자. 성경의 권위와 진실성에 대한 믿음은 그리스도인의 신앙에 매우 근본적인 요소다. "모든 성경은 하나님의 감동으로 된 것으로 교훈과 책망과 바르게 함과 의로 교육하기에 유익하니 이는 하나님의 사람으로 온전하게 하며 모든 선한 일을 행할 능력을 갖추게 하려 함이라"(딤후 3:16-17).

대부분의 그리스도인은 성경의 영성과 권위, 주요 가르침에 대해서는 공통된 믿음을 갖고 있다. 그러나 일부 성경 구절과 그 해석이 오늘날 우리가 직면한 문제와 어떤 관련이 있는가에 대해서는 서로 다른 견해를 가지고 있다. 그 이유는, 과학과 마찬가지로 성경의 의미를 해석하는 일 역시 외부와 단절된 진공 상태에서 진행되는 것이 아니라 주변 사회, 특히 신학과 교회 전통의 영향을 많이 받기 때문이다.

신학과 교회 전통이 성경 해석에 미치는 영향

분명 신학과 교회 전통은 성경 해석에 영향을 미치며, 반대로 성경 해석도 신학과 교회 전통에 영향을 미친다. 신학과 교회 전통은 성경 말씀을 기초로 세워지지만, 성경을 이해하는 데 신학과 교회 전통이 도움을 주기도 한다. 성경의 일부가 아닌 전체를 그 대상으로 하기 때문에, 신학은 한 주제에 관해 말하는 여러 성경 구절에 대한 해석들이 서로 일관성을 갖고 있어야 한다는 점을 우리에게 상기시키는 역할을 한다. 또한 신학과 교회 전통은 기독교 신앙의 핵심적인 교리가 무엇인지, 그리고 그리스도인들 간에 이견이 있을 수 있는 비핵심적인 교리가 무엇인지를 이해하는 데 도움을 준다. 수세기에 걸쳐 형성된 교회 전통의 지식이 있기 때문에, 우리는 모든 성경 구절을 하나하나 새롭게 해석하는 일에 시간을 낭비하지 않아도 되고, 과거 전통 중에 존재했던 곤란한 상황들을 반복하지 않을 수도 있다. 교회 전통 덕분에 후세대의 사람들이 과거의 지혜에 의지해 성경의 가르침을 이해할 수 있다.

이처럼 교회 전통은 성경의 의미를 해석하는 데 도움을 주는 커다란 축복이지만, 때로는 걸림돌이 되기도 한다. 이런 경우에는 교회가 더 참된 성경의 의미를 받아들이는 것이 매우 어려워진다. 종교개혁과 노예폐지 운동이라는 두 가지 역사적 예를 보면, 특정 성경 구절을 잘못 해석한 거대한 교회 체제의 생각을 바꾸기가 얼마나 어려운지 알 수 있다. 특정 성경 구절의 해석에 문제를 제기하는 것을 사람들은 신학 전통 전체에 대한 도전으로 받아들이기도 한다. 여기에 정치적인 문제까지 개입되면, 위 두 가지 사건에서 그랬던 것처럼 사람들은 자신이 가지고 있던 특정 해석을 고집스럽게 지키려 든다.

이런 경우에는 교회의 여러 교파가 서로 도움을 줄 수 있다. 과학자들이 서로의 편견과 맹점을 찾아내는 것처럼, 각기 다른 문화를 가진 교회들이 서로를 책임져주는 것이다. 북미 지역의 인권 운동이 그 좋은 예다. 20세기 초중반에 다수의 백인 그리스도인들은 흑인들이 부당한 대우를 받고 있다는 생각을 전혀 못했다. 이때 남부 기독교 연합회의와 마르틴 루터 킹 목사를 위시한 이 단체의 고무적인 리더십, 그리고 이 운동에 참여한 사람들의 용기 있는 행동을 통해 많은 그리스도인이 양심의 가책을 받기 시작했고, 성경에 대한 이해가 개선되어 갔다.

인간의 해석은 신뢰할 만한가?

자연이나 성경에 대한 인간의 해석은 신뢰할 만할까? 83페이지에 있는 도표를 한 번 더 살펴보자. 이 도표에서 우리는 두 책 모두에 대한 하나님의 권위를 강조하면서, 그 둘 사이의 갈등을 어떻게 다룰 것인지에 대한 **전략**도 제시했다. 그리스도인인 우리는 '과학이 언제나 옳으니 성경은 무시해도 된다'라거나 '우리의 성경 해석이 언제나 옳으니 하나님이 만드신 이 자연 세계를 무시해도 된다'는 식으로 단순하게 생각해서는 안 된다. 이 둘 사이에 갈등이 생길 경우에는, 과학적 해석과 성경 해석을 모두 면밀히 검토해야 한다.

    이것은 쉬운 일이 아니다. 이를 위해 우리는 과학에 적합한 방법과 전략을 배워야 하며, 체계적인 성경 해석법도 익혀야 한다. 여기서는 과학적 해석과 성경 해석과 관련된 몇 가지 쟁점을 간단히 살펴보도록 하겠다.

과학적 해석의 신뢰성

과학적 지식의 신뢰성을 알아볼 때는, 해당 모델(이론)을 중심으로 과학을 생각하는 것이 좋다. 이런 모델들 중에는 단순한 경험을 바탕으로 세운 예측도 있지만, 체계적인 검증을 통해 확고하게 만들어진 것이 대부분이다.

과학자들이 하나의 물리적 체계를 두고 두 가지 다른 모델을 가지고 논쟁을 벌일 때, 양쪽 모두 옳을 수는 없는 노릇이다. 하지만 과학 연구를 진행하다 보면 결정적인 실험 결과와 관찰 결과가 나오지 않아 두 모델의 차이를 구분하기 어려운 상황을 자주 만난다. 이 단계에서 과학자들은 실험 결과가 자신의 모델을 증명한다고 주장하고, 자신의 모델과 상반된 실험 결과는 무시하고 싶은 유혹에 빠진다. 그러나 바로 이러한 행동에서 그릇된 최종 판단이 나온다.

> 누군가가 근거 없는 추측을 아이디어로 내놓을 때, 사람들은 흔히 "그건 이론일 뿐이야"라고 말한다. 과학자들에게 이 '이론'이라는 단어는 경험에 근거한 초기의 예측으로부터 고도의 검증을 거쳐 확립된 단계에서의 모델에 이르기까지 광범위한 의미를 지닌다. 따라서 경우에 따라서는 이론의 신뢰도가 법칙의 신뢰도보다 높을 수 있다. 아인슈타인의 '일반상대성이론'이 뉴턴의 '중력의 법칙'보다 자연을 정확히 설명해 낸다는 것이 그 한 예다.

그러나 과학계는 이 같은 오류를 줄일 수 있는 여러 방법을 발전시켜 왔다. 연구 결과를 과학 문헌에 게재하기 전에 동료검토(같은 분야를 연구하는 전문 과학자들이 새로운 결과를 심사하고 평가하는 것—역주) 과정을 거치는 것이 그중 하나다. 동료검토 과정에서는 한 명 이상의 과학자들이 해당 논문을 읽으면서 그것이 제대로 된 방법으로 연구되고 기록되었는지, 그리고 결론을 입증하는 데이터나 주장에 설득력이 있는지를 확인한다. 혹 그 내용이 기준에 미치지 못하는 경우에는, 수정을 위해 돌려보내거나 논문 게재 자체를 거부한다. 정부 기관이나 사기업 재단이 과학자에게 연구비를 제공하기 전에도 이와 비슷한 과정을 거친다. 뿐만 아니라 그 과학 결과가 문헌에

게재된 후에도 과학계 내에서 같은 문제에 관심을 갖고 있는 사람들이 실험이나 계산을 직접 반복해 보고 다른 결과를 얻을 경우 즉시 과학계에 통보하기도 한다. 과학자들이 하나의 공동체로 움직이면서 서로의 오류를 바로잡는 것이다. 그래서 과학계가 하나의 합의점에 도달했을 때 대중은 과학자들이 옳은 결론을 얻었다고 확신할 수 있는 것이다.

하나의 모델은 사용되는 시간이 길어질수록 견고하게 자리를 잡아 간다. 후세의 실험들은 다양한 방식으로 이전 실험들의 결과를 이용하기 마련이고, 초기 실험에 중대한 문제가 있었다면 그 문제는 이 과정에서 여실히 모습을 드러낸다. 또한 새로운 기술과 방법의 발명으로 그 모델을 더욱더 세밀하게 검토할 수 있기도 하고, 독립적으로 발표된 증거나 추론을 통해 해당 모델이 한층 힘을 얻거나 반박되기도 한다. 어떤 과학 모델이 과학계의 합의를 얻은 후 일정 기간 동안 공인되어 왔다면, 그 모델은 상당히 믿을 만한 모델이라 볼 수 있을 것이다.

아주 가끔, 과학계의 합의를 얻어 일정 기간 인정을 받아 온 기존의 과학 모델이 새로운 발견으로 인해 그보다 나은 모델로 대체되는 일도 있다. 하지만 새로운 모델이 새로운 발견을 설명할 수 있다고 해서 예전 모델이 완전히 폐기되는 것은 아니다. 그 새로운 모델은 반드시 예전 모델처럼 전체 체계까지 설명할 수 있어야 한다.

성경 해석의 신뢰성

성경은 단순한 도덕적 교훈집이 아니며 인생 지침이나 사실적 진술만 나열된 책도 아니다. 성경의 권위는 하나님으로부터 온 것이다. 성경은 하나님이 실제 역사적 사건 속에서 행하신 일을 그 이면에 있는 하나님의 목적과 연결 짓는다. 뿐만 아니라 우리 인간을 그 이야기 속으로 끌어들여 우리로 하여금 일개 독자에 머무르지 않고 하나님 나라의 백성이 되게 하며, 나아가 장구한 하나님의 구속 역사의 일부가 되게 한다.

성경은 하나님이 인간 저자들에게 감동을 주셔서 그들에게 당신의 말씀을 전하라고 명하여 기록된, 하나님과 인간이 협동하여 빚어낸 산물이다. 하나님이 인간 저자들과 협동하셨다는 것은, 바울과 모세 같은 성경 저자들이 자신의 고유한 문체를 사용했고 그 안에 그들의 성격과 지식, 언어와 문화가 담겨 있다는 말이다. 이들은 편지와 비유, 잠언, 시 등 다양한 형태로 글을 썼으며, 그중에는 오늘날 잘 사용하지 않지만 2-3천 년 전에는 일반적으로 통용되었던 문학 형태도 있다. 하나님은 모든 후세 사람에게도 구원의 이야기를 충실히 전하기 위해 이 모든 것을 사용하셨다.

그런데 그 성경 구절들이 오늘날 우리에게 무엇을 뜻하는지 어떻게 알 수 있을까? 어떻게 하면 성경 말씀을 우리가 듣고 싶은 대로 듣는 것이 아니라 그 참된 메시지를 이해할 수 있을까? 다음은 성경 해석에 신뢰성을 더하는 두 가지 원리다.

성경의 나머지 부분에 비추어 한 구절 한 구절을 해석해야 한다
특정 성경 구절이 그 주변 문맥이나 해당 책, 나아가 66권 전체와 어떻게 어울리는지 확인하지 않은 채, 그 구절만 잘라내 이를 단순하게 문자 그대로 일상생활에 적용하는 것은 어리석은 짓이다. 만약 특정 성경 구절을 해석한 것이 성경의 다른 부분과 모순된다면, 그 해석은 잘못된 것이다.

성경 말씀이 오늘날 우리에게 의미하는 바가 무엇인지 가장 잘 이해하기 위해서는 원 저자와 최초의 독자들이 그 말씀을 어떻게 이해했는지를 먼저 알아보아야 한다
성경 저자들은 수천 년 전에, 우리가 사는 곳에서 수천 킬로미터 떨어진 곳에 살면서 우리와 다른 언어를 썼던 사람들이기 때문에, 처음에는 이렇게 성경을 이해하는 것이 어렵게 느껴질 것이다. 그러나 우리는 다음과 같은 방법을 쓸 수 있다.

- 원문의 의미와 뉘앙스를 제대로 담은 좋은 번역본을 이용한다.
- 문장의 내부 내용을 살핀다. 즉, 그 말씀이 은유인지, 풍자인지, 명령인지, 혹은 상대적으로 덜 중요한 세부 사항인지, 핵심 주제인지를 살피는 것이다.
- 그 말씀의 문학 장르를 살핀다. 즉, 그것이 역사서인지 우화인지, 혹은 시나 예언서, 그 밖의 다른 장르인지를 살피는 것이다.
- 그 구절의 문화역사적 배경을 고려한다. 그 글이 기록되기 전에 어떤 역사적인 사건이 일어났으며 그 후에는 어떤 사건이 발생했는가? 그 글이 혹시 특정한 사건에 대응하기 위해 기록된 것은 아닌가? 혹은 그 시대에 광범위하게 퍼져 있던 특정한 문화적 신념에 대응하기 위해 기록된 것은 아닌가?

위의 원리들을 실제 예에 적용해 보자. 아모스 4:4의 내용은 다음과 같다. "너희는 벧엘에 가서 범죄하며 길갈에 가서 죄를 더하며." 이 구절을 문자 그대로 해석하면 죄를 지으라는 명령이 된다. 그러나 첫째 원리를 적용할 때, 이 말씀을 문자 그대로 해석하면 오류가 발생한다. 성경의 나머지 부분과 분명히 모순되기 때문이다. 둘째 원리를 적용하면, 이 본문의 뜻이 좀더 명확해진다. 아모스 4장 전체의 문맥을 살펴보면, 이 말씀에 풍자적 의미가 담겨 있음을 알 수 있다. 이 문장은 하나님이 그분의 백성들에게 죄로부터 벗어나 심판의 고통을 받지 말라고 간절히 애원하던 중에 나온 말씀이었다. 그리고 원 독자였던 이스라엘 백성을 위한 이 메시지는 우리에게도 똑같이 적용된다. 우리도 죄에서 벗어나 하나님께로 돌아가야 한다. 위의 두 가지 원리를 적용해 볼 때, 아모스 4:4은 문자 그대로 해석하지 말아야 할 구절이다.

그에 반해 위 두 가지 원리를 적용해 볼 때 누가복음 1:1-3은 오히려 문자 그대로 해석하는 것이 더 적절하다. 누가복음은 예수님의 생애에 대한 누가의 설명으로 시작된다.

우리 중에 이루어진 사실에 대하여 처음부터 목격자와 말씀의 일꾼 된 자들이 전하여 준 그대로 내력을 저술하려고 붓을 든 사람이 많은지라. 그 모든 일을 근원부터 자세히 미루어 살핀 나도 데오빌로 각하에게 차례대로 써 보내는 것이 좋은 줄 알았노니.

먼저 이 말씀은 문자 그대로 이해하더라도 성경의 나머지 부분과 모순되지 않는다. 이 말씀의 경우 문자 그대로 이해하는 것이 첫째 원리에 부합한다. 이제 둘째 원리에 따라 누가와 그의 최초 독자들이 이 말씀을 어떻게 이해했는지 생각해 보자. 내부 내용을 보면, 이 말씀은 출처와 연구 방법을 설명하는 등 현대적 역사 문서의 양식을 거의 모두 갖추고 있다. 1세기 교회의 문화적 배경을 찾아보면, 이 복음서가 문자 그대로의 실제 역사적 사건으로 이해되고 받아들여졌음을 알 수 있다. 과학은 죽은 자가 살아나는 기적을 설명할 수 없더라도, 우리는 둘째 원리에 따라 예수님의 죽음과 부활이 기록된 누가복음의 사건들을 실제로 일어난 역사적 사건으로 봐야 한다. 성경 해석에 관한 이 원리들은 다음과 같은 여러 측면에서 우리에게 도움을 준다.

- 어떤 구절을 문자 그대로 받아들이면 안 되는지, 또 어떤 구절을 문자 그대로 이해해야 하는지 안내해 준다. 이 원리를 따를 때, 우리는 성경 전체를 일방적으로 문자 그대로 해석하거나 그 반대로 해석하는 치명적인 오류를 범하지 않을 수 있다.

- 성경을 21세기에 기록된 것으로 생각하고 읽는 오류를 막아준다. 수천 년 전에 낯선 언어로 기록되었던 성경 속의 모든 단어와 문구를, 오늘날 우리 문화권의 작가가 쓴 것과 같은 의미와 암시가 들어 있는 것으로 생각해서는 안 될 것이다.
- 성경을 이해하는 일관된 접근법을 제시해 준다. 계속해서 성경 다른 부분과의 조화와 그 말씀을 들었던 첫 번째 청중이 누구였는지를 생각하며 책을 읽으면, 특정 구절이 문자적인지 비유적인지, 역사적인지 상징적인지를 결정하는 데 필요한 일관성 있는 방법을 얻게 된다.

하지만 혹 이런 성경 해석 원리들이 일반인들이 성경을 이해하려 할 때 방해가 되는 것은 아닐까? 종교개혁자들은 성경의 **명료성**을 강조하면서, 좋은 성경 번역본을 읽을 수 있는 그리스도인이라면 누구나 성경의 주요 메시지를 이해할 수 있다고 강조했다. 종교개혁 시기에 발표된 신앙고백서 중 하나인 "웨스트민스터 신앙고백"(The Westminster Confession)은 이 점을 다음과 같이 설명한다.

> 성경에 있는 모든 내용이 그 자체로 다 똑같이 쉽게 이해되거나, 모든 이에게 다 똑같이 명료하게 다가가는 것은 아닙니다. 그렇지만 구원을 받기 위해 알고 믿고 지켜야 할 것들은, 보통의 수단을 적절히 사용한다면 교육을 받은 사람들뿐 아니라 그렇지 않은 사람들도 충분히 이해할 수 있을 정도로 성경 이곳저곳에 매우 명료하게 제시되고 밝혀져 있습니다. (1장 7항)

이 명료성의 원리는 성경의 **주요** 메시지와 구원과 관련된 핵심적인 내용들에 적용된다. 만약 그 밖의 다른 성경 구절들이 현대 과학과 어떤 관계를 맺고 있는지 더 자세히 알고 싶다면, 위에서 정리한 원리에 따라 각자

연구해 보면 될 것이다.

하나님의 계시가 드러난 두 권의 책: 갈릴레오 시대

이 장의 결론을 내리기 위해, 갈릴레오 사건의 사례 연구를 통해 과학과 종교 간의 소위 '전쟁' 양상을 살펴볼 생각이다. 갈릴레오는 어떤 사건 때문에 1633년에 재판을 받았던 것이며, 당시의 핵심 쟁점은 무엇이었을까?

이 장 초반에도 갈릴레오 이야기를 간단히 소개했지만, 사실 갈릴레오 이야기는 그보다 훨씬 복잡한 사건이었다. 그것은 단순한 과학과 성경의 갈등을 뛰어넘는 것으로, 학문적 대립과 교회 전통, 개인적 원한, 정치적 상황들이 얽혀 있었다. 이제 17세기에 있었던 갈릴레오 이야기를 살펴보면서 그것이 21세기의 과학과 종교 간 갈등과 관련된 다양한 상황을 이해하는 데 도움이 된다는 사실을 확인해 보자.

과학: 지구가 우주 공간에서 움직인다

코페르니쿠스와 갈릴레오 시대 이전에 일반적으로 받아들여지던 태양계 모델은 지구중심 모델, 즉 지구가 고정되어 있고 다른 행성들과 태양과 달이 지구 주위를 돈다고 설명하는 모델이었다. 이 모델은 망원경이 발명되기 오래 전인 주후 200년경 그리스의 과학자 프톨레마이오스(Claudius Ptolemy, 90-168)가 아주 정교하게 발전시킨 것이다. 그가 계산한 각 행성 궤도의 크기와 속도는 하늘의 별자리 사이를 지나는 행성들의 움직임을 눈으로 자세히 관찰한 결과와 잘 맞아떨어졌다. 이후 천 년이 넘는 시간 동안 사람들은 이 프톨레마이오스의 모델만 가지고도 각 행성이 앞으로 하늘의 어느 위치에 있을지를 꽤 정확히 예측해 냈다.

중세에 이르러서야 학자들은 지구중심 모델이 행성들의 위치를 정확하게 예측하는 데 한계가 있음을 인식하기 시작했다. 이때 코페르니쿠스(Copernicus, 1473-1543)가 나타나 행성의 움직임에 대한 새로운 모델을 발전시켰다. 프톨레마이오스의 지구중심 모델에서 행성의 궤도를 조금만 변경하여 손쉽게 수정 모델을 만들 수도 있었지만, 그는 완전히 새로운 태양중심 모델을 개발했다. 그의 새로운 모델은 고정되어 있는 것은 태양이고, 지구와 다른 행성들이 태양 주위를 돌며, 달은 다시 지구 주위를 돈다고 설명했다. 이것은 가히 혁명적인 생각이었다.

> 갈릴레오 시대 이전까지는 사람들이 대부분 지구가 움직이지 않는다고 생각했다. 지진이 일어나지 않는 한 어쨌거나 지구가 움직이지 않는 것처럼 **느껴졌으니** 말이다. 하지만 사실 이 책을 읽는 동안에도 당신은 지구의 많은 운동으로 인해 아주 **빠른** 속도로 우주 공간을 이동하고 있다.

이렇게 갈릴레오 시대에 들어와서야 학자들은 행성의 운동에 대해 지구중심 모델과 태양중심 모델이라는 두 가지 모델을 갖게 되었다. 하지만 당시에는 이 중 어떤 모델이 나은지 전혀 판별할 수가 없었다. 이때 과학사에서 자주 그랬듯 새로운 기술이 나타나 큰 변화를 만들어 냈다. 1609년에 초기 형태의 망원경을 알게 된 갈릴레오가 그 망원경에서 몇 가지를 보완하여 렌즈와 기능을 향상시킨 뒤 하늘을 관찰하기 시작한 것이다. 그는 실로 놀라운 것을 보게 되었다. 행성들은 단순히 별들을 지나쳐 다니는 빛나는 점이 아니었다. 그것들은 그 자체로 하나의 온전한 세계였다. 토성 주변에는 고리가 있었고, 목성에는 줄무늬가 있었으며, 은하수는 하늘에 나타난 안개 낀 빛의 띠가 아니라 무수히 많은 별들의 무리였다. 또 한 가지 흥미로운 것은, 네 개의 밝은 위성이 목성 주위를 공전한다는 사실이었다. 이로써 이 위성들이 지구 주위를 돌지 않는다는 것이 분명해졌고, 이는 지구중심 모델에 대한 강력한 반증이었다.

> 태양중심 모델에서 지구가 움직인다고 하면, 지구가 태양 주위를 공전함에 따라 가까이에 있는 별들이 조금씩 움직이는 것처럼 보이는 시차(*parallax*)라는 착시 현상이 생길 수밖에 없다. 하지만 그 시차 값이 너무 작기 때문에 갈릴레오 당시의 망원경으로는 이를 감지해 낼 수 없었다. 태양중심 모델을 비판한 사람들은 이를 이유로 지구가 움직이지 않는다고 주장했다.

갈릴레오는 또한 망원경으로 금성을 관찰했는데, 여기서 매우 결정적인 연구 결과가 나왔다. 그는 태양중심 모델에서 예측한 것과 딱 맞아떨어지는 주기로 금성이 보름달의 위상과 초승달의 위상을 오가는 것을 관찰했다. 지구중심 모델이 옳다면 금성은 언제나 초승달의 위상으로 관측되어야 했기 때문에, 그의 연구는 지구중심 모델이 잘못된 것임을 분명하게 보여 주는 것이었다. 지구중심 모델에 심각한 오류가 있거나 완전히 틀렸음을 입증하는 확실한 과학적 증거가 제시된 것이다. 이에 갈릴레오는 지구가 고정된 태양 주위를 돌고 있으며 그의 관찰 결과가 이를 증명한다는 것을 확신했다.

성경 해석: 지구는 견고하게 서 있다
이번에는 '두 권의 책'에 대한 도표 오른편의 성경적 해석의 입장에서 갈릴레오 상황을 살펴보도록 하자. 여호수아 10:12-14, 시편 19:4-6 등 성경에는 태양의 움직임과 지구의 안정성에 대해 말하는 구절이 많다. 언뜻 보기에 이 구절들은 지구중심 모델을 지지하고, 태양중심 모델을 반대하는 것

처럼 보인다. 성경에 여러 차례 반복되어 나오는 이 구절을 생각해 보자. "세계가 굳게 서고 흔들리지 아니하는도다"(대상 16:30. 참고. 시 93:1; 96:10).

갈릴레오 시대 이전의 그리스도인들은 성경에 나온 지구가 **움직이지 않는다는** 이 구절들을 문자 그대로 받아들였다. 하지만 지금은 지구가 **움직인다는** 확실한 과학적 증거들이 있으며, 대부분의 현대 그리스도인도 더 이상 성경을 문자 그대로 해석해야 한다고 생각하지 않는다. 일부 그리스도인들은 이런 성경 구절들을 무시해 버리면서, 이 문제는 중요하지 않을 뿐더러 과학이 올바른 해답을 제시하도록 맡겨 둬야 한다고 말한다. 그러나 오늘날 과학적 해석과 차이가 있어 보이는 성경 구절들을 무시하기 시작한다면, 결국에는 기적과 부활을 이야기하는 중요한 부분까지도 다 내버리게 될 것이다. 또 과학이 변화하고 발전할 때마다 성경을 다시 해석해야 하는 상황에 처하고 말 것이다. 또 어떤 그리스도인들은 이 말씀들은 시의 일부이기 때문에 문자적으로 이해하면 안 된다고 말한다. 그러나 모든 시가 항상 은유적인 것은 아니며(시편에 기록된 이스라엘의 역사를 보라), 반대로 모든 산문을 문자 그대로 받아들여야 하는 것도 아니다(예수님의 비유를 생각해 보라). 말씀의 장르가 시인지 산문인지를 구별하는 것도 올바른 해석을 위해 중요한 일이지만, 그것만 가지고 해당 말씀이 문자 그대로 이해할 대상인지 아닌지를 **기계적으로** 결정해서는 안 된다. 실제로 어떤 그리스도인들은 "굳게 서 있다"는 표현을, 지구가 태양 주위를 공전하면서 굳게 서 있다는 의미로 이해하면서 읽는다. 이것은 현대 과학과 일치하는 동시에 오늘날 독자들에게도 설득력 있게 다가가는 해석이다. 2장에서 논의한 것처럼, 하나님은 중력의 법칙을 유지시키시고 행성들을 우주 궤도상에 견고하게 서 있게 하신다.

이 모든 문제는 성경 구절을 현대적 사고방식으로 해석하여 이를 즉각적으로 현대 과학의 설명과 비교하는 데서 비롯된다. 하지만 우리는 앞에서 말한 성경 해석의 원리, 즉 그 구절이 최초의 독자들에게 무엇을 말하려 했는지를 생각해야 한다. 분명 고대 히브리인들은 지구가 태양 주위를 돌고 있다는 사실을 몰랐을 것이다. 그리고 하나님이 여기서 그들에게 가르치려 한 것은 행성 궤도에 대한 지식이 아니었을 것이다. (그들은 지구가 둥글다는 사실조차 몰랐다!) 따라서 성경이 "세계도 견고히 서서 흔들리지 아니하는도다"(시 93:1)라고 말한 것은, 당시 사람들이 일상생활에서 경험했던 발밑의 단단한 땅을 관찰한 결과였을 것이다.

이제 이 구절을 시편 93편의 전체적인 맥락에서 살펴보자.

여호와께서 다스리시니 스스로 권위를 입으셨도다.
    여호와께서 능력의 옷을 입으시며 띠를 띠셨으므로
세계도 견고히 서서
    흔들리지 아니하는도다.
주의 보좌는 예로부터 견고히 섰으며
    주는 영원부터 계셨나이다.

여호와여 큰 물이 소리를 높였고
    큰 물이 그 소리를 높였으니
    큰 물이 그 물결을 높이나이다.
높이 계신 여호와의 능력은
    많은 물소리와 바다의 큰 파도보다 크니이다.
여호와여 주의 증거들이 매우 확실하고
    거룩함이 주의 집에 합당하니 여호와는 영원무궁하시리이다.

전체적으로 이 시편은 하나님의 권위를 말한다. 이 시편 기자가 세계가 견고히 서 있다고 말하면서 주의 보좌와 주의 증거들 또한 견고히 서 있다고 말한다는 사실에 주목하기 바란다. (시 96:10과 대상 16:30에 나온 말씀들도 주님의 통치를 묘사하는 문맥에서 나온 것들이다.) 우리가 집중해서 다루는 시편 93편의 구절은 평행을 이루는 두 개의 절 중 하나로, 이는 히브리 시에서 두 개의 문장을 연결할 때 일반적으로 사용하는 장치다. 여기서 평행법으로 제시된 이 문장들은 세상을 여호와의 보좌와 완전히 동일시한다. 사람이 자기 행동으로 발아래 지구를 움직일 수 없는 것처럼, 아무것도 여호와를 그 보좌에서 떠나게 할 수 없다는 의미다. 하나님의 견고한 통치를 상징하는 의미로 세계가 견고히 서 있다는 표현이 사용된 것이다. 이런 상징은 구약 성경에 자주 나타나는 것으로, "하늘은 나의 보좌요 땅은 나의 발판이니"라는 이사야 66:1의 표현이 그 한 예다.

이 성경을 처음 접한 최초의 독자들은 저자가 자신에게 지구의 확고부동함을 가르치려 한다고 생각하지 않았을 것이다. 그들은 이미 그렇게 믿고 있었다! 대신 그들은 여호와의 권위에 대한 신학적 진리와 하나님 통치의 견고함을 생동감 있게 묘사하기 위해 저자가 그와 같은 일반적 신념을 활용했다고 생각했을 것이다. 이와 관련하여 성경학자 피터 엔스(Peter Enns)는 다음과 같이 말했다.

> 하나님은 언제나 인간을 대상으로 자신을 드러내신다. 즉, 인간이 이해할 수 있는 방식으로 말하고 행동하신다.…성경이 언제나 세상과의 연결점을 묘사하는 것은, 스스로 성육신하시는 하나님으로서는 필연적인 결과라 할 수 있다.
> 「성육신의 관점에서 본 성경 영감설」(*Inspiration and Incarnation*, CLC), p. 20

그러니까 하나님은 사람들이 본래 의도한 영적 메시지를 놓치지 않고 이해할 수 있도록 당시 통용되던 일반적인 개념을 사용하여 말씀하신 것이다. 갈릴레오도 이 말씀을 비롯하여 천문학적 주제와 관련이 있는 모든 성경 구절에 대해 비슷한 생각을 가지고 있었다. 그는 추기경 바로니우스(Baronius)의 말을 인용하면서, 이렇게 비꼬아 말했다. "성경은 어떻게 하늘(천국-역주)에 가는지를 알려 주지만, 그 하늘이 어떻게 가는지(움직이는지-역주)는 알려주지 않는다."

과학과 성경 해석 사이의 이러한 표면적 갈등은 쉽게 해결될 수 있을 것처럼 보인다. 그런데 왜 현실에서는 갈등이 오히려 악화되었던 것일까?

갈릴레오 시대의 세계관과 정치, 교회 전통

세계관과 철학이 이 갈등을 일으키는 데 큰 역할을 했다. 운동과 부력, 마찰에 관한 갈릴레오의 초기 연구는, 우주의 본질에 대한 아리스토텔레스 사상에 기초하여 수세기 동안 굳건히 이어져 온 당시의 신념에 반기를 드는 것이었다. 이 문제는 그가 재직하던 대학에서 활발한 학문적 토론으로 이어졌고, 이후 첨예한 대학 내 정치 문제로까지 번지게 되었다. 이런 학문적 논쟁과 그 후에 이어진 교회 안에서의 싸움이 험악한 모습으로 변질된 데는 갈릴레오의 오만하고 급한 성격도 한몫을 했다.

실제로 갈릴레오가 태양중심설을 주장하기 시작한 처음 몇 년 동안은 교회 안에도 그를 지지하는 여론이 많았다. 교회가 방어적인 태도를 취한 것은 그가 성경에 관한 다른 해석을 내놓기 시작하면서부터였다. 당시 수세기 동안 교회의 가르침은 아리스토텔레스의 물리학과 천동설과 깊이 연결되어 있었고, 교회 지도자들은 그 내용을 재빨리 변경할 준비가 되어 있지 않았다. 더욱이 로마 가톨릭 교회는 종교개혁 이후 정치적으로 더욱 방어적인 입장을 취했고, 교회 권위에 대한 문제에 있어서는 더더욱 그러했다. 교회는 과학에 반대했다기보다 전통을 지키기 위한 목적에서 일반인들이 스스로 성경을 해석할 수 있다는 종교개혁 사상에 반대한 것이다.

1616년경 이 갈등은 최고조에 이르렀고, 마침내 종교재판소는 태양이 고정되어 있고 지구가 움직인다는 개념을 이단으로 규정했다. 갈릴레오에게는 태양중심 모델을 주창하지 못하게 했으나, 하나의 가설로 연구하는 것은 허락했다. 그는 일단 이 판결에 동의했지만, 1620년대에 들어오면서 『두 개의 우주 체계에 대한 대화』(Dialogue on the Two Principle World Systems)라는 책을 쓰기 시작했다. 이 책은 등장인물들이 지구중심 모델과 태양중심 모델을 두고 논쟁을 벌이는 식으로 구성되어 있었다. 가상의 등장인물이 태양중심설을 설명하고 그와 반대되는 주장도 또 다른 인물들의 대사를 통해 표현되니, 갈릴레오는 자신이 직접 태양중심설을 주창한 게 아니라고 말할 수 있었다.

이 논쟁을 가상의 논쟁이라 판단한 교회는 1631년에 책의 출판을 공식적으로 승인해 주었다. 그러나 이 책이 널리 읽히자, 갈릴레오가 1616년 판결의 취지를 따르지 않았다는 것이 명확해졌다. 태양중심설의 논거는 강력했던 반면에, 지구중심설의 논거는 그렇지 않았던 것이다. 게다가 갈릴레오는 교황의 주장인 지구중심설을 '바보'라는 뜻을 지닌 '심플리치오'(Simplicio)라는 인물의 입을 빌려 설명했는데, 이는 사실상 교황을 '바보'라고 부른 셈이 되어 교황의 더 큰 반감을 샀다. 결국 1633년 갈릴레오는 이단을 옹호한 혐의로 재판을 받았다.

즉, 지구중심설과 태양중심설 사이의 근본적인 갈등은, 성경적 해석과 과학적 모델이 그랬던 것처럼, 세계관의 차이와 학계의 충돌, 교회 전통, 그리고 개인적인 적대감 같은 요소로 인해 격렬한 다툼으로 이어졌다. 이제는 당시 문제를 촉발시킨 근본적인 갈등을 순조롭게 해결할 수 있는데도, 17세기의 그 혹독했던 논쟁으로 인해 21세기인 오늘날에 이르기까지 교회는 반과학적이라는 부당한 평판을 받고 있다.

1642년 갈릴레오가 가택 연금 상태에서 사망할 무렵, 유럽 전역에서는 그의 발견에 대한 관심이 높아지고 있었다. 그리고 그가 죽던 해에 태어난 아이작 뉴턴(Isaac Newton)은 1687년에 **만유인력의 법칙**을 발표했다. 뉴턴식으로 중력을 이해하기 시작하자 행성들이 태양계에서 가장 무거운 태양을 중심으로 돌고 있다는 것이 완벽하게 설명되었다. 이 같은 뉴턴의 연구에 망원경 기술의 발달과 더 정확한 천체 관측 기술이 더해져 과학계는 태양중심설을 지지하는 쪽으로 의견을 모으기 시작했고, 마침내 1838년 별의 시차를 발견함으로써 지구가 움직인다는 사실이 확실해졌다.

바티칸은 1992년이 되어서야 공식적으로 갈릴레오에 대한 유죄 판결이 과오였음을 인정했지만, 비공식적으로는 이보다 훨씬 전에 입장을 바꾼 상태였다. 코페르니쿠스의 학설을 지지하는 대부분의 출판물이 금서 목록에서 제외된 것은 1757년의 일이고, 갈릴레오의 책 「두 개의 우주 체계에 대한 대화」가 이 목록에서 제외된 것은 1822년의 일이었다. 또한 로마 가톨릭 교회는 1891년에 바티칸 관측소를 설립하여 지금까지 운영하고 있으며, 최첨단 천문학 연구를 지속적으로 후원함으로써 자신들이 하나님의 창조를 탐구하는 활동으로서의 과학에 헌신하고 있음을 보여 준다. 1991년 교황 요한 바오로 2세는 "과학은 오류와 미신으로부터 종교를 정화시키고, 종교는 우상숭배와 잘못된 절대 원칙으로부터 과학을 정화시킨다. 과학과 종교는 서로를 더 넓은 세상으로 인도할 수 있으며, 그 세상은 과학과 종교가 다 함께 융성하는 세상이다"("On Science and Religion")라는 글을 남겼다.

하지만 이 같은 과학과 종교 사이의 긍정적 상호작용은 표면적으로 드러난 갈등에 묻히기 일쑤다. 갈릴레오 사건에서 보듯, 이런 갈등은 지적으로 해결하기 어려울 뿐만 아니라 대인관계에도 상처를 준다. '두 권의 책'에 대한 도표에서 정리한 내용이 양측 모두에게 도움이 될 것이다. 이 문제를 해결하기 위해서는 자연과 성경을 제대로 이해하는 것이 필수적이라는 사실과 이러한 갈등은 자연과 성경의 차이가 아닌 인간들 간의 차이에서 비롯된다는 사실을 모든 분야의 그리스도인들이 받아들일 때만, 기독교 내의 일치는 더욱 공고해질 것이다. 아직은 이 갈등의 해결책을 찾지 못했을지라도 그 해결책이 어딘가에 분명히 존재한다는 확신을 가지고 우리는 인내하며 나아갈 수 있다. 하나님은 자기모순적인 분이 아니시기 때문에, 자연과 성경은 서로 충돌할 수가 없다. 따라서 어느 한쪽을 무시하기보다는, 언젠가는 하나님이 드러내신 근본적인 진실을 이해할 수 있을 것이라는 소망을 가지고 자연과 성경 모두를 탐구해 나가야 할 것이다.

성찰 및 토론을 위한 질문들

1. 자연과 성경은 어떤 면에서 비슷한가? 또 어떤 면에서 다른가?
2. 과학적 해석과 성경 해석은 어떤 면에서 비슷한가? 또 어떤 면에서 다른가?
3. 전문적인 과학자가 아닌 사람은 특정한 과학적 결과의 신뢰성을 어떻게 판별할 수 있을까? 구체적으로 무엇을 확인해야 할까?
4. '성경 말씀이 오늘날 우리에게 의미하는 바가 무엇인지 가장 잘 이해하기 위해서는 원 저자와 최초의 독자들이 그 말씀을 어떻게 이해했는지를 먼저 알아보아야 한다'는 원리에 대해 어떻게 생각하는가? 성경 중에 그 당시 청중은 이해할 수 없고, 대신 오늘날 우리를 위해 숨겨 두신 내용이나 의미가 담긴 구절이 있을 수도 있지 않을까? 성경이 최초의 독자들이 이해했던 바와 **다른** 무언가를 오늘날의 독자들에게 전하고 있을지 누가 아는가?
5. 마가복음 4:31에서 예수님은 겨자씨가 세상에서 가장 작은 씨라고 말씀하셨지만, 이후 그보다 더 작은 씨가 발견되었다. 이를 두고 자연과

성경 사이에 갈등이 발생했다고 표현할 수 있을까? 만약 그렇다면 이런 갈등은 어떻게 해결해야 할까?

6. 오늘날 어떤 사람들은 갈릴레오의 연구를 종교와 미신에 대항해 승리를 거둔 수많은 과학적 발견 중 최초의 사례로 꼽는다. 이에 대해 어떻게 생각하는가?

7. 과학이 성경 해석에 영향을 미치는 것이 적절한 경우는 어떤 경우일까? 또 적절치 못한 경우는 어떤 경우일까?

8. 반대로 성경 해석이 자연 세계에 대한 이해에 영향을 미치는 것이 적절한 경우는 어떤 경우일까? 또 적절치 못한 경우는 어떤 경우일까?

9. 창조, 진화, 설계에 관한 오늘날의 논쟁과 갈릴레오 사건의 공통점은 무엇인가? 차이점은 또 무엇인가?

ORIGINS

5장
창세기: 일치론적 해석

매사추세츠에 살던 5월의 어느 날, 우리는 바위투성이인 글로스터와 락포트의 대서양 해안 산책을 즐기고 있었다. 우리가 낮게 활공하는 갈매기들을 보는 동안에도 파도는 계속해서 커다란 바위와 암석층에 부딪히고 있었다. 가까이 가서 보니 그 바위들에 새겨진 역사가 불쑥 튀어나오듯 생생하게 보였다.

우선 그 암석층에는 회색의 얇고 규칙적인 줄무늬가 있었다. 강이나 호수 바닥의 진흙 침전물들로 이루어진 퇴적층이었다. 그리고 지하에서 뜨거운 마그마가 서서히 냉각되어 생긴 화강암층이 분홍색으로 반짝이는 것이 보였다. 우리는 퇴적층과 비교해 볼 때 그 반짝이는 화강암층의 각도가 좀 이상하다는 사실을 발견했다. 그 분홍빛 층이 얇은 회색 퇴적층을 망가뜨리지 않은 채 쭉 가로질러 이어져 있었던 것이다. 이는 바다 바닥의 진흙이 이미 단단한 암석이 된 후에 마그마가 와서 화강암을 형성했다는 뜻이다. 그리고 지각층의 이동으로 인해 바다 표면과 심해의 퇴적층이 움직였고, 거기서 뜨거운 마그마에 노출된 것이다. 그 후 지각층이 한 번 더 이동하여 그 바위 덩어리 전체를 바다 표면까지 비스듬하게 올려놓았고, 그 결과 현재의 흥미로운 모습을 한 암석층이 생긴 것이다. 암석층의 각진 부분이 지금과 같이 매끄러워진 것은 파도의 풍화작용 때문일 것이다. 그 바위의 암석층과 빛깔을 보면서 우리는 하나님이 그동안 사용하신 수많은 다양한 과정에 놀라고, 각 과정을 특정한 순서에 따라 아주 오랜 기간을 두고 서서히 일어나게 하셨다는 사실에 또 한 번 놀랐다.

창세기 1:9-12은 하나님이 땅을 창조하셨다고 전한다. 그리고 그 구절은 다음과 같은 문장으로 끝난다. "저녁이 되고 아침이 되니 이는 셋째 날이니라"(13절). 하나님이 매사추세츠 해안의 바위들을 포함한 지구의 모든 땅을 하루 만에 만드셨다는 말씀이다. 하지만 우리가 본 그 바위들은 수만 년 동안 숱한 과정을 통해 형성된 것 같았다.

갈릴레오가 지구가 움직인다는 사실을 발견한 것처럼, 이 바위의 존재도 자연 세계와 성경의 모순을 드러내는 증거처럼 보인다. 그러나 4장에서 살펴본 것처럼, 겉으로 드러난 이런 모순은 바위가 보여 주는 하나님의 계시와 창세기 1장에서 드러난 하나님의 계시가 상충하기 때문이라기보다는 바위나 성경에 대한 인간적 차원의 **해석** 중 한 쪽 혹은 양쪽에 문제가 있기 때문에 발생한 것이다. 이 갈등을 해결하기 위해서는 창세기에 대한 해석과 바위에 대한 과학적 해석(지질학) 모두를 다시 상세히 검토해야 한다.

이 장에서 우리는 **일치론적**(concordist) 해석에 초점을 맞출 텐데, 일치론이란 하나님이 지구를 창세기 1장에 기록된 순서대로 만드셨다고 해석하는 관점이다. 그리고 뒤이어 6장에서는 하나님이 지구를 창세기 1장에서 서술된 것과 다른 시간과 순서에 따라 창조하셨다고 보는 비일치론적 관점을 중점적으로 살펴볼 것이다. (112페이지에 있는 "창세기를 둘러싼 다양한 해석"을 보면 5, 6장의 전반적인 내용을 이해하는 데 도움이 될 것이다.)

자연 세계의 창조에 대해 성경은 어떻게 가르치는가?

신약 성경

먼저 세계의 기원에 대해 성경이 뭐라고 가르치는지를 살펴보자. 이 문제에 관해서는 대부분 창세기 1장에 관심을 기울이지만, 그에 앞서 창조 사건을 언급하는 신약 성경을 살펴보는 것도 유익하다. 먼저 요한복음 1:1-3, 골로새서 1:15-20, 히브리서 1:1-4, 11:3을 읽어보자.

다양한 교회 교리와 신앙고백서에 요약되어 있기도 한 이 본문들은 창조에 대해 다음과 같은 중요한 교리를 가르쳐준다.

- 그리스도께서 창조와 섭리의 중요한 역할을 담당하신다. 세계를 만들고 유지하는 일은 삼위일체 하나님의 일이다.
- 하나님이 모든 것을 창조하셨다. 세상의 구석구석과 모든 물질과 에너지, 나아가 공간과 시간까지도 하나님이 창조하셨다. 우주에 존재하는 것 중에 하나님이 아닌 다른 힘이나 세력이 만든 것은 하나도 없다.
- 하나님은 무에서 유를 창조하셨다[라틴어로 '크레아티아 엑스 니힐로'(*creatia ex nihilo*)]. 이 모든 물질과 에너지는 스스로 존재할 수도, 하나님과 영원히 공존할 수도 없다. 그 어떤 시공간도 하나님 없이 존재하지 못한다. 하나님은 기존의 '재료'를 사용하지 않고 전구체(precursor) 없이 이 모든 것을 창조하셨다.
- 하나님이 만물을 유지하신다[라틴어로 '크레아티아 콘티누안스'(*creatia continuans*)]. 하나님은 직접 물리학 법칙의 기능과 시공간의 구조, 그리고 물질과 에너지가 계속 존재할 수 있도록 유지시키신다. 하나님의 섭리하시는 손길이 없다면 자연법칙과 물질법칙이 모조리 허물어지고 말 것이다. (이는 하나님이 창조 초기에만 관여하시고, 그 이후에는 우주가 스스로 존재한다고 말하는 이신론적 세계관과 대치된다.)

여기서 주목할 점은, 위의 신약 성경이 창세기 1장에 등장하지 않는 그리스도께서 창조 사역에서 중요한 역할을 맡았다고 가르친다는 사실이다. 신학자들은 이것을 성경의 '점진적 계시'(progressive revelation)라고 부르는데, 이는 하나님이 성경 저자들이나 고대의 청중에게 한꺼번에 모든 것을 드러내시지 않고, 조금씩 점진적으로 새로운 사실을 나타내신다는 뜻이다.

> **창세기를 둘러싼 다양한 해석**
>
> 아래는 5장과 6장에서 논의하게 될 창세기를 둘러싼 다양한 해석을 간략하게 요약한 것이다. 이 해석들은 서로 완전히 독립적으로 구분되지 않으며, 중복되기도 한다. 몇몇 해석, 특히 비일치론적 해석들은 서로 모순 없이 섞일 수 있다.
>
> **일치론적 해석**
>
> **젊은 지구론**
> 지구는 성경에 기록된 순서대로 약 6천 년 전에 24시간을 하루로 하는 6일 만에 창조되었다. 과학 연구는 반드시 이 사실을 확증해 내야 한다.
>
> **간격 이론**
> 지구는 오래 전에 창조되었다가(창 1:1), 곧 "혼돈하고 공허"해졌으며(창 1:2), 약 6천 년 전에 24시간을 하루로 하는 6일 동안 복원되었다.
>
> **날-시대론**
> 창조는 수십억 년 전에 일어났으며, 창세기 1장에서 말하는 '날'은 오랜 기간으로 된 한 연대를 뜻한다. 세계는 성경 말씀에 기록된 순서대로 창조되었지만, 한 기간의 길이가 아주 길다.
>
> **비일치론적 해석**
>
> **선언일**
> 창세기 1장에 나온 하루는 하나님의 보좌가 있는 곳에서의 하루를 뜻하며, 여기서 하나님이 창조의 각 단계를 선언하셨다. 하나님의 보좌가 있는 곳에서의 하루는 지구의 하루나 시대 개념과 무관하다.
>
> **창조시**
> 창세기 1장의 '날'의 수와 순서는 역사적 목적이 아닌, 시적으로 주제를 드러내고자 사용된 것이다.
>
> **왕국-언약**
> 위대한 왕이신 하나님이 그 왕국의 '영역'들을 창조하신 후, 사람들과 '토지 양도' 언약을 맺어 그 통치권을 주면서 신적인 권한을 위임하셨다.

성숙한 모습으로의 창조론
세계는 약 6천 년 전, 24시간을 하루로 하는 6일 동안 창조되었으나, 처음부터 이 창조된 세계는 마치 몇 십억 년의 긴 역사를 지닌 것처럼 보였다.

고대근동 우주론
창세기 1장은 물질 세계에 대해 고대근동 지역 종교들이 공통적으로 생각했던 모습과 많이 닮아 있다. 그러나 여러 신이 아닌 유일신이 모든 것의 창조자라고 주장한다는 점에서 고대근동의 우주론과 완전히 다른 신학을 갖고 있다고 볼 수 있다.

성전
하나님은 우주를 자신의 성전으로 삼기 위해 만드셨고, 그 6일은 각 피조물의 '기능'을 확립한 날일 뿐 실제 물질을 만들어 낸 날은 아니다.

구약 성경

이제 세계의 기원에 대해 가르치는 세 개의 구약 본문, 즉 시편 104편과 창세기 2:4-25, 1:1-2:3의 내용을 살펴보자. 이 중 창세기 2:1-3은 창세기 1장의 내용을 결론짓는 부분이라고 할 수 있다. 따라서 우리는 이 책에서 창세기 2장의 첫 세 절을 아울러 '창세기 1장'이라 칭한다. 이 구절들을 읽으면서 이 본문들의 공통점과 차이점, 그리고 창조 사건을 다룬 신약 성경 본문들과의 공통점과 차이점을 생각해 보자.

이 세 구절의 가장 확실한 공통점은 동일한 창조 사건을 묘사한다는 것이다. 이 구절들은 창조자 **한 분**이 만물을 만드셨고, 이렇게 창조된 모든 것이 다 좋고 잘 정돈되어 있었다고 말한다. 하지만 어조와 문체는 구절마다 분명한 차이를 보인다(이 세 구절은 하나님을 각기 다른 이름으로 부르며, 산문과 운문이라는 문체의 차이점도 있다). 또 이 세 구절은 창조 이야기의 각기 다른 부분을 강조한다('인간'을 각기 다른 방식으로 다루며, '물'의 역할 또한 각기 다르게 설정한다). 이처럼 각기 다른 세 가지 방식으로 하나의 창조 사건을 설명한 것은, 예수님의 삶을 각기 다른 어조와 강조점을 두어 서술한 사복음서의 경우와 유사하다.

이 본문들의 또 하나의 차이점은 사건이 일어난 순서를 서술한 방식에 있다. 시편 104편에는 연대에 대한 언급이 상대적으로 덜 나와 있으므로, 창세기 1장과 2장만 비교해 보겠다. 각 장에서 하나님이 어떤 순서로 세계를 창조하셨다고 말하는지 자세히 살펴보라. 아래 표에 그 순서를 정리해 보았다.

창세기 1장과 2장의 창조 순서

창세기 1:1-2:3	창세기 2:4-25
천지, 물(1-2절)	
빛(3절)	
하늘(6-8절)	
땅(9-10절)	땅(5-6절)
식물(11-12절)	남자(7절)
해, 달, 별(14-17절)	식물(동산, 8-9절)
바다 생물과 새(20-21절)	들짐승과 새(19절)
땅의 짐승(24-25절)	여자(20-22절)
사람(26-27절)	

*TNIV는 창세기 2:8의 '동산을 창설하셨다'는 표현을 과거완료형(had planted a garden)으로 번역했으나, 이 문장의 히브리어 원문은 과거형(planted a garden)으로도 번역할 수 있다. 다수의 영어 성경은 동산이 사람보다 나중에 만들어졌음을 뜻하는 후자의 해석을 사용한다.

창세기 2장에는 창세기 1장에 나온 것 중 몇 가지 요소가 빠져 있다(물과 바다 생물, 빛, 해, 달). 게다가 창세기 2장은 새가 창세기 1장에서보다 하루 먼저 다른 동물들과 함께 창조되었다고 기록하고 있다. 또한 인간이 가장 나중에 창조된 창세기 1장과 다르게, 2장에서는 인간이 식물, 동물, 새보다 먼저 창조된 것으로 되어 있다. 만약 이 성경 구절들을 곧이곧대로 지구 창조에 대한 역사적 서술로 해석한다면, 1장과 2장에서 서술된 창조 순서는 서로 모순된다.

수세기 동안 그리스도인들은 이 문제를 해결하기 위해 다양한 해석법을 개발해 왔다. 어떤 사람들은 창세기 1장이 전 지구적인 규모에서의 창조 사건을 묘사한 반면 2장은 부분적으로 일어난 창조 사건을 묘사한 것이라고 말하고, 또 어떤 사람들은 2장이 1장에서 여섯 번째 날에 일어났다고 한 사건들을 더 자세하게 풀어 쓴 것이라고 말한다. 신학적 논점을 제시하기 위해 1장과 2장 중 한 장 혹은 두 장 다 일부러 사건을 순서에 맞지 않게 비순차적으로 서술한 것이라고 말하는 사람들도 있다.

곧 창세기 1장에 대한 그리스도인들의 다양한 해석 방법을 살펴보겠지만, 지금은 우선 창세기 1장과 2장의 차이를 이해하려면 모든 그리스도인이 이를 단순한 역사 자료로 읽지 않고 그 이상의 해석 작업을 거쳐 읽어야 한다는 사실을 지적하고 싶다. 뿐만 아니라 성경에서조차 창조 순서가 확실히 정리되어 있지 않으니, 이 두 장의 차이 때문에 성경을 과학적 증거들과 비교하는 것이 어렵기도 하다. 그런데도 대부분의 그리스도인은 창세기 1장과 2장에 드러난 창조 순서의 모호함은 무시한 채, 창조 사건에 소요된 시간, 즉 지구의 나이 문제에만 집중해 왔다.

젊은 지구론

창세기에 대한 가장 일반적인 해석은 하나님이 지구를 6일 동안 창조하셨다고 보는 것이다. 창세기 1장은 한 주 동안 그 창조 과정이 이뤄졌다고 말하면서 그 순서를 나열한다. 반면에 창세기 2장은 그 기간을 명확하게 언급하지 않지만, 그래도 한 인간의 일생보다 훨씬 짧은 시간 안에 그 사건이 완료되었다는 점은 분명히 밝히고 있다. 사실 창세기 2:4의 "여호와 하나님이 땅과 하늘을 만드시던 날에"라는 어구를 창조가 하루 만에 이루어졌다는 뜻으로 해석하는 사람들도 있다.

또한 성경에는 창세기 1장과 2장에서의 창조 사건 '이후의' 시간도 나와 있다. 즉, 신구약 성경에 이스라엘 왕국의 역사적 사건들과 선조들의 계보가 열거되어 있다. 이 계보가 그 어떤 공백도 없이 역사적으로 정확하게 기록되었다고 생각하고 이를 해석하면, 그 시간을 역산하여 하나님이 우주를 창조하신 날짜를 알 수 있다. 아일랜드의 대주교 제임스 어셔(James Ussher, 1581-1656)는 이 전제를 가지고 매우 정밀하게 계산한 후, 정확한 창조일이 주전 4004년 10월 23일 일요일이라고 발표했다. 설사 그 계보에 날짜의 공백이 있다 하더라도, 그 창조일이 주전 8000년 혹은 10000년 이전이 될 수는 없다.

1600년대까지 대부분의 그리스도인은 세상이 수천 년 전에 창조되었다고 믿었다. 그때에는 그 외에 더 정확한 성경 해석이 가능하다고 말해 줄 자연 세계의 증거도 없었다. 또한 1600년대까지 대부분의 그리스도인은 성경에 근거하여 지구가 우주 공간에서 움직이지 않고 정지해 있다고 생각했고, 그 밖의 다른 가능성을 시사하는 과학적 근거도 찾아볼 수 없었다.

그러나 과학 시대 이전에도 이 성경 구절들을 다르게 해석한 그리스도인들이 있었다는 사실을 언급할 필요가 있을 것 같다. 이들은 "주께는 하루가 천 년 같고"(벧후 3:8; 시 90:4)라는 말씀에 근거하여 하루가 훨씬 긴 시간을 의미한다고 보았다. 순교자 유스티누스(Justin, 주후 155)과 이레나이우스(Irenaeus, 주후 189)는 하나님이 아담에게 "네가 먹는 날에는 반드시 죽으리라 하시니라"(창 2:17)라고 말씀하셨지만 아담이 930년 동안이나 살았다는(창 5:5) 사실에 주목했다. 유스티누스와 이레나이우스는 이 사실에 근거하여 창세기 2장에서 말한 '하루'가 1,000년을 상징하며, 하나님이 아담에게 하신 말씀은 1,000년이 지나기 전에 죽을 거라는 선고였다고 해석했다.

아우구스티누스(354-430)는 하나님이 세상을 일주일간 창조하신 것이 아니라, **순간적으로** 창조하셨다고 보았다. 그를 비롯한 몇몇 사람은 창세기 1장에 내재적 모순이 있다고 보고, 이 때문에 6일 동안 창조 사역이 행해졌다는 주장은 이해하기 어렵다고 판단했다. 하나님이 빛을 만드신 것은 첫째 날인데, 그 빛의 근원인 해와 달을 만드신 것은 넷째 날이라는 것이 그 한 예였다. 이 넷째 날 만들어진 해는 날과 계절의 구분을 표시하는 역할을 했다. 그렇다면 해가 창조되기 전에 기록된 '날'과 '아침', '저녁'은 무엇을 뜻하는 것이었을까? 또 셋째 날 만들어진 식물이 어떻게 해 없이 살 수 있었을까? 아우구스티누스는 본문에 내재된 이런 모순을 근거로 창세기 1장, 특히 처음 3일 동안의 하루를 문자 그대로의 하루로 해석해서는 안 된다고 주장했다.

하지만 근대 지질학이 발전하기 전까지 이런 대안적 해석은 극히 드물게만 나타났다. 대부분의 그리스도인은 창세기를 젊은 지구론적으로 해석하면서, 지구가 수천 년 전에 하루를 24시간으로 하는 6일 만에 창조되었다고 믿었다.

지질학의 시작

제임스 어셔와 갈릴레오가 등장한 1600년대부터 지질학자들이 등장해 암석을 체계적으로 분류하기 시작했다. 그들은 암석을 종류별로 분류하고, 그것이 발견된 장소를 기록했다. 또한 유럽에서의 통신 수단의 발달과 더불어 학자들은 지식과 아이디어를 공유할 수 있었다. 이들은 다양한 암석과 계곡, 산, 노두(광맥이나 암석의 노출부—역주)를 과학적으로 설명하기 시작했으며, 침식이나 퇴적층 형성과 같이 매우 느리고 서서히 일어나는 과정을 관찰하고, 지구 역사의 긴 세월에 걸친 이러한 과정이 어떤 결과를 가져왔는지에 관심을 갖기 시작했다.

1600년대의 대다수 지질학자들은 어셔처럼 창조 사건을 해석했다. 즉, 이들은 처음부터 지구가 수천 년의 짧은 역사를 가지고 있으며, 노아 시대에 격변 홍수가 일어났다고 가정했다('홍수 지질학'은 1960년대에 다시 유행하지만, 원래의 발상은 지질학 초기부터 있었다.)

영국에서는 존 우드워드(John Woodward)와 토마스 버넷(Thomas Burnet) 같은 과학자들이 당시에 알려진 암석들의 종류와 위치를 이용하여 자연의 역사를 젊은 지구론적으로 설명하는 연구를 진행했다. 이들을 비롯한 초기 지질학자들은 대홍수의 영향을 포함한 지질학적 특성을 설명하는 과학적 모델을 만들어 냈다. 예를 들어, 이들은 흐르는 강물의 양에 비해 폭이 넓은 계곡을 보면, 이 계곡이 노아의 홍수 때 물이 빠지면서 생겼고 강물의 양에 비해 강폭이 넓은 것은 현재의 강물 양이 홍수 때보다 훨씬 적기 때문이라고 추론했다. 높은 산에서 조개껍데기나 물고기의 화석이 발견되면, 노아 홍수 당시에 물과 바다 생물들이 그 높이까지 올라갔기 때문이라고 설명했다. 또 층이 많은 암석인 성층암은 노아 홍수 때 생긴 퇴적층으로 인해 만들어진 것이며, 층 없는 균일한 모양의 암석인 무성층암은 하나님이 태초에 창조하신 것이라고 가정했다. 이들은 이 대홍수 모델로 화석이 성층암에서는 발견되고 무성층암에서는 발견되지 않는 것을 설명할 수 있다고 믿었다. 성층암은 대홍수로 인해 죽은 물고기나 동물들이 진흙층 사이에 들어가 만들어진 것이고, 무성층암은 대홍수가 일어나기 전에 창조된 암석이라고 해석한 것이다. 우드워드는 이 모델을 기초로, 밀도가 높은 퇴적물과 생물 형태는 홍수 중에 더 빨리 가라앉았을 것이기 때문에 성층암 아래층에 있을 것이고, 상대적으로 밀도가 낮아 천천히 가라앉는 물질은 성층암 위층에서 발견될 것이라고 예상했다.

이 과학자들은 세계가 창조된 지 오래되지 않았고 대홍수가 있었다는 창세기 해석을 공통적으로 받아들였고, 이를 바탕으로 과학적 모델을 세워 자연 세계에서 관찰한 바를 설명했다. 이 모델은 실제로 당시에 발견한 많은 지질학적 현상을 설명해 냈고, 후세의 지질학자들이 검증할 가설을 만드는 데도 기여했다.

젊은 지구론과 대홍수 이론에 반하는 지질학적 증거: 1840년대까지

1700년대는 지구에 대한 지질학자들의 지식이 폭발적으로 증가한 시기였다. 그들은 수많은 화석을 발견했으며 화석이 들어 있는 암석의 종류에 대해서도 많은 것을 알게 되었다. 그들은 각 산맥과 지역에서 성층암과 무성층암이 어디에 있는지를 지도로 그려냈고, 프랑스와 독일, 이탈리아 등지에 광산 회사들이 설립되어 지질학자들은 땅 밑의 지층에 대한 심도 깊은 연구에 착수할 수 있었다. 이들은 자연사에 대해 각자가 세운 모델을 새로운 지역과 다양한 종류의 지질학적 특성에 적용했다. 그리고 이렇게 새로운 결과가 발표될수록, 버넷과 우드워드 같은 초기 지질학자들이 제시한 젊은 지구론과 대홍수 모델은 이 방대한 과학적 증거들과 맞아떨어지지 않았다.

1700년대부터 1800년대 초까지 발견된 여러 사실은, 젊은 지구론과 대홍수 모델을 가지고 유추한 예측들과 상충됐다. 이때 지질학자들이 발견해 낸 것들은 다음과 같다.

- 모든 퇴적층에서 밀도 높은 물질들이 발견되었다. 1695년에 우드워드가 예측했던 것과 달리, 퇴적암과 그 안의 화석들은 밀도가 높은 순서대로 쌓여 있지 않았다. 아래층과 위층에 있는 물질들 사이에 차이점이 있었지만, 그 변수는 밀도가 아니었다.
- 역암(운반 작용을 통해 퇴적된 암석 중에 크기가 2밀리미터 이상인 입자가 많은 암석-역주)이 발견되었다. 그중에 여러 번의 홍수나 적어도 여러 번의 우기가 있었음을 암시하는 암석들이 있었다. 지질학자들은 매끄럽고 둥근 자갈이 미세 퇴적층 사이에 끼어 있는 층상 역암의 표본들을 발견했다. 진흙층에 자갈이 끼어들어간 후에 퇴적암으로 굳으면서 만들어지는 이 암석들은, 그 자체로는 놀라운 것이 아니었다. 다만 그 자갈이 사암이나 석회암처럼 전혀 다른 종류의 퇴적암으로 판명되는 경우가 문제였다. 이는 그 자갈이 퇴적 작용이 일어나는 우기가 되기 전에 만들어져 이후에 말라 석화되고 그 암석이 다시 자갈로 쪼개졌다는 뜻이기 때문이다. 그리고 다시 홍수가 일어나거나 이 자갈이 강바닥으로 들어가 물의 침식 작용으로 표면이 매끄러워진 후에 다른 퇴적물과 함께 쌓여 그 역암을 형성했다는 뜻이 된다. 이런 종류의 암석은 단 한 번의 대홍수로 만들어질 수 있는 성질의 것이 아니다.
- 매우 두꺼운 층을 가진 퇴적암이 발견되었다. 층이 너무 많아 몇 백 미터, 심지어 몇 백 킬로미터의 깊이를 가진 성층암도 있었다. 1700년대의 지질학자들은 착암 기술이 없어 지표에서 수십 킬로미터 깊이에 있는 표본은 얻을 수 없었지만, 암석층이 지평선에 비스듬히 기울어져 있거나 지표 위로 드러난 산맥은 연구할 수 있었다. 몇 킬로미터에 달하는

깊이를 지닌 암석층도 발견되었다. 한 예로, 펜실베이니아 주의 애팔래치아 산맥 중부에 있는 퇴적암들의 두께는 가장 얇은 것이 약 12킬로미터다. 1년에 걸친 한 차례 홍수의 침식 작용만으로 이렇게 두꺼운 층을 쌓는 것은 불가능했다.

- 화산 활동의 역사가 아주 오래 되었다는 사실이 밝혀졌다. 프랑스 남중부의 초원 밑에서 화산원뿔이 발견되었는데, 전설이나 인간의 기록에는 이 지역에서 화산 폭발이 있었다는 이야기가 없었으므로 마지막 화산 폭발은 인간의 역사가 시작되기 전에 있었던 것이 틀림없다. 면밀한 연구 끝에 지질학자들은 복잡한 화산 용암층 지도를 만들어 냈고, 그 지도는 그 지역의 화산들이 과거에 반복적으로 폭발했었으며 한 번 폭발할 때마다 용암이 굳어 층을 하나씩 더해 왔다고 말하고 있었다. 뿐만 아니라 수차례의 화산 폭발 사이사이에 물에 의한 침식 작용이 있었음을 보여 주는 증거들도 나타났다. 이 지역의 존재는, 아무리 대홍수가 있었다 하더라도 지구가 수천 년보다는 오래되고 역동적인 역사를 갖고 있음을 보여 주는 증거라고 할 수 있다.

하나의 부분적인 발견을 여러 개의 모델로 설명할 수도 있다. 예를 들어 산꼭대기에서 발견한 조개껍질은 대홍수 이론으로도 설명할 수 있고, 과거에 해저면이었던 것이 융기하여 산이 되었다는 이론으로도 설명할 수 있다. 따라서 부분적인 발견 하나를 가지고 한 이론이 다른 이론들보다 낫다고 말하기는 어렵다. 대신 4장에서 논의한 것처럼, 특정 과학 모델의 적합성을 판단하는 기준은 몇 가지 관찰 결과를 설명해 낼 수 있느냐가 아니라 모든 데이터를 일관성 있게 설명해 낼 수 있느냐에 달려 있다. 이렇게 볼 때 대홍수 모델은 산 위에 있는 조개껍질의 존재 등 몇 가지 관찰 결과는 설명할 수 있지만, 지질학자들이 축적해 놓은 방대한 데이터들을 일관성 있게 설명해 낼 수 없다.

이런 증거들로 인해 1840년쯤 되자 기독교 지질학자들을 포함한 거의 모든 지질학자는 지구의 역사가 최소 수백만 년이라고 믿게 되었다. 게다가 홍수가 일어났다 하더라도 그것은 전 지구적 차원이 아닌 특정 지역에서 일어난 일이어야 했다. 다양한 지역에서 나온 데이터들은 단 한 번의 대홍수로 그 같은 세계 각지의 성층암과 화석들이 생성되는 것이 불가능하다고 말하고 있었다. 국지적인 홍수가 여기저기서 일어난 것은 확실해 보였지만, 이 전체 그림을 일관성 있게 설명하기 위해서는 좀더 오랜 시간에 걸친 점진적 과정이 필요했다. 즉, 과학 연구는 인간이 출현하기 **전부터** 지구가 매우 장구한 지질학적 역사를 갖고 있었다고 말한다. 따라서, 결과적으로 갈릴레오 시대와 마찬가지로, 자연이 말하는 것과 성경이 말하는 것 사이에 표면적인 갈등이 생겨났다. 자연에서 발견된 증거는 당시 가장 일반적으로 통용되던 창세기 해석과 합치되지 않았다.

여기서 눈여겨볼 것은, 당시의 지질학자들이 성경의 오류를 입증해 내려고 나선 무신론자들도 아니었고, 성경에 대해 안이한 관점을 지닌 사람들도 아니었다는 사실이다. 이 지질학자들 중 많은 이가 처음에는 창세기가 정확한 역사를 담고 있으며 그 말씀을 문자적으로 해석해야 한다고 확고히 믿었고, 실제로 이 관점을 100년 이상 고수해 왔었다. 이들이 연구한 지구 암석들이 젊은 지구론과 대홍수 모델을 뒷받침하기만 했다면, 분명 이 과학자들은 그 사실을 있는 그대로 기록했을 것이다. 하지만 지구는 거듭해서 그와 정반대되는 증거를 내놓았다.

그럼에도 그리스도인 지질학자들은 성경을 내버리지 않았다. 자연 연구와 그 연구 결과도 버리지 않았다. 그들은 자연이라는 책을 지속적으로 살피는 동시에 성경이라는 책도 함께 연구하면서, 창세기 1장을 어떻게 달리 해석할 수 있을지 고민했다.

이렇게 만들어진 새로운 해석 방법 중 대부분이 창세기 2장에 나온 순서와의 차이는 무시하고 창세기 1장에 서술된 순서대로 지구가 창조되었다고 보는 '일치론적 해석'에 속한다. 창조 사건이 진행된 기간을 좀더 길게 늘려 생각하는 해석도 있지만, 일치론적 해석들 안에서 사건이 일어난 '순서'는 모두 같다. 이들은 공통적으로 빛이 가장 먼저 창조되었고, 그 다음에 하늘과 바다, 땅과 식물 등의 순서로 창조 사역이 이루어졌다고 본다.

간격 이론

간격 이론[Gap Interpretation, 또는 붕괴-복구 이론(Ruin-Restitution Interpretation)]은 1840년대에 유행한 해석으로, 창세기 1:1, 2에 초점을 맞추고 있다.
- 태초에 하나님이 천지를 창조하시니라(1절).
- 땅이 혼돈하고 공허하며(2절).

간격 이론을 주장하는 사람들은 1절이 이후에 서술되는 창조 과정의 도입부가 아니라 하나님이 수백만 년 혹은 수십억 년 전에 우주 전체를 창조하셨다는 완료형의 선언이라고 생각한다. 2절에 대해서는 1절에서의 천지 창조 이후인 최근에 지구 표면에서 생명을 완전히 파괴하는 대재앙이 일어나 땅이 혼돈하고 공허해진 것이라고 본다(개중에는 이 재해가 천사의 타락과 사탄과 관련이 있다고 주장하는 사람도 있다).

이들은 창세기 1장의 나머지 부분은, 이러한 재앙에 의해 파괴된 지구와 생물을 복구(창조가 아닌 **재창조**)한 수천 년 전의 일을 설명한 것이라고 해석한다. 지질학적으로 수백만 년 혹은 수십억 년 전에 창조된 지구와 3절 이하의 창조 이야기 사이에는 아주 긴 시간 간격이 존재한다는 것이다. 이 간격 이론은 일치론적 해석으로, 창세기 1장에서의 사건들이 좀더 긴 기간 동안 일어났다고 보면서 그 안의 창조 순서를 그대로 받아들인다. 이렇게 기간을 늘리면 지질학에서 발견된 그 긴 역사적 흔적들이 만들어질 시간들이 생긴다. 그리고 그 나머지 성경에 나오는 역사는 지금으로부터 1만년 전에 시작되었으며, 그때부터 동식물과 인간도 형성되기 시작했다고 본다.

그러나 이 간격 이론은 지질학이 밝혀낸 지구의 많은 나이와 성경 사이의 모순은 해결할 수 있을지 몰라도 그 밖의 다른 과학적 증거는 설명하지 못한다. 간격 이론이 주장하는 붕괴와 복구를 증명하는 증거를 찾아낸 과학자도 없다. 게다가 화석 증거들을 보면 현재에도 존재하는 종을 포함한 수많은 생물이 1만 년 이상 지구상에 존재해 왔음을 알 수 있다. 간격 이론에 따르면 이 생물들은 파국이 일어난 시기에 마땅히 말살되었어야 하는데 말이다.

날-시대론

1700년대 후반에 소개된 또 하나의 일치론적 해석은 '날-시대론'(Day-Age Interpretation)이다. 이 해석은 창세기에 나온 하루가 실제로는 더 긴 시간을 의미한다고 본다. (간격 이론에서 주장하는 역사적 단절 없이) 하루하루를 수백만 년이나 수십억 년으로 해석해 천문학적, 지질학적, 생물학적 과정이 일어날 시간을 충분히 확보하는 것이다. 어떤 사람들은 창조 일곱째 날에 대한 창세기의 묘사에 근거하여 이 해석을 내세운다. 즉, 창세기 2:3에는 "저녁이 되며 아침이 되니 이는 일곱째 날이니라"라는 말이 없기 때문에, 이 일곱째 날이 그 하루로 끝나지 않았으며 지금까지도 계속된다고 주장하는 것이다. 만약 일곱째 날이 24시간 이상을 가리키는 것이라면, 다른 날들도 24시간보다 긴 시간의 길이를 상징할 수 있다는 것이다.

날-시대론에 대한 더 일반적인 주장은 히브리어 '욤'(yom)의 해석에 기초한다. '욤'은 24시간으로 해석되기도 하지만, 이보다 더 길고 정확히 규정되지 않은 시간으로 해석되기도 한다. 이 단어가 구약 성경에서 후자의 의미로 사용된 예가 많지는 않지만, 여러 차례 쓰인 것은 사실이다(참고 수 24:7; 사 34:8). 하지만 이렇게 해석하자면 창세기 1장에서 처음 6일에 대해 서술하면서 각 날의 마지막에 언급한 "저녁이 되며 아침이 되니"라는 구절이 문제가 된다. 이는 여기서 사용한 '욤'이 적어도 처음 6일에 대해서는 하루 24시간을 의미했다는 명백한 증거이기 때문이다. 이 해석을 지지하는 사람들 중에는 이 구절이 각기 긴 시대를 뜻한 욤의 '마지막' 24시간을 가리킨 것이라고 말하는 사람도 있다.

날-시대론 역시 과학적 데이터와의 갈등을 해결하기 위해 필요한 시간의 문제는 해결하지만, 창조 순서에 있어서의 모순점은 설명하지 못한다는 한계를 지니고 있다. 이 장 초반에도 논의했듯이, 창세기 1장과 2장에 나온 창조 순서에는 차이점이 존재한다. 또한 자연사에 대한 최신의 과학 지식에 따른 생물들의 창조 순서도 창세기 1, 2장 모두와 차이가 있다(126 페이지의 표를 보라).

다음 페이지에 정리한 현대 과학 지식은 과학자들이 100년이 넘도록 논의하여 합의한 내용들이다. 그런데 성경에서 말한 창조 순서는 하루의 기간을 아무리 늘린다 해도 자연과학 연구를 통해 재구성한 창조 순서와 도무지 일치하지 않는다. 셋째 날에 일어난 일을 구체적으로 생각해 보자. 식물이 어떻게 에너지원인 햇빛, 화분수정을 도울 곤충, 씨앗을 퍼트려줄 새와 동물, 흙 안에 공기를 통하게 해줄 벌레 없이 몇 백만 년을 살 수 있었을까? 생태계에 대한 현대적 지식에 따르면 식물과 곤충, 새, 동물 등의 모든 생명체는 서로 의존하고 있으며, 지금껏 생존하는 종들 중에 다른 생물 없이 스스로의 힘으로 생존한 예는 거의 없다. 그래서 어떤 날-시대론자들은 셋째 날 창조되었다고 기록된 식물은 가장 초기에 지구에 나타난 단세포 생명체만을 의미하며, 태양이 넷째 날 창조되었다는 말은 그 날 태양이 만들어졌다는 뜻이 아니라 구름층 사이에서 처음으로 태양이 모습을 드러냈다는 뜻이라고 해명하기도 한다.

창세기 1, 2장과 현대 과학이 말하는 창조 순서

창세기 1:1-2:3	창세기 2:4-25	현대 과학
천지, 물(1-2절)		물질, 에너지, 공간, 시간(137억 년 전)
빛(3절)		별(135억 년 전)
하늘(6-8절)		태양(46억 년 전)
땅(9-10절)	땅(5-6절)	달, 지구, 땅(46억 년 전)
씨 맺는 채소(11-12절)		바다(40-44억 년 전)
열매 맺는 나무(11-12절)	남자(7절)	단세포 생물(약 38억 년 전)
해, 달, 별(14-17절)		다세포 생물(10-20억 년 전)
바다 생물(20-21절)	식물(8-9절)	초기 어류를 포함한 다양한 바다 생물(약 5억 2천만 년 전)
		땅에 사는 씨 맺지 않는 식물(약 4억 5천만 년 전)
	육지 동물(19절)	육지 동물(약 3억 8천만 년 전)
		씨 맺는 식물(약 3억 7천만 년 전)
		곤충(약 3억 5천만 년 전)
		공룡(2억 3천만 년 전)
		포유동물(약 2억 년 전)
새(20-21절)	새(19절)	새(약 1억 5천만 년 전)
땅의 짐승(24-25절)		열매 맺는 식물(1억 3천만 년 전)
남자와 여자(26-27절)	여자(21-22절)	남자와 여자(참고. 11장)

성숙한 모습으로의 창조론

이처럼 간격 이론과 날-시대론이 모든 과학적 데이터를 설명해 내지 못했기 때문에, '성숙한 모습으로의 창조론'(Appearance of Age Interpretation)이라는 또 하나의 일치론적 해석이 등장했다. 이 해석은 하나님이 1만 년 전쯤에 하루를 24시간으로 하는 6일 동안 지구를 창조하신 것은 사실이나, 창조될 당시의 모습이 처음부터 아주 오래된 것처럼 **보였다고** 이해한다. 1800년대 초반에 등장한 이 '성숙한 모습으로의 창조론'을 지금까지 주장하는 그리스도인도 있다. 이 해석은 자연사에 대한 과학적 지식과 성경적 지식 사이의 모든 모순을 깔끔하게 해결해 준다. 게다가 다른 일치론적 해석들과 달리, 이 해석의 오류를 증명할 과학적 증거도 있을 수 없다. 과학자들이 무엇을 발견하든, 결국 하나님이 그렇게 보이도록 만드신 것이라고 주장하면 되기 때문이다. 따라서 과학적으로 볼 때는 이 관점에 아무런 문제가 없다.

그러나 심각한 신학적 문제가 하나 있다. 실제로 일어나지도 않은 길고 세세한 역사의 증거들을 하나님이 우주에 두셨다는 의미가 이 해석에 담겨 있기 때문이다. 이 해석에 따르면, 진흙으로 된 해저에서 형성된 것으로 보이는 퇴적층이 발견되어도 실제로는 그런 바다가 아예 존재하지 않았을 수가 있다. 수차례의 화산 폭발을 통해 만들어진 것으로 보이는 화성암 층이 있어도 실제로는 그런 화산 폭발 자체가 없었을 수도 있고, 수백만 개의 화석에서 발견된 식물과 동물도 실제로는 생존한 적이 없을 수 있다는 말이다. 하나님이 정말 이토록 풍부하고 복잡한 역사의 증거가 있는 지구를 완전히 거짓으로 창조하셨을까? 그렇다면 우리는 이런 질문도 할 수 있을 것이다. "하나님이 지난 주 화요일에 세상을 창조하신 것 아니야?"

하나님이 정말로 불과 1주일 전에 지구를 창조하시면서 도서관에 역사

책을, 박물관에 부패한 조각상을, 우리 머릿속에는 거짓 기억을 넣어두셨을 수도 있다. 하지만 그것은 너무 부정직한 처사 같다. 그 거짓된 역사가 너무나 세세하다는 점에서도 '성숙한 모습으로의 창조론'은 신학적으로 좀처럼 받아들이기 힘든 주장이다. 물론 하나님은 전능한 분이기에 원하셨다면 얼마든지 이런 식으로 세상을 창조하셨을 수도 있겠지만, 그것은 성경의 나머지 부분이 보여 주는 하나님의 모습과 너무나 거리가 멀다.

"하늘이 하나님의 영광을 선포하고"(시 19:1). 이 말씀을 비롯한 여러 성경 구절은 하나님이 자연 세계를 통해 자신의 모습을 진실하게 드러내신다고 말한다. 하나님은 지구의 공전을 증명하는 천문학적 증거가 차고 넘치는데도 지구가 움직이지 않고 정지해 있다고 믿을 것을 우리에게 요구하지 않으신다. 그런 하나님이, 지구의 나이가 수십억 살임을 말하는 풍부한 지질학적 증거들이 있음에도 우리가 지구의 나이를 1만 살로 믿기를 원하실까?

1900년대 초의 근본주의와 지구의 나이

1840년경 그리스도인들은 창세기를 해석하는 다양한 방법을 고안해 냈었고, 각 해석은 하나님이 주시는 영감과 성전의 권위를 옹호하는 한편 자연이 계시하는 바와 성경이 계시하는 바 사이의 조화를 찾으려고 노력했다. 그중 간격 이론과 날-시대론이 1800년대의 보수적인 그리스도인들 사이에서 인기가 있었으며, 날-시대론은 지금까지도 인기를 얻고 있다.

그러다 이후 몇 십 년 사이에 지구의 나이와 지질학에 대한 그리스도인들의 생각에 큰 영향을 끼치게 될 두 가지 중대한 사건이 일어난다. 1859년에 찰스 다윈(Charles Darwin)이 「종의 기원」(*On the Origin of Species*)을 출간하면서 자연 선택을 통한 생물학적 진화라는 개념을 소개한 것이 그 첫 번째 사건이며(이에 대해서는 8장과 9장에서 더 자세히 논의할 것이다), 1800년대 후반에 '자유주의 신학'이 생겨나 인기를 끈 것이 그 두 번째 사건이었다. 자유주의 신학은 성경의 권위를 거부하고, 자유롭게 비전통적인 하나님에 대한 관점을 세우고자 하며, 성경 속 기적들에 의문을 제기하는 관점이었다.

1900년대까지도 다수의 보수 개신교도들과 가톨릭 신자들은 신학적인 이유에서 자유주의 신학을 완강히 거부했다. 벤저민 워필드(Benjamin Warfield) 같은 몇몇 사람은 다윈의 진화론을 하나의 과학 이론으로 받아들였지만, 그 밖의 다른 사람들은 그렇지 않았다. 과학적인 이유에서가 아니라, 그것이 용납할 수 없는 종교적 결과를 초래할지도 모른다는 두려움 때문이었다.

1915년에는 몇몇 주요 개신교도가 각자의 견해를 모아 「근본」(The Fundamentals) 이라는 책을 출간했다. 목사들과 신학자들이 쓴 이 네 권짜리 수필집은 복음주의와 근본주의 운동에 큰 영향을 미쳤다('근본주의'라는 용어도 이 책에서 나왔다). 이 책의 목표는 '본질적인' 기독교 교리를 정리하여 자유주의 신학을 논박하는 것이다. 이 책은 각 성경을 문학·역사적으로 연구하는 '고등비평'을 대대적으로 비난하는 한편, 성경의 무오성과 그리스도의 죽음과 부활의 역사성을 단호히 주장한다. 이 책에는 당시의 과학을 다룬 글과 진화, 그중에서도 인류의 진화를 맹렬히 비판하는 글도 들어 있는데, 하지만 이런 글들도 지구의 나이와 지질학에 대해서는 말을 아끼고 있다. 오히려 그에 관한 언급이 없음으로 인해 지구의 나이라는 쟁점이 더 눈에 띌 정도다. 이 기독교 신앙의 대표 주자들이 젊은 지구론과 6일간의 창조 과정에 대한 믿음이 기독교 교리의 핵심이라고 생각했다면 분명 이 책에 그 내용을 넣었을 것이다.

그 대신 제임스 오어(James Orr) 같은 사람은, 천문학자들과 지질학자들의 연구 결과 우주와 지구의 나이가 매우 오래되었다는 의견을 공통적으로 갖게 된 이 시기에 천문학과 지질학 연구를 계속해 나가고 그 과학적 결과를 기독교 신앙과 일관되게 만드는 노력을 기울이는 것이 중요하다는 내용의 글을 쓰기까지 했다("The Early Narratives of Genesis", *The Fundamentals*, Vol. 1). 또 다이슨 헤이그(Dyson Hague)는 창세기의 역사성이 기독교 교리의 핵심이라고 주장하면서 "인간은 진화된 것이 아니라 창조되었다"고 주장했으나, 창조 과정 중 처음 4일에 대해 설명하면서 다음과 같이 썼다. "창세기가 과학적 역사가 아니라는 것은 인정한다. 그것은 하나님이 인간에게 살 곳을 주시려고 이 세상을 만드셨고, 그 세상이 점차 하나님의 자녀들이 살기에 적합한 곳이 되어갔음을 인류에게 보여 주기 위한 이야기다" ("The Doctrinal Value of the First Chapters of Genesis", *The Fundamentals*, Vol. 2).

현대 그리스도인들 중에는 모든 교회 역사를 통틀어 젊은 지구 창조론이 기독교의 주된 관점이었다고 주장하는 이들이 있지만, 실상 이 관점은 1800년대 초부터 1900년대 중반에 이르기까지 위에서 말한 근본주의 운동가들을 포함한 북미의 대표적인 보수 그리스도인들도 크게 지지하지 않았던 주장이다.

오랜 지구론을 뒷받침하는 새로운 증거가 나타나다

대륙의 이동

1900년대에 들어와 과학자들은 지구의 나이가 오래되었음을 뒷받침하는 증거들을 더 많이 발견했다. 그중 하나가 **대륙 이동**의 발견이었다. 대륙판은 매년 1-5센티미터 가량 움직이는데, 그것이 움직이는 속도와 방향은 판마다 각기 다르다. 대륙이동 모델은 1900년대 초에 처음 제기되었지만, 당시에는 대륙 이동을 측정할 방법이 없었기 때문에, 대부분의 지질학자가 이를 즉각적으로 받아들이지 못했다. 그러다가 1960년대 후반에 이르러

이 모델이 다음과 같은 지질학적 데이터를 설명해 낸다는 사실이 명확해졌다.
- 지진의 위치
- 산맥과 화산의 형성
- 대서양 중앙해령
- 해저가 융기하여 형성된 고원 지대

최근 몇 십 년 동안 신기술들이 개발되어 과학자들은 대륙판의 이동을 **직접** 확인할 수 있게 되었다. 전파천문학자들은 각기 다른 대륙에 있는 전파망원경들이 해당 대륙판을 따라 움직인다는 사실을 발견했고, 지금은 위성위치확인시스템(GPS: Global Positioning System)이 대륙판의 움직임을 정기적으로 기록한다.

또한 과학자들은 대륙이동 모델로 대륙판의 모양과 특정 동식물 화석의 위치까지 설명할 수 있게 되었다. 그리고 대륙판의 이동을 거꾸로 계산해서 약 1억 8천만 년 전에는 모든 대륙이 '판게아'(Pangaea)라는 하나의 커다란 초대륙 형태 안에 서로 맞물려 있었다는 사실을 알아냈다(각 대륙을 퍼즐 조각이라고 간주하고 아프리카 대륙과 북남미 대륙이 서로 어떻게 맞춰지는지 생각해 보라). 판게아 시기 이후 대륙들이 대서양 중앙해령을 따라 쪼개지면서 대서양을 형성했던 것이다. 과학자들은 이 판게아 모델을 가지고 예전에는 연결되어 있다가 차차 멀어진 아프리카의 서쪽 해안과 남미의 동쪽 해안 지역에 서로 비슷한 암석층과 동식물 화석이 있을 것이라고 예측했고, 이것은 곧 두 대륙에 대한 다수의 지질학적 연구에 의해 증명되었다. 이처럼 대륙이동 모델은 굵직굵직한 지질학적 발견들을 설명해 주며, 이는 곧 이 대륙들이 적어도 몇 억 년 전부터 존재해 왔음을 뜻한다.

빙하층

지구의 오랜 역사를 증명하는 또 하나의 증거는 빙하의 얼음층이다. 이 얼음층은 매년 빙하 위로 눈이 내리고 대기 중의 먼지가 쌓이면서 형성되는데, 대부분 봄과 여름에 먼지가 쌓이기 때문에 계절의 변화가 빙하층에 나타나기 마련이다. 빙하의 가장 위층에는 최근 몇 십 년간 내린 눈의 양에 따라 굵고 얇은 다양한 층이 나타나고, 그 밑으로도 비록 좀더 압축되어 있기는 하지만 역사적 기록과 일치하는 층들이 나타난다. 과학자들은 이 빙하층을 통해 중세 시대 유럽의 '소빙하기'(Little Ice Age) 같은 역사적 사실을 확인하는 등 수백 년 동안의 기후 변화를 관찰했다. 약 2,000년 전 베수비오 산을 포함한 지구 여러 곳에서 일어난 화산 폭발의 증거인 두꺼운 먼지층을 이 빙하층에서 발견하는 일도 있었다.

이와 유사한 기술을 써서 깊은 빙하 속의 나이를 계산한 과학자들은 과거에 수만 년 동안의 빙하기가 있었다는 증거를 찾아냈다. 이는 다른 지질학적 증거들과 일치하는 결과였다. 남극에서 추출한 가장 깊은 빙하코어(빙하에 구멍을 뚫어 추출한 얼음 조각—역주)의 경우, 빙하 아래 기반까지가 3,200미터에 이르렀다. 이 빙하층의 나이를 계산해 보면 72만 년 정도 된다.

방사성연대측정

1800년대 후반과 1900년대 초반 사이에 방사능이 발견되면서 과학자들은 가장 정확한 연대 측정 방법인 **방사성연대측정**을 할 수 있게 되었다(탄소 14를 이용한 방사성탄소연대측정은 방사성연대측정 중 하나다). 잘못된 종류의 암석이나 잘못된 가설을 가지고 방사성연대측정을 할 경우에는 부정확한 결과가 나올 수도 있지만, 그 근본 원리에는 거의 결함이 없고 이를 제대로 사용하기만 한다면 지속적으로 일관된 결과를 얻을 수 있다. 과학자들은 두세 개의 방사성 동위원소에서 나온 결과만 가지고 성급하게 연대를 판단하는 것이 아니라, 보통 40개 이상의 서로 다른 방사성 동위원소를 이용한 각기 다른 방사성연대측정 기술을 활용하여 결론을 내린다.

과학자들은 여러 방사성 동위원소에서 나온 결과들을 비교하는 재확인(double check) 과정을 한 번 더 거침으로써 그 연구 결과들이 서로 일치하는지 확인한다. 때로는 **하나의 암석에 존재하는** 다양한 동위원소를 사용하여 이런 재확인 작업을 실행하기도 한다. 예를 들어, 미국 서부 그린란드의 형성물에서 추출한 암석들에 대해 과학자들은 서로 다른 다섯 가지 방사성 동위원소를 사용하여 열 번도 넘게 연대를 측정했고, 그 다섯 가지 방사성 동위원소는 모두 그 암석의 나이가 36억 년이라고 말하고 있었다.

이와 같이 오늘날의 지질학자들은 지구의 나이가 1만 년 이상임을 증명하는 다양한 증거를 가지고 있다. 방사성연대측정이 지구의 나이를 아는 가장 **정확한** 방법이긴 하지만, 이 외에도 지구의 나이를 측정하는 방법은 얼마든지 더 있다. 지면이 부족해 다 소개하지 못한 것을 포함하여, 이 다양한 방법은 서로 전혀 다른 기술과 과학적 전제에 기초한 독립적인 방법들이다. 이렇게 과학자들이 수세기 동안 검증해 온 다양하고 독립적인 증거들을 통해 볼 때, 지구가 오랜 역사를 갖고 있다는 결론은 과학적으로 매우 신빙성이 있다 하겠다.

현대의 젊은 지구 창조론

앞서 이야기한 것처럼 1900년대 초반까지는 근본주의 운동의 지도자들을 포함한 많은 보수적인 그리스도인들이 오랜 지구론을 뒷받침하는 지질학적 증거를 받아들였다. 그러나 1800년대 후반과 1900년대 초까지 성경을 젊은 지구론적으로 해석하면서 이것을 지질학 데이터와 조화시키려고 시도한 그리스도인들도 여전히 존재했다.

젊은 지구 창조론의 현대적 발전

신학자 존 휘트콤(John Whitcomb)과 공학자 헨리 모리스(Henry Morris)는 1961년에 「창세기 홍수: 성경 기록과 그 과학적 함의」(*The Genesis Flood: The Biblical Record and its Scientific Implications*)라는 책을 출간했다. 이 책은 현대의 **젊은 지구 창조론** 운동을 부활시키는 데 큰 영향을 끼쳤는데, 이 운동은 **창조과학** 운동 또는 **과학적 창조론** 운동이라고도 불린다. 이 운동은 창세기 1장에 대한 젊은 지구론적 해석에 초점을 맞추면서 현대 과학에 기초한 역사적 인식으로 볼 때도 창세기 1장의 내용이 역사성을 지닌다고 주장했다. 이 운동의 주창자들은 약 6,000년에서 1만 년 전에 하루를 24시간으로 하는 6일 동안, 즉 144시간 만에 하나님이 세상을 만드셨다고 믿었다.

이 젊은 지구 창조론 운동은 현대 과학이 자신들의 해석을 지지한다고 주장하는 과학적 모델을 내세웠다. 하나의 과학적 모델로서 이 모델이 구체적으로 예측한 바는 다음과 같았다. 생명은 무생물에서 진화할 수 없고, 지질학적 지층에서 그것이 최근에 형성되었고 대홍수가 있었다는 증거가 앞으로 나올 것이며, 각 생명체는 하나님이 하나하나 기적적으로 창조하셨기 때문에 한 생물에서 다른 생물 형태로 변화하는 중간 단계의 동식물 화석은 존재하지 않는다.

이 운동은 지금도 연구 기관을 운영하면서 젊은 지구 창조론을 말하는 교과서를 출간하고 있다. 공개 토론에 나선 젊은 지구 창조론자들은 종교적 변수와 상관없이 과학적 증거만으로도 창조가 최근에 이뤄졌고 대홍수가 있었다는 자신들의 모델의 정당성이 드러난다고 주장하면서 과학적 잣대로만 자신들의 주장을 판단해 줄 것을 요구한다. 그리고 교회에 가서는 창세기에 대한 젊은 지구론적 해석이 최선의 관점(혹은 유일한 관점)이며, 과학적인 증거들도 이를 뒷받침한다고 주장한다. 이 운동은 매우 **빠른** 속도로 근본주의자들과 복음주의 교회들은 물론 북미의 여러 기독교 사회단체에까지 퍼져 나갔다.

이 젊은 지구론은 어떻게 부활했을까? 1600년대의 지질학자들도 창세기 1장과 대홍수에 대한 젊은 지구론적 해석을 뒷받침하는 과학적인 증거를 찾겠다는 계획을 갖고 있었지만, 우리가 앞서 살펴본 바와 같이 이 계획은 1840년경에 중단되었다. 다수의 그리스도인을 포함한 이 지질학자들이 자연에서 찾아낸 증거가 젊은 지구론과 일치하지 않았기 때문이다. 최근에 젊은 지구론이 부활하게 된 것은, 부분적으로 「근본」이라는 책의 발간 동기이기도 한 신학적 염려 때문이다. 이 역시 자유주의 신학에 대항하고, 인류가 진화했다는 주장에 반대하기 위해 시작되었던 것이다. 그러나 이 둘 사이에는 큰 차이점이 하나 있다. 1900년대 초반의 근본주의자들은 지구의 역사가 오래되지 않았다는 주장이 기독교 신앙에서 필수적인 것이라고 여기지 않았던 반면, 현대의 젊은 지구 운동가들은 그것이 기독교 신앙의 핵심이라고 주장한다는 점이다.

그들의 지도자들은 공적인 자리에서 무신론적이고 반기독교적인 사상이 울려 퍼지는 상황에 대응하고자 하는 것이 오늘날 젊은 지구 창조론을 주장하는 또 하나의 이유라고 말한다. 이 같은 생각이 구체적으로 담긴 다음 글을 읽어보자.

> 만약 홍수지질학의 체계가 확실한 과학적 기반 위에 정립되고 효과적으로 홍보되어 대중화된다면, 진화론적 우주론, 적어도 오늘날의 신다윈주의적 형태의 진화론적 우주론은 붕괴될 것이다. 다시 말해 공산주의와 인종 차별주의, 인본주의, 자유주의, 행동주의와 같은 모든 반기독교적 체계와 운동이 기초한 거짓된 지식 기반이 완전히 무너질 수도 있다는 말이다.
>
> 헨리 모리스(Henry Morris), 「과학적 창조론」(Scientific Creationism, 1974)

이 관점을 지지하는 사람들은 현재 주류 과학에 대한 대체 과학을 만들어 내는 것이 우리 사회에 만연한 무신론적 세계관에 대항하기 위한 필수 요소라고 주장한다.

젊은 지구 창조론 운동은 이 같은 목적을 이루기 위해 지구의 짧은 역사와 대홍수를 뒷받침해 줄 과학적인 논거를 쌓으려고 노력해 왔다. 젊은 지구를 뒷받침하는 대안적인 모델들을 발전시킴으로써 오랜 지구론을 뒷받침하는 과학적 데이터들에 대응해 온 것이다.

젊은 지구 창조 운동은 주류 과학을 대체할 대안적인 모델을 찾는 일 외에도, 지구가 최근에 창조되었다는 사실을 증명할 만한 구체적인 특징을 지구나 태양계에서 찾고 있다. 과거 수십 년간, 젊은 지구 창조론자들이 책을 통해 발표한 구체적인 주장은 100가지가 넘는다.

태양 수축론

태양 수축론이 그중 하나다. 최근 몇 십 년 동안 젊은 지구 창조론자들은 이 주장을 자주 내세워 왔으며, 지금도 계속하고 있다. 하지만 이 주장에는 몇 가지 문제가 있어서 과학적 창조론 작업을 하는 데 불리한 영향을 끼치고 있다.

1979년에 주류학계에서 태양을 연구하던 두 천문학자 존 에디(John Eddy)와 아람 부나지언(Aram Boornazian)이 미국천문학회에서 한 가지 간단한 발표를 했다["1836-1953년, 태양 지름의 영년 감소"(Secular Decrease in the Solar Diameter, 1836-1953), *Bulletin of the American Astronomical Society*, 1979, 11:2]. 이들은 그리니치 천문대의 태양 지름 관측 결과를 토대로, 수십 년 동안 태양의 지름이 상당히 줄어든 것처럼 나타난다고 발표했다. 하지만 이것은 초록으로만 발표된 초기 논문 형태에 지나지 않았다. 흥미롭고 자극적인 내용이라 학회에 참석한 몇몇 과학자가 이 주제를 두고 논의하기는 했지만, 전체적인 동료 검토 과정을 거치거나 전문 학회지에 게재되지는 않았다.

이 결과에 대해 다른 천문학자들은 흥미와 의구심을 동시에 드러냈다. 태양 수축이라는 것이 당시 잘 검증된 것으로 인정받던 기존의 태양작동 모델(핵융합과 중력, 압력 등의 물리적 과정을 기초로 한 모델)과 맞지 않았기 때문이다. 태양이 정말로 수축한다면, 그것은 새로운 물리적 힘의 존재 가능성을 가리키는 흥미로운 지표가 되는 셈이었다. 이에 천문학자들은 곧바로 이 관찰 결과의 진위 여부를 확인하러 나섰고, 1980년에 동료 심사 과정을 거친 다음 세 편의 논문이 권위 있는 학술지들에 실렸다.

- "1715년과 1979년 사이 태양 지름의 추정 변화 관측"("Observations of Probable Change in the Solar Radius between 1715 and 1979", D. W. Dunham, S. Sofia, A. D. Fiala, D. Herald and P. M. Muller, *Science*, 1980, 210:1243).
- "태양은 수축하는가?"("Is the Sun Shrinking?", Irwin I. Shapiro, *Science*, 1980, 208:51)
- "과거 250년 동안의 태양 지름의 일관성"("The Constancy of the Solar Diameter Over the Past 250 Years", J. H. Parkinson, L. V. Morrison and F. R. Stephnson, *Nature*, 1980, 288:548).

첫 번째 논문은 1715년과 1979년 사이에 일어난 일식 때의 태양 크기의 측정치를 정리했고, 두 번째 논문은 1736년부터 1973년까지 태양 앞을 지나갈 때의 수성의 일면통과현상을 이용하여 측정한 태양의 크기를 발표했는데, 이 두 논문은 모두 최소한 최근 250년 동안은 태양 지름의 크기가 일정했다고 말했다. 설사 태양이 줄어들고 있더라도 처음 에디와 부나지언이 발표했던 것보다는 훨씬 느린 속도로 진행되고 있었다는 것이다. 마지막 세 번째 논문은 그리니치 천문대에서 얻은 데이터에서 아주 미묘한 기기 효과(instrumental effects)가 발견되었고 그 관찰 결과에 일관성이 떨어진 다고 설명하면서 에디와 부나지언이 사용한 데이터를 믿을 수 없다고 주장하는 내용이었다.

여기서 주목해야 할 것은, 과학계가 기존의 과학 모델과 일치하지 않는다는 이유만으로 태양수축론의 도전을 무시하거나 부정하지 않았다는 사실이다. 오히려 과학자들은 태양수축론이 제기한 문제를 해결하려고 즉각적으로 나섰다. 이들은 각기 독립적인 자료에서 얻은 데이터를 바탕으로 태양수축론을 대조 확인했고, 그 원 데이터까지 가져와 문제점이 있는지 검토했다. 그 결과 1년이 채 지나기도 전에 과학계는 태양이 눈에 띄는 속도로 수축하는 것은 아니라는 합의점에 도달했고, 이후 몇 년간 더 세심한 연구를 진행한 다음에, 태양이 미세하게 진동하며 그 진동으로 인해 8년을 주기로 수축과 팽창을 반복한다는 사실을 밝혀냈다.

위 논문들이 "사이언스"(Science)와 "네이처"(Nature)에 게재되기 몇 달 전에, 물리학자 러셀 애크리지(Russell Ackridge)는 태양 수축에 대한 에디와 부나지언이 발표한 초록의 내용을 창조과학계에 소개했다["태양은 수축 중"(The Sun is Shrinking), *Impact* No. 82, Institute for Creation Research, April 1980]. 애크리지는 에디와 부나지언이 초록에서 인용한 수축 속도를 참고하여 과거의 태양 크기가 지금보다 얼마나 컸는지 계산했다. 태양이 그 속도로 일정하게 수축해 왔다면, 10만 년 전의 태양은 지금보다 두 배나 컸고, 2천 2백만 년 전에는 지구 궤도를 꽉 채울 정도의 크기가 되는 것으로 결과가 나왔다. 이는 지구의 나이가 수십억 년이라는 주류 과학계의 주장과 명백히 모순되는 사실이었다. 애크리지는 "태양 수축의 발견은 현재 일반적으로 인정받는 태양진화론의 몰락을 가져올 수도 있다.…우주의 진화를 설명하는 모든 이론적 설명의 입지가 위태로워질 수 있다는 말이다"라고 결론을 내렸다.

정말 태양이 수축하고 **있다면** 항성 핵융합에 대한 우리의 인식이 바뀌어야 하고 그에 따라 항성의 나이도 다시 계산해야 할 것이라고 한 애크리지의 말이 옳다. 그러나 애크리지의 주장에는 다음과 같은 두 가지 중요한 문제점이 있다.

- 첫째, 그는 태양 수축에 대한 초기 논문을 마치 완전히 확립된 사실인 양 사용했다. 하지만 그 초기 논문은 전문 학술지에 실리지도 않았고, 다른 과학자들의 인정을 받은 적도 없었으며, 추가 관찰을 통한 확인 절차도 거치지 않았다. 애크리지는 이 주제에 대해 과학자들이 아무런 합의점에 도달하지 않은 상황에서 이런 계산 작업을 진행한 것이다.
- 둘째, 애크리지는 일시적 수축이나 진동의 가능성은 완전히 무시한 채 태양이 탄생 이래 계속 일정한 속도로 수축해 왔다고 가정했다.

어찌됐든 창조과학계는 태양수축론을 지구의 나이가 수십억 년일 수 없다는 주장의 근거로 자주 인용하기 시작했다. 이들은 "사이언스"와 "네이처"를 통해 태양이 수축하지 않는다는 사실을 확인한 논문들이 발표된 1980년 이후에도 오랫동안 이 주장을 했다. 한 가지 예외적인 사례가 있다면, 그것은 폴 슈타이들(Paul Steidl)이 창조과학지인 "계간 창조과학"(*Creation Science Quarterly*, 1981, 17:233)에 올린 "태양 중성미자 연구의 최근 동향"(Recent Developments about Solar Neutrinos)이라는 제목의 짧은 논문이었다. 이 논문에서 슈타이들은 태양은 수축하지 않는다는 주류 과학자들의 의견을 지지하는 주장을 폈으나, 더 새로운 데이터를 검토하라는 기독교 천문학자들의 경고만 받고 무시되었다(Howard J. Van Till, "The Legend of the Shrinking Sun", *Journal of the American Scientific Affiliation*, 1986, 38, No. 3, pp. 164-174). 지금까지도 몇몇 젊은 지구 창조론자들은 '태양수축론'을 주장한다.

창조과학과 과학적 관행

안타깝게도 다른 창조과학적 논거들 역시 비슷한 결함을 지니고 있다. 젊은 지구 창조론을 지지하는 과학자의 수가 상대적으로 적은데다, 이들은 매우 열정적으로 젊은 지구론을 믿으면서 증거를 찾는 일에 열심이기 때문에, 그중 몇몇은 꼭 거쳐야 하는 과학적 관행을 무시하기도 한다. 따라서 적절한 검증 과정을 거치지 않고 어떤 주장을 받아들이고 유포하는 때가 많다. 반대되는 수많은 데이터를 외면한 채 젊은 지구론적 설명을 내세워 이를 고립된 과학적 관찰로 만들어 버리는 것이다. 일부 젊은 지구 창조론자들은 더 이상 통용되지 않는 케케묵은 결과들에 기초하여 논리를 펴면서, 그와 정반대되는 사실을 입증하는 방대한 최신 연구 결과들을 무시한다. 그들은 단 하나의 논문만 인용할 뿐, 같은 주제를 다룬 다른 논문들에는 관심을 기울이지 않는다. 그러면서 과학자들이 이미 수년 전에 인식하고 해결해 놓은 주류 과학 모델의 부분적인 결함들을 계속 비난한다. 과학 분야에서 일하는 몇몇 그리스도인이 젊은 지구 창조론과 관련된 새로운 데이터를 설명하려 할 때도, 그들은 이러한 노력을 간단히 무시해 버리거나 '진화론' 쪽으로 편향되어 있다고 비난을 퍼붓기 일쑤다. 슬프게도 일부 젊은 지구 창조론자들에게 과학적 성실성(integrity)이 부족하여 젊은 지구론 운동 전체의 명성에 흠집이 나고 말았다. 뿐만 아니라 이것은 과학자들 사이에서 그리스도인 **전체의** 명성을 손상시키는 결과까지 가져왔다.

그러나 그 밖의 젊은 지구 창조론 운동가들은 더 큰 과학적 성실성을 가지고 활동하고 있다. 일부 지도자들은 태양수축론에 결함이 있음을 공개적으로 인정했다. 창조론자들이 사용하지 않아야 할 결함 있는 논거들을 정리한 "창세기에 대한 답변"(Answers in Genesis)의 목록 중에 태양수축론을 포함시킨 것이 그 예다. 몇몇 창조과학자들도 최근의 과학 데이터를 잘 인지하면서 이를 더 배우기 위해 적극적으로 임하고 있다. 그들은 창조과학 모델에 오류가 있음을 순순히 받아들이면서 결함이 있다고 알려진 논거는 반복해서 사용하지 않으려고 노력한다. 또한 자신들의 주장이 가진 강점을 발표할 때는 약점도 함께 공개하며, 몇 개의 고립된 데이터가 아닌 대다수의 과학적 데이터를 설명해 낼 수 있는 과학적 모델을 만들기 위해 애쓰고 있다. 그들은 젊은 지구론의 관점에서 모든 과학적 데이터를 설명할 수 있는 대안적인 과학 모델을 발표하는 것을 목표로 하고 있다. 아직까지는 이것이 성공하지 못했지만, 우리는 정직과 과학적 성실성을 가지고 연구에 매진하는 이 젊은 지구 창조론자들을 존중해야 한다.

창세기에 대한 젊은 지구론적 해석은 성경의 권위에 큰 의미를 둔다. 대부분의 경우 이들이 이 해석을 주장하는 것은, 역사적 이야기로 들리는 성경을 처음부터 끝까지 문자-역사적(literal-historical)으로 해석하고 싶다는 열망 때문이다. 일부 그리스도인에게는 이 가치가 젊은 지구론의 약점이나 오랜 지구론의 강점을 훌쩍 뛰어넘을 정도로 강하다.

논의는 계속된다

그동안 헌신된 그리스도인들은 다양한 관점에서 창세기 1, 2장을 해석해 왔다. 이 장에서 우리는 젊은 지구론과 간격 이론, 날-시대론, 성숙한 모습으로의 창조론 등 네 가지 일치론적 해석을 살펴보았다. 이 해석들은, 성경과 자연을 어떻게 해석하느냐에 대해서는 조금씩 차이를 드러냈지만, 과학적 증거와 창세기 1장에서 서술한 창조 순서를 일치시키려 했다는 점에서 공통점을 보였다. 그리고 이 해석들에는 각기 나름의 중대한 강점과 약점이 있었다.

그러나 아직 더 살펴볼 관점들이 있다. 6장에서는, 이 논의를 이어 나가면서 성경 해석의 원리를 창세기 1장에 적용하는 한편, 다섯 가지 **비일치**

론적 해석을 살펴보겠다.

성찰 및 토론을 위한 질문들

1. 창세기 1:1-2:3과 2:4-25에서 어떤 유사점과 차이점을 발견했는가? 예를 들어, 하나님이 사용하신 창조의 방법에 어떤 유사점과 차이점이 있는가? 하나님은 인류에게 어떤 일을 맡기셨나?(114페이지에 정리한 "창세기 1장과 2장의 창조 순서"를 참고하라)
2. 이 장에서 설명한 일치론적 창세기 해석 중에 들어본 해석이 있었는가? 반면 처음 듣는 해석은 어떤 것이었나?
3. 이 장에서 지질학에 대해 새롭게 알게 된 사실이 있다면 무엇인가? 지구 나이에 대한 과학적 주장 중 어떤 것이 가장 설득력 있어 보이는가?
4. 어떤 특징을 지닌 과학적 주장이 설득력 있는 주장일까? 추측에 근거한 주장일까, 아니면 근본적으로 결함이 있는 주장일까?

ORIGINS

6장
창세기: 비일치론적 해석

개인의 경험과 세계관은 하나님의 세계와 하나님의 말씀에 대한 우리의 관심과 믿음에 큰 영향을 끼친다. 우리 동료 짐 브래들리(Jim Bradley)는 창세기 1장을 처음으로 진지하게 접했던 순간을 다음과 같이 회상했다.

나는 제2차 바티칸 공의회가 열리기 전의 로마 가톨릭 가정에서 자랐기 때문에 어렸을 때는 성경을 읽거나 주일학교에 간 적이 한 번도 없었어. 대학 졸업 후에는 평화 봉사단에 들어가 인도에서 2년 동안 고등학생들을 가르쳤는데, 당시 일하던 학교가 힌두교 수사들이 운영하는 곳이었기 때문에 대부분의 시간을 독실한 힌두교도들과 보내면서 그들의 신앙에 대해 많은 것을 들었지. 스물세 살이 되어서야 처음으로 성경을 읽었는데, 그때 창세기 1장을 읽고 큰 충격을 받았어. 그건 마치 다신교 문화권 속에 살고 있는 유일신교도들에게 의도적으로 전하는 이야기로 들렸거든. 그러니까 내가 만나 온 다신교도 친구들이 숭배하는 것들을 체계적으로 하나씩 짚어 가면서 "그건 신이 아니야, 그건 피조물일 뿐이야"라고 일부러 알려주는 것 같았단 말이지. 내겐 짜릿한 순간이었어. 그 짧은 창세기 1장이 그동안 나를 둘러싸던 모든 종교적 혼란을 말끔하게 해소시켜준 거야.

창세기 1장에 대한 다양한 해석을 논의하는 중에 당신도 이처럼 '짜릿한' 순간을 만났으면 좋겠다. 이제 막 자신이 어떤 관점을 갖고 있었는지 인식하기 시작한 사람도 있을 것이고, 이미 오랫동안 한 가지 견해를 고수해 온 사람도 있을 것이다. 어떤 경우든, 이제 당신은 심도 깊은 생각과 토론을 통해 성경을 더 자세히 탐구하고 하나님이 창조하신 세계의 경이로움에 대해 더 큰 경외심을 갖게 되리라 믿는다. 5장에서 우리는 아래 네 가지 **일치론적** 창세기 해석에 대해 논의했다.

- 젊은 지구론
- 간격 이론
- 날-시대론
- 성숙한 모습으로의 창조론

창조 사건이 진행된 **기간**에 대해서는 위 관점들을 지지하는 그리스도인들 사이에도 해석상의 차이가 다소 존재하지만, **순서**에 대해서는 네 가지 관점 모두 창세기 1장의 기록을 그대로 따른다고 믿는다.

하지만 이 일치론자들과 달리 창세기 1장을 비일치론적으로 해석하는 그리스도인들도, 지금은 물론 1800년대에도 있었다. 이들 또한 창세기가 하나님의 영감을 받아 기록되었으며 의도된 메시지를 권위 있게 전달한다고 생각한다. 그러나 그 성경 본문 자체가 과학적 사실이나 세세한 역사적 정보를 전달하는 것은 아니라고 본다. 적어도 현대 세계를 살아가는 우리가 생각하는 식의 과학이나 역사적 사실을 설명한 책은 아니라고 여긴 것이다. 이 해석에 따르면 창세기 1장은 자연사 교재나 실제 목격담의 용도로 기록된 것이 아니라, 창조 사건에 대한 포괄적인 설명이다. 창세기 1장에 적힌 **각** 사건의 시간과 순서는 일종의 문화적·영적 의미를 전달할 뿐이다. 이 말씀은 전체적으로 볼 때 중대한 신학적 진실을 전하는 것이지,

본문에 나온 사건의 구체적인 순서를 문자 그대로, **과학적** 진실로 받아들일 필요는 없다고 본 것이다. 6장에서는 다음 다섯 가지 비일치론적 해석들을 살펴보도록 하겠다.

- 선언일
- 창조시
- 왕국-언약
- 성전
- 고대근동 우주론

   이 해석들 사이에는 서로 중복되는 부분도 있고, 아무런 위화감 없이 결합되는 해석들도 있다. 그리고 이 장은 일치론적 해석과 비일치론적 해석의 위험성을 각기 살펴보고 그 다양한 관점이 4장에서 소개한 성경 해석 원리들과 어떤 관계를 맺는지 점검해 보는 것으로 마무리될 것이다.

선언일

일치론적 해석들과 마찬가지로 '하루'의 의미에 초점을 맞추고 있는 이 해석은, 창세기 1장에 나온 6일은 하나님이 이루신 창조세계를 천국의 법정에서 선언하신 기간이라고 설명한다. 여기서의 하루는 이 우주의 시공간과는 무관한 하나님의 왕좌가 있는 곳에서의 하루다. 다시 말해 첫째 날에 하나님이 천국에서 "빛이 있으라"라고 선언하셨고, 다섯째 날 역시 천국에서 "물들은 생물로 번성케 하라"라고 선언하셨다는 것이다. 그들은 천상에서의 하루는 24시간으로 된 지상의 하루와 아무런 관계가 없다고 말한다. "주의 목전에는 천 년이 지나간 어제 같으며 밤의 한 순간 같을 뿐임이니이다"(시 90:4; 참고. 벧후 3:8)와 같은 성경 말씀이 시사하듯, 하나님과 인간의 시간 개념이 완전히 다르기 때문에 이 세상은 완전히 다른 시간 개념을 기초로 창조되었을 수 있다는 것이다.

창조시

이 해석에서는 성경 기자가 글의 운율을 맞추기 위해 지금과 같은 창세기 1장에서의 하루와 창조 순서를 선택했다고 본다. 창세기 1장은 반복되거나 대조되는 내용을 평행을 이루게 해 쓴 전형적인 히브리 시가 아니다. 그렇다고 해서 사무엘서나 열왕기, 혹은 창세기 후반부처럼 전형적인 구약의 역사적 서술 형식을 따른 것도 아니다. 창세기 1장은 산문인데도 아이디어와 구문을 반복하고 운율이 나타나도록 공들여 구성한 글이다. 특히 6일 동안의 창조 이야기에 이런 특징이 두드러지게 나타난다. 처음 3일과 그 다음 3일이 어떻게 평행을 이루며 구성되었는지 살펴보자. 넷째 날 창조된 빛의 근원은 첫째 날 창조된 빛과 연결되며, 다섯째 날 창조된 새와 물고기는 둘째 날의 하늘과 바다와, 여섯째 날 창조된 동물과 사람은 셋째 날의 땅과 각각 연결된다. 또 처음 3일 동안은 어두움에서 빛이 생기고, 형체 없는 공허에서 뚜렷하게 경계 지어진 땅과 바다와 하늘이 창조되는 등 이 세상의 형태가 갖추어졌고, 그 다음 3일 동안에 하늘은 빛으로, 공중은 새로, 바다는 물고기로, 땅은 동물과 사람으로 채워지는 등 처음 3일 동안 형태를 갖춘 세상이 움직이는 피조물들로 채워졌다. 이 6일 동안 하나님은 창세기 1:2에서 "땅이 혼돈하고 공허하며 흑암이 깊음 위에 있고 하나님의 영은 수면 위에 운행하시니라"라고 기술한 최초의 지구 상태를 완전히 뒤바꾸는 일을 하신 것이다.

고대 세계에서 숫자 7은 특별한 의미를 지니는데, 종교 경전에서는 더욱 그러하다.

고대 세계에서는 7일간의 구성 외에 다른 시간적 순서를 사용하기가 어려웠을 것이다. 모든 고대근동 지역에서 7은 충만함과 완성, 완벽을 뜻하는 아주 주요한 상징이었고, 7일의 주기 또한 아주 오래되어 안정적으로 자리잡은 관례였다.…따라서 그것은 하나님의 창조 사역의 완전성과 그 창조세계의 '선함'이라는 명시적 주제의 상징성을 한층 강화하는 역할을 했다.

존 스텍(John H. Stek), "성경은 무엇을 말하는가?"(What Says the Scripture?),
「창조의 초상」(Portraits of Creation, 1990)

창세기 1장에서의 날들

최초의 문제	형성의 날	채움의 날
흑암	첫째 날: 빛과 어두움을 나누다	넷째 날: 해와 달과 별
수면	둘째 날: 궁창과 하늘을 만들고, 궁창 아래의 물과 궁창 위의 물로 나누다	다섯째 날: 새와 물고기
혼돈하고 공허한 땅	셋째 날: 땅과 바다를 나누고 과 목을 창조하다	여섯째 날: 동물과 사람

하나님의 영감을 받은 인간 저자는 창세기 1장을 쓰면서 하나님의 창조 세계의 선함과 (그 구조와 움직이는 피조물 등 존재의 모든 측면에 있어서의) 완전성, 그리고 (최초의 흑암 상태에서의 혼돈과 비교되는) 질서정연함을 확실히 전달하고자 했다. 창세기 1장의 세심한 구성을 볼 때, 우리는 저자가 역사적 순서라

는 오늘날의 과학적 개념이 아니라 상징주의와 주제적 순서에 따라 사건의 순차와 일이 일어난 전체 일수를 선택했다고 유추할 수 있다. 이 같은 본문의 구성과 구조는 원 저자가 가장 우선시한 것이 역사적 순서가 아니었음을 보여 줌으로써 창세기 1장에 대한 비일치론적 해석에 무게를 실어 준다.

왕국-언약

고대근동 사람들이 익숙했던 또 하나의 요소가 바로 땅을 주겠다는 언약과 가신들에게 그 지역에 대한 아주 제한된 권력만을 부여하는 강한 통치자가 존재하는 종주 제도였다. '왕국-언약적 해석'을 지지하는 사람들은 창세기 1장이 이것과 관련이 있다고 주장한다. 즉, 위대한 왕이신 하나님은 처음 3일 동안에는 자신의 왕국을 창조하시고, 그 다음 3일 동안에는 자신을 섬기고 또 서로를 섬길 피조물로 그 안을 채우셨는데, 창세기 1:24-29을 보면 '위대하고 거룩한 종주의 특별한 언약을 받은 가신'이라는 인간이 맡게 될 역할이 특별히 언급되어 있다는 것이다. 이 인간들은 왕의 형상을 지니면서 제한적이나마 일정한 권한을 받은 존재였다. 따라서 이 전체 본문의 주된 메시지는 시간이나 물리 구조의 형성에 관한 것이 아니라 하나님과 자연, 인간의 관계 설정에 관한 것이라는 해석이다.

성전

이 해석은 휘튼 대학의 구약학 교수인 존 월튼(John Walton)이 최근에 발전시킨 것이다. 고대근동 지역에서 성전은 전 우주의 축소판으로 이해되었는데, 월튼 교수는 성경이 이 개념을 거꾸로 바꾸어 우주를 하나님의 성전으로 묘사했다고 주장한다(사 66:1-2). 따라서 창세기 1장을 6일간의 준비 기간 끝에 일곱째 날 입주해 들어가는('안식') 하나님의 성전 준공 과정으로 이해할 수 있다는 것이다. 월튼은 이것이 우주의 물리적 재료를 창조한 날들에 대한 이야기가 아니라, 원래 불규칙하게 존재하던 재료들의 '기능'을 각기 확립시킨 날들에 대한 이야기라고 강조한다. 창세기 1장은 시간이나 물질적 우주의 형성에 대해 쓴 책이 아니므로, 과학이 자연사에 대해 어떤 결론을 내놓든지 창세기 1장은 그 결과와 상충할 이유가 없다는 것이다.

고대근동 우주론

이 해석은 창세기 1장이 '하나님이 모든 것을 창조하셨다'는 엄청난 **신학적** 메시지를 전하고 있다는 점을 강조한다. 그리고 이 메시지가 고대근동 지역 사람들이 생각하던 우주의 **물리적** 그림에 담겨 있다고 설명한다.

창세기 1장의 문화적, 역사적 맥락을 생각해 보자. 고고학의 발전에 힘입어 우리는 지난 수세기 동안 고대 문화에 대해 많은 것을 알게 되었다. 과학자들이 지구를 연구할 때 신학자들과 고고학자들은 히브리 주변의 고대근동 국가들에 대해 활발히 연구했다. 고대 히브리인들은 이집트와 바빌로니아, 가나안 사람들과 이웃으로 지냈으며, 때로는 그들 사이에서 유랑하기도 했다. 따라서 히브리인들은 이 문화권에 속한 사람들이 우주와 그 기원에 대해 어떤 관점을 갖고 있는지 잘 알았고, 창세기를 읽을 때도 그러한 관점들을 떠올렸을 것이다. 히브리 독자들이 창세기를 어떤 의미로 받아들였는지 알려면 그 주변 문화들을 먼저 이해해야 한다는 말이다.

고대근동 지역 사람들의 세계관은 현대 과학적 세계관과 크게 달랐다. 고고학 연구 결과에 따르면, 고대인들은 지구가 둥글다는 사실을 믿지 않았다. 그들은 지구가 평평하며 그 아래위로 물이 둘러싸고 있다고 생각했다. 또한 하늘은 견고한 돔이나 궁창의 형태로, 위에 있는 태고의 물바다를 떠받치고 있다고 생각했다. 현대인에게는 이런 궁창 개념이 이상하게만 느껴지지만, 과학이 발전하기 전의 문화 속에서 살던 사람들에게는 이것이 주변 세계를 이해하는 상식이었다. 수분 증발과 강수에 대해 아무 것도 몰랐던 그들은 단순하게 하늘 위에 큰 바다가 있다고 결론지었다. 이 세계관에 기초해 이들은 견고한 돔이 평소에는 위에 있는 물을 받치고 있다가, 가끔씩 수문이나 창문이 열려 그 위의 비 창고에 있던 비가 땅으로 떨어지는 거라고 생각했다. 또 이들은 땅 아래 심연에도 태고의 물이 있다고 믿었는데, 이것은 우물을 판다거나 땅에서 샘물이 솟아오르는 것을 본 자신들의 경험과 맞아떨어졌다. 이 고대인들은 지구가 자전한다는 사실도 몰랐으니, 그저 태양이 눈에 보이는 대로 매일 동쪽에서 서쪽으로 이동하고 밤에는 땅 아래로 갔다가 다시 동쪽으로 돌아온다고 생각했다.

고대근동의 우주론

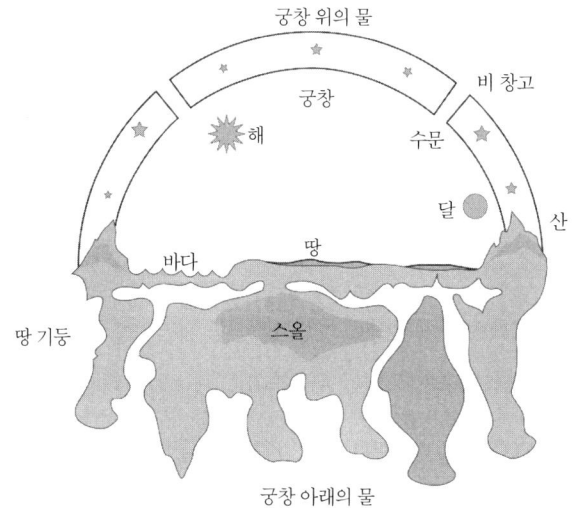

세계에 대한 이 같은 물리적 그림은 창세기 1장에서 묘사한 첫 3일간의 모습과 그대로 들어맞는다. 처음에는 흑암과 혼돈과 수면만 존재했으나, 첫째 날 하나님이 흑암에서 빛을 내셨고, 둘째 날에는 하늘을 사이에 두고 견고한 궁창이 지지하는 '궁창 위의 물'과 '궁창 아래의 물'을 나누셨으며, 셋째 날에는 하늘 아래 있는 물을 모아 경계를 정해 마른 땅을 만드셨다는 것이다(시 104:1-9에서 묘사한 순서도 이와 같다).

이집트 벽화 속 우주

세계에 대한 고대 이집트 사람들의 생각을 아주 상징적으로 보여 주는 이 작품에서 하늘[하늘의 여신 '넛'(Nut)]은 비스듬히 누워 있는 대지[대지의 신 '게브'(Geb)] 위로 아치형을 그리며 엎드려 있다. 그 위로는 하늘 위 바다가 있는데, 이 바다를 태양 범선이 항해하며 동쪽 지평선에서 천정에까지 태양매의 머리를 한 태양신 '레'(Re)을 옮겨다 놓고, 다시 서쪽 지평선으로 내려온다. ['레'와 함께 있는 여신은 독특한 깃털을 지닌 '마아트'(Maat)로, 이 여신은 세계 질서의 근원인 '레'의 딸이다.] 대지 위에서 무릎을 꿇고 하늘을 떠받치고 있는 공기의 신 '슈'(Shu)는 두 손으로 호흡의 상징물을 붙들고 있다. 그리고 이 그림에는 나타나 있지 않지만, 태양 범선이 밤새 횡단해 새벽녘에 동쪽 지평선에 태양을 제자리로 돌려놓기 위해 통과하는 지하 바다도 있다. (그림 설명: 존 스텍, 「창조의 초상」에서)

구약 성경에 반복적으로 나타나는 세계에 대한 이 같은 물리적 그림은, 고대 이집트와 바빌로니아, 가나안, 이스라엘 사람들이 주변 세계를 어떻게 이해하고 있었는지를 그대로 반영한다. 노아 홍수를 다룬 성경 기록을 보면, 물이 구름이 아닌 하늘 위에 있는 수문과 큰 깊음의 샘(창 7:11)에서 나왔다고 말한다. 시편 19:4-6에도 해가 "하늘 이 끝에서 나와서 하늘 저 끝까지 운행"한다는 표현이 나오는데, 이는 해를 궁창 위를 항해하는 배로 생각한 이집트 사람들의 인식과 상통한다. 따라서 오늘날 창세기 1장을 문자 그대로 이해하고 싶은 그리스도인이 있다면, 그 사람은 다음의 사실들을 확고히 믿어야 할 것이다.

- 지구는 동그랗지 않고 평평하다.
- 하늘은 투명한 대기가 아니라 견고한 돔이다.
- 해와 달과 별은 땅을 둘러싼 하늘 돔을 따라 움직인다.
- 하늘 위에는 큰 바다가 있다.

위 사실들을 인정하지 않고 진행되는 창세기 1장의 문자적 해석은, 성경의 일부만을 취사선택해 문자 그대로 받아들이고 나머지는 상징적으로 이해하는 반쪽짜리 문자적 해석이라 할 수 있다.

바빌로니아 사람들이 생각한 세계

바빌로니아 사람들이 생각한 세계의 물리적인 모습은 바빌로니아 시대의 이야기인 "에누마 엘리쉬"(Enuma Elish)에 잘 나타나 있다. 바빌로니아 사람들이 어떤 과정을 거쳐서 세상이 지금의 모습이 되었다고 이해했는지를 잘 보여 주는 이 이야기는, 원시적 혼돈으로부터 시작해 빛의 기원, 하늘의 돔, 마른 땅, 그리고 시간을 나타내는 방식의 기원에 대한 묘사로 이어진다. 이 각각의 물리적 구조는 그 자체로 신이거나 신과 밀접한 관련을 맺고 있다. 그리고 이 이야기는 이 신들이 안식하고 잔치를 벌여 기념하는 것으로 끝이 난다(이 이야기의 전문은 다음 책에서 볼 수 있다. James Pritchard, *Ancient Near*

East Texts Relating to the Old Testament, 3rd edition, Princeton University Press, 1969).

창세기 1장과 이집트, 바빌로니아의 우주관이 세상을 인식하는 방식이 비슷하기 때문에, 이들의 차이점을 찾는 것도 그리 어렵지 않다. 이집트의 벽화와 "에누마 엘리쉬"에는 만신전과 이 물리적 세계의 다양한 부분에 존재하는 신들이 있다. 특히 "에누마 엘리쉬"에서 세상의 물질은 최초의 신들과 공존하는데, 이 최초의 신들인 아프수(Apsu)와 티아마트(Tiamat) 사이에서 여섯 세대의 신들이 태어난다. 하지만 결국 티아마트는 마르두크(Marduk)에게 패해 몸이 조개껍데기처럼 갈라지고, 그중 반쪽이 하늘의 돔을 이룬다. 승리한 마르두크는 작은 신들을 날과 달, 계절을 관장하는 '위치'에 앉힌다. 그리고 이 이야기의 끝에 신들이 노예로 부리거나 연회에서 하인으로 쓰기 위해 패배한 신들의 살로 인간을 만드는 이야기가 나온다.

창세기 1장과 에누마 엘리쉬

창세기 1장	에누마 엘리쉬
신은 한 분이다.	만신전이 있다.
하나님이 말씀의 권위로 질서정연한 세계를 창조하셨다.	세계는 이 신들이 투쟁한 결과로 생겨났다.
물리적 세계에서 완전한 신성을 가진 곳은 없다.	해와 달 같은 물리적 객체가 인간의 운명을 좌지우지하는 신이다.
하나님은 모든 창조세계에 대해 보시기에 좋다고 선언하셨다.	몇몇 물리적 구조만이 선한 신과 관련이 있을 뿐, 나머지는 다 악한 신들과 연결되어 있다.
하나님은 이 창조 사역의 정점을 찍는 순간에 자신의 형상을 따라 남자와 여자를 창조하셨고, 이들에 대해 보시기에 심히 좋다고 선언하셨다. 그리고 이들에게 창조세계를 다스리는 책임까지 맡기셨다.	인간 존재에 대해서는 나중에 덧붙여진 이야기처럼 신들이 노예로 쓰기 위해 패배한 신들의 살을 가지고 만들었다고 설명되어 있다.

처음으로 창세기 1장의 창조 기사를 듣는 고대 이스라엘 백성이 되었다고 상상해 보자. 시조인 아브라함과 사라는 메소포타미아에서 왔고, 조상들은 이집트의 노예였다가 가나안에 자리잡았다. 이미 주변 문화에서 비슷한 이야기를 많이 들어 왔기 때문에 창세기 1장의 내용은 그리 낯설지 않을 것이다. 태초의 원시적 혼돈과 하늘 돔의 형성, 해와 달이 하늘을 헤치며 움직여서 날과 계절을 표시한다는 것, 그리고 사람의 기원은 이미 다 들어 본 이야기들이다.

하지만 여기서 잠깐, 창세기 1장 이야기에는 이집트나 메소포타미아 이야기와 다른 점이 하나 있다! 여기에는 '신들'이 등장하지 않는다. '한' 하나님밖에 없다. 태양도 이집트의 태양신 레(Re)처럼 강력한 신도, 다른 큰 신들 밑에 딸려 있는 작은 신도 아니다. 태양이 신이 아니라 하나님이 만드신 두 개의 빛 중 좀더 밝은 물리적 물체일 뿐이라는 것이다. 궁창도 위의 물을 떠받치는 티아마트나 넛 같은 신의 몸이 아니라, 하나님이 만들고 이름을 지어 주신 신성 없는 물리적 객체일 뿐이라고 한다. 뿐만 아니라 창세기 이야기에 나오는 생물과 물리 구조 중에 신성을 가진 것은 아무 것도 없으며, 모든 것이 유일신인 하나님의 권위에 의해 창조되었다고 한다. 이스라엘의 하나님이 우주에 존재하는 '모든' 것의 하나님이라는 것이다. 이웃들에게서 들었던 다른 창조 이야기와 비교해 볼 때, 이는 깜짝 놀랄 만큼 대담한 주장이 아닐 수 없다. 들으면 들을수록 이 신과 바빌로니아 이야기에 나온 신 사이의 엄청난 차이가 실감난다(153페이지의 표 참고).

그러니 이런 상황에서 창세기를 접한 최초의 독자들은, 창세기 1장이 물의 혼돈 가운데서 세상이 어떻게 만들어졌고 궁창 위의 물을 떠받치는 견고한 돔의 하늘이 있다는 등의 지식을 알려주는 이야기라고 생각하지 않았을 것이다. 그것은 이미 그들이 생각하던 세계의 모습이었다. 당시 독자들은 이 창세기 1장을 이스라엘 하나님의 진정한 권위와 인간의 진정한 신분을 보여 주는 강력한 **신학적** 선언으로 받아들였을 것이다. 인간 저자에게 영감을 주실 때, 하나님은 세계를 그 백성들에게 친숙한 형태로 묘사함으로써 이 같은 신학적 진실을 알리시고자 했다. 반대로 하나님이 지구가 평평하지 않고 둥글며, 하늘은 견고한 돔이 아닌 기체로 되어 있고, 지구의 나이가 그들의 생각보다 훨씬 많은 수십억 년이라고 설명하면서 당시 사람들의 과학적 오류를 수정하려 하셨다면 어땠을지 상상해 보라. 사람들은 결코 그 말을 이해하지 못했을 것이다! 무엇보다 하나님이 가르치시려 했던 신학적 메시지도 완전히 왜곡되어 전달됐을 것이다. 하나님은 감사하게도 당시 사람들의 필요에 맞게 자신을 낮추어, 정확한 과학적 정보를 사용하느라 영적 메시지를 모호하게 만들기보다 당시 사람들이 가장 분명하게 이해할 수 있는 수단을 취해 그 메시지를 전달하셨다. 성경학자 댄 할로우(Dan Harlow)는 "창세기에 따른 창조"(Creation According to Genesis)에서 이것을 다음과 같이 표현했다.

> 창세기 1장은 우주의 나이나 크기에 대해서는 아무것도 알려주지 않는다. 지구와 지상의 생명체가 어떤 물리적 과정을 통해 형성되었는지, 각기 다른 형태의 생물들이 어떤 순서로 이 행성에 발생했는지에 대해서도 말하지 않는다. 그 대신 창세기 1장은 하나님의 통치권과 창조의 선하심, 인간의 존엄성을 단호히 주장한다. 이 신학적 진실은 시간이 흘러도 변치 않는 규범적 진실이지만, 이 진실을 전달하기 위한 수단으로 사용된 고대의 우주론은 그렇지 않다.

각 해석의 비교 분석

5장과 6장에서 우리는 창세기 1장을 둘러싼 아홉 가지 해석을 살펴보았다. 그리스도인들은 무엇을 기준으로 이 아홉 가지 해석 중 하나를 선택해야 할까? 이것은 그저 '괜찮은 것 같다'고 해서 선택할 문제가 아니라, 일관된 원칙과 기도와 묵상을 통해 결정해야 할 주제다.

일치론적 해석과 비일치론적 해석의 약점

창세기 1장에 대한 일치론적, 비일치론적 해석은 모두 성경과 자연의 증거가 서로 모순되지 않는다는 것을 보여 주려는 선한 동기에서 비롯되었다. 그러나 이 해석들에는 각기 다른 함정이 있다.

일치론자가 느끼는 가장 큰 유혹은 모든 성경 구절을 오늘날의 과학적 지식과 일치하도록 해석하고 싶은 것이다. 하지만 그렇게 되면 특정 성경 구절의 의미를 과학적 발견의 내용과 일치시키기 위해 원 저자가 의도한 의미를 왜곡시킬 수가 있다. 예를 들어, 최초의 독자들이 '새'나 '식물'로 이해했던 히브리 단어들을, 현대 과학적 범주를 충족시키고 사건의 순서를 맞추기 위해 '곤충'이나 '단세포 생물' 같은 단어로 재정의하는 일이 발생할 수 있다. 또한 고대 문서의 세세한 부분을 21세기의 과학적 지식에 맞추느라, 당시의 문화적 맥락에서는 너무나 명쾌하게 이해되었던 중요한 영적 통찰 같은 의미를 놓칠 수도 있다. 뿐만 아니라 현대 과학 지식이 발전하고 변화함에 따라 불가피하게 자신들의 해석을 정기적으로 바꾸거나 갱신해야 할 수도 있다. 예를 들어, '간격 이론'은 창세기 1:2의 의미를 본래 의도와 동떨어지게 비틀어 해석했으나, 그 또한 나중에 새로 밝혀진 과학적 증거들과 일치하지 않는다는 사실이 밝혀졌다.

비일치론자의 경우, 그들이 가장 쉽게 빠지는 유혹은 과학적 설명과 상충하는 듯 보이는 성경 구절이 나타나면 본문에 대한 충분한 연구 없이 이를 무조건 비유적으로 해석하려 드는 것이다. 문자적으로 이해해야 할 구절을 비유적으로 해석함으로써, 그 구절이 순전히 영적인 관념만을 지칭할 뿐이라고 왜곡하면서 당시의 문화적 맥락에서는 분명히 존재했던 역사적 의미를 죄다 무시할 수도 있다. 이런 경향이 극단적으로 강해질 때, 비일치론자들은 모든 성경 구절을 이런 식으로 해석함으로써, 과학적으로 설명할 수 없다는 이유로 예수님이 행하신 기적과 부활까지도 단순한 영적 상징으로 풀이해 버릴 수 있다.

일치론자와 비일치론자 모두가 빠질 수 있는 유혹도 있는데, 그것은 필요 이상으로 과학을 기준 삼아 성경을 해석하는 것이다. 과학과 성경이 확연하게 충돌할 경우, 그것은 오히려 그 성경 말씀을 더 자세히 들여다보는 계기가 될 수 있으며 또 마땅히 그렇게 되어야 한다. 우열을 가리기 힘든 성경 해석이 두 개 이상 있을 때 자연이라는 하나님의 책을 통해 과학적으로 밝혀낸 증거가 유용한 도구가 되는 것은 사실이지만, 과학만을 기준으로 성경을 해석하는 것은 문제가 있다. 성경을 해석할 때는 반드시 신학적인 점을 고려하고 다른 본문들과의 일관성을 생각해야 한다.

이런 함정을 피하기 위해 우리는 각 성경 말씀이 과학적 사실과 얼마나 일치하는지에 초점을 두기보다 최고의 성경학자들이 그 말씀에 대해 뭐라고 말하는지를 살펴야 한다. 마지막으로 조심할 것은, 과학과 신학 사이의 모순을 해소하려는 욕심 때문에 하나님이 우리에게 알려주시려는 진정한 메시지를 놓치는 일이 없어야 한다는 사실이다. 그리스도인으로서 우리가 받은 가장 기본적인 소명은 분명하게 드러나 있는 하나님의 말씀을 따라 사는 것이다. 의미가 다소 모호한 말씀에 대한 해석들 사이의 미묘한 차이를 두고 논쟁하는 것은 그보다 덜 중요하다.

문맥 속에서 읽는 창세기 1장

하나의 성경 본문을 다양하게 해석할 수 있어 그중 최선의 해석을 고를 때는, 4장에서 논의한 성경 해석 원리에 근거한 접근법을 일관되게 사용하는 것이 좋다. '성경의 나머지 부분에 비추어 한 구절 한 구절을 해석해야 한다'라는 첫째 원칙은 해석의 방향성을 알려준다. 예를 들어, 창조 사건에서 나타난 하나님의 신실하심과 영광에 대한 성경 전체의 가르침을 생각할 때, 우리는 '성숙한 모습으로의 창조론'에 문제가 있음을 알 수 있다. 또 창세기 1장과 2장에서 서술한 창조 순서에 차이가 있다는 사실을 기초로 비일치론적 해석에 무게를 더 실어줄 수도 있다.

둘째 성경 해석 원리는 더 구체적인 방향을 제시하는 역할을 한다. 이 원리를 따를 때, 우리는 무엇보다 먼저 그 말씀이 기록된 당시의 문자적, 문화적, 역사적 맥락에서 그것이 어떤 의미였는지를 파악한 후에 그것이 오늘날 우리에게 주는 의미를 생각하게 된다. 그렇다면 앞서 살펴본 아홉 가지 해석을 이 원리에 어떻게 적용하면 좋을까? 5장에서 논의한 네 가지 일치론적 해석 중 고대 사람들이 창세기 1장을 읽고 이해한 생각에 가장 가까운 것은 아마 '젊은 지구론'일 것이다. '간격 이론'이나 '날-시대론' 같은 일치론적 해석은 지리학적 나이에 대한 개념이 전무했던 고대 독자들이 이해하기에는 당혹스러웠을 것이다. 그리고 몇 백만 년이나 몇 십억 년이라는 긴 시간을 가늠할 수 없었다면, 간격 이론이나 날-시대론을 들었더라도 우리와 전혀 다른 의미로 그 말씀을 받아들였을 것이다.

이 장에서 토론한 다섯 가지 비일치론적 해석 중에서는 '선언일 해석'이 (성경적 근거가 전혀 없는 것은 아니지만) 최초의 청중들이 이해했던 것과 가장 큰 차이가 있을 것 같다. 선언은 하나님이 그것을 말씀하시는 순간 즉각적으로 시행된 것으로, 지상에서의 선언과 천상에서의 선언 사이에 시간이나 순서의 간극이 있었음을 암시하는 구절은 성경 어디에도 없다. 우리는 '고대근동 우주론적 해석'과 '왕국-언약적 해석', '성전적 해석', '창조시적 해석'을 모두 결합시킨 것이 최초의 청중이 이해한 바와 가장 가까울 것이라고 생각한다. 창세기와 이스라엘 주변 나라들의 이야기의 차이점 중 가장 두드러진 요소는 신의 통치권과 창조의 선함에 대한 입장이다. 그리고 품격 있는 시적 구조와 하나님의 영감을 통한 구문들은 왕국-언약적 해석과 성전적 해석에 담긴 신학적 메시지에 한층 더 힘을 실어준다.

현대 독자들은 창세기 1장을 어떻게 읽을 것인가

최초의 청중이 창세기 1장을 어떻게 이해했는지 더 잘 알게 되었으니, 이제 하나님이 그들에게 어떤 메시지를 주시려 했는지, 나아가 우리에게 무슨 말씀을 주시려 하는지 생각해 보자. **만약 이스라엘 백성들에게 과학적 사실을 가르치는 것이 창세기 1장을 쓴 하나님의 목적이 아니었다면, 우리는 이 말씀에서 지구의 나이나 발생 과정에 대한 과학적 정보를 찾으려 해서는 안 될 것이다.** 최초의 청중에게 그랬던 것처럼, 창세기 1장이 현대 독자에게 전하려는 메시지는 강력한 신학적 진실이다. 하나님이 성경을 쓰신 것은 당신이 어떻게 비를 만들고 지구가 태양 주위를 돌게 하셨는지, 혹은 산을 형성시키셨는지와 같은 물리적 과정을 가르치시기 위함이 아니었다. 아주 짧게 그러나 아름답게 구성된 그 본문을 통해 하나님이 우리에게 가르치시려 한 것은 다음 내용들이었다.

- 하나님의 통치권
- 창조의 선함
- 하나님의 형상을 지닌 인간의 영광스러운 지위

하나님이 눈에 보이는 현상에 근거해 단순한 용어로 물리적 세계를 묘사하신 것은, 모든 사람이 이를 이해하기 바라셨기 때문이다. 이것은 오늘날 새삼스럽게 생각해 낸 것이 아니다. 몇 백 년 전에도 칼뱅은 「창세기 주석」(Commentaries on The Book of Genesis)에서 이런 글을 남겼다.

내가 볼 때, 성경은 그저 세계를 눈에 보이는 형태 그대로 다룬다. 이것이 분명한 기본 원리다. 천문학 같은 난해한 학문을 배우고자 하는 자는 다른 곳으로 보내라. 여기서는 하나님의 성령이 모든 자를 한 명도 빠짐없이 가르치시니…초자연적인 신비를 말할 때 모세가 철학적인 날카로운 말을 쓰지 않고 미개한 자들을 포함해 누구나 일상적으로 쓰는 언어로 이야기했다는 점을 기억해야 한다.

본문이 일상의 언어로 기록되었기 때문에 오랜 시간에 걸쳐 다양한 문화권에 사는 사람들이 이 내용을 접할 수 있었고, 복음이 전 세계에 전해졌다.

그런데 창세기 1장을 비일치론적으로 해석해야 한다면, 복음서도 문자적으로 이해해서는 안 되는 것일까? 그렇지 않다. 최초의 청중이 이해한 복음서는 분명 제자들이 남긴 생생한 '역사적' 증언의 기록이었으며, 이 책들이 강조한 내용들과 문체 등으로 미루어볼 때 예수님의 부활과 기적은 이 이야기에서 본질이 되는 아주 중요한 사건이었다. 현대를 사는 우리도 복음서를 읽을 때 이런 태도를 취해야 한다. 하지만 창세기 1장을 접한 최초의 청중이 느끼기에, 그 말씀에는 물리적 세계에 대한 새로운 사실이 전혀 없었다. 그 대신에 '누가' 세상과 인간을 창조했는지, 그리고 '왜' 창조했는지가 강조되었다.

이 사실이 과학과 무슨 상관이 있을까? 이는 곧 창세기 1장이 과학 교과서가 아니라는 것을 뜻한다. 세계의 구조와 나이, 자연사에 대한 과학적 정보를 가르치는 것은 이 본문의 목적이 아니다. 따라서 창세기 1장을 현대 과학과 비교하는 것은 사과와 오렌지를 비교하는 것과 같다. 더 정확하게는 "세계도 견고히 서서 요동치 아니하도다"라는 시편 93:1을 현대 천문학과 비교하는 것과 같다. 창세기는 천문학과 지질학에서 알아낸 창조의 순서와 일치하지도 대립하지도 않는다.

과학적 지식이 수세기 동안 증가하고 변화함에 따라, 지구의 물리적 구조와 역사에 대한 이해도 계속 변해 갈 것이다. 하지만 아무리 시간이 흘러도 흑암에서 빛을 만드셨고, 혼돈에서 질서를 창조하셨으며, 텅 빈 세상을 선한 피조물로 채우신 주권자 하나님이 계시다는 창세기 1장의 신학적 진실에는 변함이 없을 것이다. 기분이 변덕스럽게 변하는 각종 신들은 두려워할 필요가 없다. 대신 우리를 자신의 형상대로 지으시고 "보시기에 좋았더라"라고 선언하신 진정한 한 하나님은 신뢰할 수 있다.

이 장을 마무리하면서 몇 십 년 전에 나온 "이 세상은 하나님의 것이다"(Our World Belongs to God)라는 신앙 고백문의 한 구절을 소개한다. 이는 창조에 대한 핵심적인 기독교 신앙을 표현한 아름다운 글이다.

이 세상은 하나님의 것이다.
우리의 것도, 세상 권력의 것도,
사탄이나 운명, 요행의 것도 아닌,
주님의 것이다.

태초에 하나님이,
즉 성부와 말씀과 성령께서,
이 세상을 존재하게 하셨으니
무에서 이것을 만드시고
형태와 질서를 주셨다.

하나님이 땅과 하늘과 바다를 만드셨으니,
하늘 위 별과 달과 해까지 만드셨다.
또한 온갖 색채와 아름다움과 다양함이 있는 세계를 만드시니,
동식물과 우리 인간이 거하기에 적합한 집이 되어
일하고 놀며

예배하고 경탄하며

사랑하고 웃을 수 있게 하셨다.

하나님이 안식하시고

또 우리에게 안식을 주셨다.

태초에

만물은 보기에 아주 좋았다.

하나님의 형상을 따라 창조되어

조물주와 사랑의 관계 안에 살게 하신 우리는

위임받은 지구 관리자요 파수꾼이니,

이 땅을 돌보고 즐기며

이웃을 사랑할 일이다.

하나님이 우리의 재능을 사용해

당신의 세상을 드러내고 그 세상을 평안하게 하시니,

이로써 창조세계와 그 안에 있는 만물이 번창하리라.

성찰 및 토론을 위한 질문들

1. 창세기 외에도 고대근동 지역의 우주론을 언급한 구절이 성경에 많이 있다. 출애굽기 20:4, 시편 93편, 잠언 8:22-29을 다양한 번역본으로, 당시의 맥락을 생각하면서 읽어보라. 어떤 단어나 구절이 고대근동의 일반적 인식과 통하는가?
2. 어떤 창세기 해석이 가장 설득력 있는 것 같은가? 이유는 무엇인가? 그 해석이 지닌 약점은 무엇이고, 당신은 어떻게 그 문제를 해결할 것인가?

ORIGINS

7장
아주 오래되고 역동적인 우주

은하수를 본 적이 있는가? 현대인들 중에는 은하수를 한 번도 보지 못한 사람들이 많다. 현대 도시의 불빛이 모든 별빛을 덮어 버리기 때문에 수십 개의 별만 볼 수 있을 뿐이다. 하지만 시골에 살거나 교외 먼 곳으로 캠핑을 가 본 경험이 있다면, 완전히 새까만 밤하늘을 배경으로 수천 개의 별이 밝게 빛나는 것을 보았을 것이다. 그 밝은 별자리들 중에 우리 은하계 안에 있는 수백만 개의 별들이 내는 빛인 은하수가 은백색의 띠 모양을 하고 하늘을 가로지르는 것도 가끔 볼 수 있다. 인류 역사 중 대부분의 시대 사람들은 청명한 밤이면 언제나 이렇게 새까만 하늘을 보고 살았다. 여러분의 증조할아버지와 증조할머니도 이것을 보았고 아브라함과 사라도 보았다. 시편 기자도 그것을 보고 이렇게 노래했다. "하늘이 하나님의 영광을 선포하고 궁창이 그의 손으로 하신 일을 나타내는도다"(시 19:1).

오늘날의 천문학은 별을 쳐다보는 데서 그치지 않는다. 천문학은 21세기의 가장 흥미로운 연구 분야로, 각 대륙은 물론 우주 공간에까지 첨단 망원경을 설치해 놓고 연구를 지속한다. 우주의 정보는 가시광선과 전파, 극초단파, 엑스선 등의 형태로 시시각각 지구에 전달된다. 이 모든 데이터를 분석한 천문학자들은 우주에 대해 다음과 같은 사실들을 알아냈다.

- 우주는 각기 수십억 개의 별을 포함하고 있는 수십억 개의 은하로 가득 찬, 믿기 힘들 정도로 큰 공간이다.
- 우주는 극적으로 시작되는 길고 역동적인 역사를 갖고 있다.
- 우주는 오래되었으나 무한하게 오래된 것은 아니다.

이는 경이롭고 놀라운 과학적 발견이다. 특히 그리스도인들에게 이러한 발견은 멋진 과학 이상의 것으로, 하나님의 영광을 선포하는 도구가 된다. 최신 망원경과 우주탐사선 덕분에, 우리는 아브라함이나 사라, 다윗이 하늘에서 보았던 것보다 훨씬 많은 것을 볼 수 있다. 이것들을 통해 하나님이 만드신 창조세계의 아름다움과 힘과 세심한 작품의 예들을 더욱더 많이 볼 수 있게 된 것이다. 마치 하나의 그림이 그것을 그린 화가의 성격과 능력을 나타내듯, 우주도 창조하신 분의 성품과 능력을 보여 준다. 이 장에서는 이러한 천문학적 발견들과 그 발견들이 하나님에 관해 무엇을 말하는지 살펴볼 것이다.

우주는 광대하다

밤에 길모퉁이에 서서 가로등 불빛이 비치는 주차장을 바라보고 있다고 생각해 보자. 각 가로등까지의 거리를 알 수 있는 방법이 있을까? 물론 가장 쉬운 방법은 줄자를 이용해 거리를 재는 것이다. 그런데 당신이 그 길모퉁이에서 한발자국도 움직일 수 없다면 어떨까? 그 거리를 잴 수 있을까? 이것이 바로 오늘날의 천문학자들이 처한 상황이다. 별이나 은하계가 지구로부터 얼마나 멀리 떨어져 있는지 알고 싶지만 그 별에 직접 가서 거리를 잴 수는 없다.

관찰 주체의 움직임을 이용한 거리 측정

가로등까지의 거리를 아는 한 가지 방법은 거리지각(depth perception)을 이용하는 것이다. 우리의 뇌는 각각 왼쪽 눈과 오른쪽 눈을 통해 들어온 이미지 정보를 비교해 가장 가까운 가로등까지의 거리를 측정해 낼 수 있다. 더 멀리 있는 가로등의 경우에는, 그 가로등을 보며 좌우로 걸음으로써 거리지각 능력을 높일 수 있다. 관찰자가 왔다갔다 움직이면 더 가까운 데 있는 불빛이 멀리 있는 불빛에 비해 더 많이 움직이는 것처럼 보인다는 점을 이용하는 것이다. 그런 다음 삼각형에 관한 몇 가지 지식을 활용하면 더 가까운 가로등까지의 거리를 계산할 수 있다.

천문학자들은 이와 비슷한 기술인 시차를 사용하는데, 시차란 관찰자가 움직이면 정지해 있는 가까운 물체가 움직이는 것처럼 보이는 착시 현상을 뜻한다. 천문학자들은 지구가 태양 주위를 공전하면서 좌우로 완전히 이동하기를 기다렸다가 이를 통해 착시 현상을 만들어 냄으로써, 6개월간의 관찰 결과들을 비교한다. 그러면 가까이 있는 별이 멀리 있는 별보다 많이 움직이는 것처럼 보인다. 천문학자들은 이렇게 시차를 이용해 지구로부터 3,000광년 내에 있는 모든 별과의 거리를 측정해 냈다. 하지만 이보다 더 멀리 있는 별의 경우에는 시차를 이용해 거리를 측정하기가 어려운데, 이는 그 별들의 경우 눈에 띄는 움직임이 너무 미미하기 때문이다.

> **광년(light year)이란?**
>
> 빛은 1초에 18만 6천 마일의 속도로 움직인다. 이 말은 곧 달과 지구 사이의 거리인 23만 8천 마일을 움직이는 데 불과 1.2초밖에 걸리지 않는다는 뜻이다. 또 태양에서 지구까지 오는 데는 8.3분이 걸리며, 지구에서 명왕성까지는 5시간이 걸린다. 지구에서 가장 가까운 별도 이보다는 훨씬 멀리 있기 때

문에, 그 빛이 지구까지 오는 데는 4.3년이라는 시간이 걸린다. 우주 안에서의 거리가 너무 멀기 때문에 천문학자들은 마일 대신 빛이 1년 동안 가는 거리인 '광년'을 사용해 거리를 측정한다. 이 기준으로 볼 때, 지구에서 가장 가까운 별이 지구에서 4.3광년(약 25조 마일) 떨어져 있는 것이다.

밝기를 이용한 거리 측정

가로등의 거리를 측정하는 또 다른 방법은 가로등의 밝기를 이용하는 것이다. 어떤 사람이 "어떤 가로등이 가장 밝은가요?"라고 물으면 우리는 "가장 가까운 것"이라고 답하게 된다. 또 우리는 가장 멀리 있는 가로등의 밝기가 가장 희미하다는 것도 안다. 천문학자들도 이런 방법을 사용한다. 다른 조건이 똑같은 두 개의 별이 있다면, 가까이 있는 별이 더 밝고 멀리 있는 별이 덜 밝다는 사실을 이용하는 것이다. 천문학자들은 밝기를 세밀히 측정한 뒤 수학 관계식을 이용해 별까지의 거리를 계산한다. 단, 이 방법은 별들이 모두 똑같은 에너지를 방출할 때만 사용할 수 있다. 천문학자들은 이러한 별의 빛 에너지 방출을 광도(luminosity)라고 부른다. 한 가로등에는 300와트의 전구가 연결되어 있고 다른 가로등에 1,000와트의 전구가 연결되어 있다면, 둘 중에 1,000와트의 전구가 더 밝아 보일 것이고, 이렇게 하면 관찰하는 사람으로 하여금 이 전구가 더 가까이 있는 것으로 착각하게 만들 수 있다. 이 방법을 활용하려면 언제나 같은 양의 빛을 내는 개체종류인 표준 촉광(standard candle)이 천문학자들에게 꼭 필요하다.

표준 촉광을 찾는 것이 어려울 수도 있다. 혹 가로등 중에 어떤 것은 노란색이며 어떤 것은 밝은 청백색이라는 것을 알고 있었는가? 가로등 색이 서로 다른 것은 전구 안에 있는 가스의 종류가 다르기 때문인데, 노란색은 나트륨을 사용할 때 나오는 빛의 색이며 청백색은 수은을 사용할 때 나오는 색이다. 나트륨등이 수은등의 밝기보다 약하다는 것도 알고 있었는가? 따라서 가로등의 밝기가 모두 같다고 생각하고 가로등과의 거리를 잰다면 그 결과는 분명 부정확하게 나온다. 천문학자들도 이와 똑같은 문제에 직면한다. 별들이 서로 똑같지 않음은 물론, 방출하는 빛의 양도 다르다.

우리는 가로등 불빛의 색을 보고 그 가로등이 나트륨등인지 수은등인지 알 수 있다. 그런 후 각 빛의 광도에 대한 정확한 값을 이용해, 가로등과의 거리를 정확하게 계산할 수 있다. 실제로는 그 가로등의 빛을 두 개의 서로 다른 표준 촉광으로 분리해 내는 것이다. 천문학자들도 이와 같이 별빛의 색깔과 그 빛의 스펙트럼 안에 있는 기타 정보를 가지고 그 별이 어떤 종류의 별인지, 또 얼마만큼의 빛을 방출하는지를 알아낸다. 일단 별의 유형을 파악하고 광도를 알면, 별의 밝기를 측정하고 별까지의 거리를 계산하는 것은 그리 어렵지 않다. 천문학자들은 은하에 있는 별과 성단들에 이 방법을 적용해 은하계의 지름이 15만 광년이라는 사실을 밝혀냈다.

특별히 유용한 표준 촉광 중에 '세페이드 변광성'(Cepheid variable star)이라는 것이 있다. 세페이드는 태양보다 수천 배의 광도를 가지고 있어 아주 멀리 있는데도 망원경으로 쉽게 식별할 수가 있다. 또한 이 변광성에 속한 별들 중에 어떤 것은 몇 주를 주기로 또 어떤 것은 며칠을 주기로 일정하게 밝아졌다가 희미해지는 파동(pulse)을 반복하기 때문에 다른 별들과도 쉽게 구별되는데, 이 파동 패턴의 **길이**가 평균 **광도**와 직접적인 관계를 맺고 있다. 즉, 이 파동의 길이가 긴 별일수록 더 큰 광도를 갖고 있다. 천문학자들이 파동 간의 시간만 측정하면 간단하게 광도를 알아낼 수 있으니, 이 세페이드 변광성은 아주 좋은 표준 촉광인 것이다. 광도를 알아내면 밝기를 측정하고 별까지의 거리를 계산하는 것이 쉬워지고, 나아가 그 별이 속한 은하계까지의 거리도 알 수 있다. 천문학자들은 이 방법을 사용해 7천만 광년 내에 있는 은하계까지의 거리를 정확히 측정해 냈다.

천문학자들에게는 이 밖에도 유용한 표준 촉광이 여러 개 더 있다. 거리를 측정할 수 있는 방법이 이렇게 다양하기 때문에 이들은 각자가 알아낸 결과를 대조 검토해 문제점을 알아낼 수도 있다. 이 방법들 중에는 가까이 있는 별의 거리를 측정할 때 쓰는 것도 있고, 멀리 있는 별에 대해 쓰는 것도 있으며, 멀리 있는 별과 가까이 있는 별 모두에 적용할 수 있는 것도 있다. 표준 촉광 중 하나인 어떤 특정한 유형의 초신성 폭발은 100억 광년 떨어진 은하계까지의 거리를 측정하는 데 이용하기도 한다.

겉보기 크기를 이용한 거리 측정

길모퉁이에 서서 가로등의 높이를 확인하는 것도 가능하다. "어떤 가로등 불빛이 가장 높이 있는 것 같습니까?"라는 질문에 우리는 "가장 가까운 것"이라고 답하게 된다. 다른 모든 물리적 크기가 같다면 가까이 있는 전봇대가 더 높아 보이고, 멀리 있는 것은 낮아 보인다. 천문학자들은 은하계나 성단 같은 천체에 이 원리를 적용한다. 이들은 고배율 망원경으로 우주를 아주 자세히 들여다봄으로써, 수십억 광년 떨어져 있기 때문에 우리 눈에 극도로 작아 보이는 은하계를 찾아낸다.

당신은 지금 어디에 살고 있는가? 아마 당신은 당신이 살고 있는 집의 거리나 마을, 도시, 또는 나라의 이름을 떠올릴 것이다. 하지만 우주적 관점에서 당신이 살고 있는 곳을 답하면 어떻게 될까? 물론 지구는 우주 유일의 행성이 아니라, 태양 주위를 돌며 태양계를 형성하는 작은 규모의 행성 집단에 속해 있다. 그런데 이 태양계도 '우리 은하'라는 수십억 개의 별이 속한 광대한 은하 도시 중 한 마을에 불과하다. 또한 이 우리 은하도 우주상에서 유일한 은하가 아니라, 국부 은하군(Local Group)이라는 섬 위에 있는 수십 개의 도시 중 하나다. 그리고 이 국부 은하군은 약 10억 광년 크기의 처녀자리 초은하단(Virgo Supercluster)이라는, 은하군과 은하단 섬 집합체에 속한 자그마한 섬이다. 그리고 우주는 이런 초은하단 사슬로 가득 차 있다. 따라서 당신이 사는 곳의 주소를 정확히 이야기하자면 이런 식이 될 것이다. '우주, 처녀자리 초은하단, 국부 은하군, 우리 은하, 태양계, 지구, 대한민국, 00시, 00구, 00동, 00번지.'

아래는 태양계에서부터 가장 큰 초은하단에 이르기까지 우주 곳곳을 살펴볼 수 있게 구성한 대화형 웹 사이트다.
- http://www.atlasoftheuniverse.com/. An Atlas of the Universe, Richard Powell.
- http://micro.magnet.fsu.edu/powersof10/. Secret World: The Universe Within, Molecular Expressions.
- http://www.wordwizz.com/pwrsof10.htm. A Question of Scale, Bruce Bryson.

일상용품과의 비교

우주의 실제 크기를 가늠하는 것은 어려운 일이지만, 우리가 일상적으로 사용하는 물건들을 가지고 비교해 보면 도움이 된다. 태양계가 줄어들어 태양이 테니스공만해졌다고 생각해 보자. 그렇게 되면 지구는 이 문장 끝에 있는 마침표만한 크기가 되어, 테니스공에서 약 6미터 떨어져 공전할 것이다. 명왕성은 그 마침표보다 훨씬 작은 점이 되어, 축구장 세 개를 합친 거리만큼 테니스공에서 떨어져 공전할 것이다. 그리고 가장 가까운 별은 역시 테니스공만한 크기로, 1,770킬로미터 정도 떨어진 곳에 위치해 있을 것이다.

우리 은하의 크기를 가늠해 보기 위해 한 번 더 물체의 크기를 줄이는 방법을 사용해 보자. 전체 태양계, 그러니까 아까 말한 명왕성까지의 축구장 세 개를 합친 거리를 포함한 태양계 전체를 볼펜 끝에 있는 작은 볼이라고 생각해 보자. 이 경우 우리 은하는 지름이 241킬로미터인 거대한 디스크가 되고, 볼펜에 붙은 작은 볼 크기의 태양계는 이 우리 은하의 중심에서 약 45킬로미터 떨어진 곳에 위치하게 된다.

그런데 우리 은하는 우주에 있는 100억 개 이상의 은하 중 하나에 불과하다. 또 이 각각의 은하에 수십억 개의 별이 존재한다. 이처럼 우주의 천문학적 범위는 너무나 광대해 우리는 지구 위에서의 자신의 삶을 한없이 작고 무의미한 것이라 느낄 수도 있다. 무신론 과학자 칼 세이건(Carl Sagan)은 이 광대한 우주에 대해 다음과 같이 기술했다.

> 우리 행성은 끝없는 암흑으로 뒤덮인 우주 공간 속에 있는 하나의 작은 얼룩일 뿐이다. 인간 존재는 이토록 미미하고 우주는 이토록 광대하니, 다른 어디에선가 우리 자신에게서 우리를 구해 낼 도움이 오리라고는 상상도 할 수 없다.
>
> 「창백한 푸른점」(*The Pale Blue Dot*, 사이언스북스)

세이건 같은 무신론자들의 말에는, 신이란 단지 인류가 만들어 낸 개념일 뿐이라는 생각이 전제되어 있다. 우주는 크고 인간은 작으니 인간이 발명한 신도 아주 작은 존재이며 우주와는 완전히 무관할 거라고 생각하는 것이다. 그리고 그것이 사실이라면, "다른 어디에선가 우리 자신에게서 우리를 구해 낼 도움이 오리라고는 상상도 할 수 없다"고 한 세이건의 결론은 옳다. 그러나 성경은 하나님이 인간보다 먼저 존재하셨으며, 그분이 지구뿐 아니라 전 우주를 다스리신다고 선언한다. 우주의 광대함을 발견한 과학적 지식은 이 선언과 전혀 모순되지 않으며, 오히려 하나님의 통치 범위가 얼마나 넓은지를 보여 줌으로써 그 선언에 한층 힘을 실어준다. 우주가 광대하다는 사실은, 하나님을 지구의 일에만 관여하는 작은 존재로 여겨 온 우리의 생각에 도전한다. 이 사실을 알게 됨으로써, 우리가 상상력을 넓혀 지구 저 너머 멀리에 은하계가 있듯이 우리를 훨씬 뛰어넘어 존재하시는 진정한 하나님의 모습을 조금이나마 이해할 수 있게 된 것이다.

왜 하필 우리인가?

그런데 그렇게 광대한 우주를 다스리시는 위대한 하나님이 왜 우리 같은 존재를 돌보시는 것일까? 그분이 만드신 모든 것 중에 말할 수 없을 정도로 지극히 작은 우리를 하나님이 사랑해 주신다고 생각하는 것은 너무 뻔뻔스러운 일 아닐까? 이것은 최근에 불쑥 튀어나온 질문이 아니다. 3,000년도 더 전에 살았던 시편 기자도 밤하늘을 올려다보며 다음과 같이 썼다.

> 여호와 우리 주여
> > 주의 이름이 온 땅에 어찌 그리 아름다운지요…
> 주의 손가락으로 만드신 주의 하늘과
> > 주께서 베풀어 두신 달과 별들을 내가 보오니
> 사람이 무엇이기에 주께서 그를 생각하시며
> > 인자가 무엇이기에 주께서 그를 돌보시나이까. (8:1, 3-4)

오늘날 우리가 묻는 것과 같은 물음이다. 뒤이어 5-8절에서는 이 질문에 대해 시편 기자가 다음과 같이 답한다.

> 그를 하나님보다 조금 못하게 하시고
> > 영화와 존귀로 관을 씌우셨나이다.

>   주의 손으로 만드신 것을 다스리게 하시고
>   만물을 그의 발 아래 두셨으니
>   곧 모든 소와 양과
>   들짐승이며
>   공중의 새와 바다의 물고기와
>   바닷길에 다니는 것이니이다.

하나님은 인류에게 우주에서 아주 중요한 역할을 맡기셨는데, 그것은 이 행성을 돌보는 일이었다.

광대한 우주를 생각하게 하는 말씀은 시편 8편에만 있는 것이 아니다. 시편 103:10-12에도 다음과 같은 말씀이 나온다.

>   [하나님이] 우리의 죄를 따라 우리를 처벌하지는 아니하시며
>   우리의 죄악을 따라 우리에게 그대로 갚지는 아니하셨으니
>   이는 하늘이 땅에서 높음 같이
>   그를 경외하는 자에게 그의 인자하심이 크심이로다.
>   동이 서에서 먼 것 같이
>   우리의 죄과를 우리에게서 멀리 옮기셨으며.

동이 서에서 얼마나 멀까? 현대를 사는 우리는 이쪽 해안에서 저쪽 해안까지 비행기로 네 시간 거리밖에 안 된다고 생각할 수도 있다. 하지만 히브리인을 비롯한 고대근동 문화권의 사람들이 우주를 어떻게 바라보았을지 상상해 보라. 그들이 생각한 우주의 전체 크기는 평평한 땅에서 딱딱한 하늘의 돔까지, 그리고 동쪽 지평선에서 서쪽 지평선까지였다. 그들이 듣기에 이 시편은 지구의 일부가 아닌 하나님이 창조하신 우주 전체에 대한

말씀이었다. 이것은 시편 기자가 인류에 대한 하나님의 사랑을 표현하기 위해 사용한 아주 구체적인 예였다. 하나님의 사랑은 우주만큼 광대하며, 그분의 용서하심은 우리 죄를 우주 끝으로 치워 버리실 정도라는 것이다! 이 시편이 우주의 광대함을 묘사한 것은 하나님이 보시기에 우리가 얼마나 하찮은 존재인지를 가르치기 위함이 아니라, 하나님의 사랑의 크기를 나타내기 위함이었다. 우리 인간 존재의 의미는 우주에서의 상대적인 크기가 아닌, 우리 각 사람에게 보이신 하나님의 사랑에 기초한다.

역동적인 우주

한 세기 전, 천문학자들은 우주가 정지해 있다고 생각했다. 우주와 별과 은하의 기본 속성이 늘 동일해 시간이 지나도 크게 변하지 않는다고 생각한 것이다. 그러나 지난 세기의 연구를 통해 우리는 이것이 완전히 잘못된 가정이었음을 알게 되었다. 우주와 그 우주 안의 개체들은 우주가 시작된 그 순간부터 계속해서 역동적으로 변화하고 발전하고 있다.

별의 역동적 변화

별은 우주가 이렇게 지속적으로 변화한다는 사실을 보여 주는 중요한 예다. 별은 영원히 같은 상태로 머무는 대신, 완전한 하나의 생명주기를 경험한다. 별의 수명이 너무 길기 때문에, 천문학자들도 한 별의 생명주기의 모든 단계를 관찰할 수가 없다. 그래서 이들은 그 대신 다양한 성장 과정 중에 있는 많은 별을 한꺼번에 연구한다. 천문학자들은 크고 작은 별과 뜨겁고 차가운 별, 어리고 나이 많은 별을 모두 관찰한 후에 물리학 법칙을 이용해 각 별이 시간의 흐름에 따라 어떻게 변화하는지 알아낸다.

별의 생명주기에 대한 과학적 모델은 매우 잘 정립되어 있어서, 이 모델을 통해 많은 관찰 결과를 설명할 수 있으며 새롭게 발견된 별과 성단들의 특성도 꽤 정확하게 예측할 수 있다. 이제 하나의 별이 생명주기에 따라 각기 어떤 변화를 나타내는지 살펴보도록 하자.

별의 삶. 태양 같은 전형적인 별의 경우에는, 충분히 자라 성체가 된 동식물처럼 오랜 기간 큰 변화 없이 안정된 상태를 유지한다. 이 시기는 매우 길어 보통 수십억 년에 이른다. 이 시기에도 별은 꾸준히 중심에서 수소를 헬륨으로 바꾸지만 겉으로 드러나는 변화는 거의 없다.

별의 노화. 중심에 있던 수소가 모두 고갈되면, 별은 극적인 변화를 시작한다. 지구의 공전 궤도만큼 부풀어 결국 거대한 적색거성(red giant star)이 되고, 이후 이보다 짧은 단계를 몇 번 더 거치면서 우리에게 익숙한 원소들인 탄소와 질소, 산소 등이 포함된 다양한 종류의 원자를 생성한다.

별의 죽음. 태양 같은 별은 외층이 중심으로부터 날아가면서 서서히 죽음을 맞으며 뜨거운 백색 왜성(white dwarf star)을 남긴다. 태양보다 큰 별들의 경우에는 초신성 폭발이라는 훨씬 더 극적인 죽음을 맞는다(73페이지의 사진을 보라). 즉, 1초도 안 되는 아주 짧은 시간 동안에 별을 구성했던 대부분의 물질이 엄청나게 강력한 빛과 에너지, 입자를 발산하면서 바깥으로 터져 나오는 것이다. 하나의 초신성은 엄청나게 많은 에너지를 내기 때문에 일시적으로는 은하계 전체보다 밝게 빛난다! 별에서 생성된 헬륨과 탄소, 질소, 산소 원자가 우주 공간으로 퍼져 나가 별들 사이에 짙은 가스 구름과 먼지 구름을 형성하는 것도 이 단계에서 일어나는 일이다.

별의 탄생. 성운이라는 이 가스 구름과 먼지 구름 속에서 새로운 별들이 탄생한다. 앞 세대의 유전자를 받아 대를 이어가는 동식물들의 방식과 똑같지는 않지만, 별도 앞 세대의 별이 생성한 원자들을 받아들인다. 여러 개의 별이 거의 동시에 하나의 성운을 형성하기 때문에 하나의 성단에 속한 별들은 나이가 거의 비슷하다. 우리 은하계에서는 평균적으로 새로운 별이 1년에 하나씩 탄생한다.

성간 성운 NGC346은 우리 은하계보다 100만 배 정도 큰 역동적인 공간계다. 이것은 아주 왕성한 활동이 이뤄지는 별들의 '육아실'이라 할 수 있는데, 이는 이 공간의 가스 먼지 구름 안에서 새로운 별들이 생성되기 때문이다. 이 별들에서 나오는 밝은 빛 때문에 주변의 가스가 복잡하게 엉킨 실이나 아름다운 빛의 행렬의 모습을 이루며 빛나게 된다.

행성의 탄생. 행성은 모성(parent star) 옆에서 탄생한다. 성운의 먼지 입자들과 원자들이 모성을 소용돌이 형태로 빙빙 둘러싸 원반 모양을 형성하고, 이 원반 안에서 먼지 입자들이 점차 군집해 덩어리를 이룬다. 그리고 이 덩어리들이 충돌을 통해 점점 커져 조약돌만하던 것이 큰 바위만해지고, 소행성이 되고, 끝내 행성이 된다. 행성의 형성에 관해서는 천문학자들이 모든 세부 사항을 완전히 밝혀내지 못했으나, 이 과정이 별 주위를 둘러싼 먼지 원반에서 이루어진다는 사실만은 확실히 알아냈다.

이와 같이 역동적인 별의 생명주기를 통해 우리는 우리 은하와 우주에서 끊임없는 변화와 발전이 일어나고 있음을 알 수 있다. 하나님은 이런 자연 과정을 통해 우리가 사는 지구 행성을 창조하신 것이다. 지구와 우리 몸을 이루는 원자들은 아주 오래 전 초기 세대의 별들에서 형성된 것들이다. 이 별들이 폭발하면서 그 안에 있던 원자들이 성운들 사이에 흩어졌고, 그 성운들 중 하나에서 먼지 원반을 동반한 새로운 별이 하나 생겼으며, 그 원반에서 지구를 비롯한 행성들이 만들어진 것이다. 따라서 우리가 지금 폐로 들이마시는 산소는 한때 별들 사이에서 반짝이던 성운의 일부라고 할 수 있다. 그리스도인이 "하나님은 별 먼지로 우리를 만드셨다"고 말하는 것도 전혀 이상한 일이 아니다.

창조와 섭리

이 같은 별의 생명주기는 하나님이 계속 새로운 것을 창조하신다는 사실을 보여 주는 한 예다. 자연은 하나님이 우주를 창조하실 때 모든 별 하나하나를 기적적으로 만드는 방법을 택하지 않으셨다고 증언한다. 그 대신 하나님은 역동적인 과정을 설계해 우주의 역사가 이어지는 동안 계속해서 별의 한 세대가 태어나고 노화하고 최후를 맞게 하셨다.

일상 속에서 그리스도인들은 하나님이 별과 나무, 나비 같은 새로운 것을 창조하신다고 말한다. 이렇게 하나님이 지속적으로 새로운 것들을 창조하신다는 사실은 하나님의 '섭리'와 직접적으로 연결된다. 하나님은 물리학 법칙을 굳건히 지켜 장구한 시간 동안 새로운 별들이 형성되게 하시고, 또 화학 법칙과 물리학 법칙을 통해 씨앗에서 나무가 자라고 애벌레가 나비가 되게 하신다.

> 신학자들은 하나님의 **창조 사역**과 **섭리 사역**을 구분하기도 한다. 신학적으로 말하자면, 하나님의 창조 사역은 완료되어 이 일에 관한 한 하나님은 현재 안식하신다(창 2:1-3). 하나님이 계속 우주를 다스리시는 것은 **섭리 사역**에 해당된다고 할 수 있다.

어떤 의미에서는, 우주가 시작되던 때 물질과 에너지, 시간과 공간 등이 최초로 창조된 것을 두고 하나님의 창조 사역이 완료되었다고 말할 수도 있다. 하지만 이후 하나님이 섭리에 따라 우주를 다스리시는 동안에도 물질과 에너지로 이루어진 형태들은 끊임없이 변해 왔다. 별과 은하, 우주는 정적이거나 불변하는 것이 아니라 원기왕성하게 역동적으로 변화하는 것들이다. 자연이라는 책 역시 태양과 지구를 포함한 대부분이 제대로 자리 잡은 것은 최초의 창조 이후의 일이라고 말한다.

우리는 하나님이 새로운 별들을 계속 **창조**하신다고 말할 수도 있고, 하나님이 **섭리**에 따라 중력과 압력, 핵융합 등의 자연법칙을 주관해 새로운 별들을 형성하신다고 말할 수도 있다. 신학적으로는 이 두 문장이 다르게 들릴 수 있으나, 실제 이 두 문장이 가리키는 물리적 과정은 똑같다. "만물이 그 안에 함께 섰느니라"라는 골로새서 1:17은 하나님이 창조세계를 지속적으로 지키고 유지하심을 상기시킨다. "하나님이 별과 나무 하나하나를 창조하셨다"는 말의 일상적인 의미를 지키기 위해, 새로운 별과 행성,

식물과 동물이 형성되는 현재 진행형의 과정을 설명할 때 **창조**라는 단어를 함께 사용하겠다.

오래된 우주

우주는 아주 오랜 기간 동안 역동적으로 변화하고 성장해 왔다. 5장에서 우리는 지질학자들이 지난 3세기 동안 암석 연구를 통해 지구의 나이가 수십억 년이라는 것을 증명하는 많은 증거를 축적해 온 과정을 살펴보았다. 이와 비슷하게 천문학자들도 지난 한 세기 동안 행성과 별, 은하에 대한 연구를 통해 우주의 나이가 수십억 년임을 뒷받침하는 많은 증거를 발견해 냈다. 천문학자들은 각기 다른 수많은 독립적인 측정 결과와 오랜 검증 과정을 거쳐 이 같은 일치된 결론을 얻었으며, 이는 이 결과의 신빙성을 보장하는 근거가 된다. 이제 우주의 나이가 오래되었음을 보여 주는 몇 가지 증거를 구체적으로 살펴보자.

우주의 크기

이 장 서두에서 우리는 우주의 광대함을 설명하면서 가장 먼 은하가 100억 광년 너머에 있다고 이야기했다. 즉, 지금 우리 눈에 보이는 그 빛은 100억 년 전에 원래 속해 있던 은하를 떠난 것이다. 이 사실을 간단히 풀이하면 우주의 나이가 최소 100억 년이라는 결론이 나온다.

　그 은하가 그렇게 멀리 있는 것은 아니라고 주장하는 사람들도 있으나, 그 밖의 다른 거리 측정 방법을 동원해 봐도 그 결과들은 하나같이 은하들이 수천 년이 아닌, 수십억 광년 밖에 있다고 말한다. 또 일각에서는 빛이 그 은하를 떠나고 처음 얼마 동안은 훨씬 빠른 속도로 움직이기 때문에 그것이 우리에게 도달하는 데 걸리는 시간은 100억 년이 채 안 된다고 주장하지만, 이 생각은 우리가 가진 다른 데이터들과 모순된다. 3장에서 설명한 것처럼, 방대한 양의 증거자료에 따르면 먼 은하에서도 양자역학이나 전자기학 같은 물리학 법칙이 지구에서와 똑같이 작용한다. 이 물리적 과정은 빛의 속도에 따라 달라지는 것으로, 그 속도가 변했다면 이 물리학 법칙들 역시 다르게 나타났을 것이다. 그런데 먼 은하에서도 지구와 똑같은 물리학 법칙이 작용하는 것으로 나타났다는 말은 곧 우주의 역사가 지속되는 내내 빛의 속도가 일정했음을 뜻한다.

타임머신?

빛이 이동하는 데는 일정한 시간이 소요되기 때문에 우리는 언제나 멀리 있는 별이나 은하의 과거 모습만 보게 된다. 지금 현재의 모습이 아닌, 그 빛이 별에서 방출되어 우리에게 오기 시작한 과거의 모습만 보는 것이다. 이것은 일종의 **타임머신** 기능을 하기 때문에, 이를 통해 우리는 과거 몇 억 년 전 혹은 몇 십억 년 전 우주의 모습을 알 수 있다. 이렇게 여러 은하의 과거를 관찰해 보면, 과거에 은하들이 대체적으로 어떤 모습이었는지를 추론할 수 있다. 이로써 우리는 은하가 수십억 년 전에는 지금과 매우 다른 모습을 하고 있었다는 것을 알아냈다. 즉, 은하는 지금보다 작고 푸르며 밝았고, 그 안에서 수많은 별이 탄생했다.

달과 행성들

달과 행성의 연구를 통해서도 우주의 나이에 대한 증거를 얻을 수 있다. 지질학자들이 지구에서 암석 나이를 측정한 것과 같은 방식을 사용해, 달과 금성, 화성에 있는 암석의 나이를 측정하는 것이다. 이는 지구에서 관찰되는 소행성 충돌과 화산, 침식작용이 달과 다른 행성들에서도 똑같이 일어나기 때문에 가능한 일이다. 화성 궤도를 도는 우주선에서 찍은 사진을 보면 화성 표면에 해협이나 협곡이 있음을 알 수 있다. 그런데 지구의 해협에는 보통 물이 흐르지만, 현재 화성의 표면에는 액체가 존재하지 않는다.

이 사실이 화성의 나이와 무슨 상관이 있을까? 이는 과거 화성의 모습이 지금과 현저하게 달랐음을 나타내는 증거다. 한때는 지구처럼 두껍고 따뜻했던 화성의 대기층이 지금은 얇고 차가워진 것이다. 하나의 행성 전체에 이 같은 극적인 기후 변화가 나타나려면 수억 년에서 수십억 년이 필요하다. 이렇게 화성의 암석들은 화성의 나이가 최소 수억 년에서 수십 억 년이라는 것을 보여 주는 증거가 된다.

소행성 궤도

우주의 오랜 역사는 소행성 궤도를 통해서도 증명된다. 하늘에 나타난 소행성의 경로는 곧 태양 주변을 도는 공전 궤도를 의미한다. 소행성의 공전 궤도를 알 수 있다면 천문학자들은 그 궤도의 과거와 미래의 궤적을 계산해 지구와의 충돌 가능성을 판단할 수 있다. 이런 식으로 과거의 공전 궤도를 계산한 결과, 수백만 년 전에 여러 소행성의 궤도가 한 점에서 만났다는 사실이 밝혀졌다. 지금보다 커 보이는 두 개의 소행성이 그 점 위치에서 충돌해 우리가 지금 보고 있는 작은 소행성들로 산산이 나뉜 것이다. 만약 하나님이 불과 몇 천 년 전에 소행성을 창조하셨다면, 왜 그것들을 수백만 년 전에 충돌한 것으로 보이는 궤도상에 놓아 두셨겠는가? 이는 소행성들의 오래된 역사를 대변하는 확실한 증거다.

운석

방사성연대측정은 지구의 암석뿐 아니라 태양계 안의 모든 암석에 대해서도 적용할 수 있다(참고 5장). 과학자들은 우주 비행사들이 달에서 가져온 암석과 지구에 떨어진 소행성의 암석을 가지고 연구를 계속해 왔다. 그들은 지구의 암석을 연구할 때와 마찬가지로 여러 개의 방사성 동위원소를 사용해 그 측정 결과들을 비교 검토한다. 달에서 가져온 암석의 나이를 측정할 때는 최소한 세 가지 방사성 동위원소를 사용했고, 소행성 운석의 나이를 측정할 때는 최소한 다섯 가지 동위원소를 사용했다. 그 결과 가장 오래된 달의 암석과 운석의 나이가 46억 년이라는 사실이 여러 연구에서 공통적으로 드러났다. 이는 우리가 태양계 전체의 나이를 측정하는 가장 정확한 방법이다. 우주의 나이는 최소 46억 년임에 틀림없다는 말이다.

> 과학자들은 태양을 돌고 있는 암석을 '소행성'(asteroid)이라 부르며, 지구 대기로 떨어지고 있는 상태의 암석은 '유성'(meteor), 완전히 지구 지면에 떨어진 암석은 '운석'(meteorite)이라 부른다.

성단

우주의 나이를 측정하는 또 하나의 중요한 방법은 성단을 연구하는 것이다. 하나의 성단 안에 있는 별들은 모두 같은 성운에서 동시에 탄생했기 때문에 생일이 같다. 하지만 이것들의 수명까지 모두 같은 것은 아니다. 질량이 큰 별들은 '한순간의 섬광'처럼 순간적으로 밝게 빛나며 빠르게 타오르는 반면, 질량이 작은 별들은 느리게 꾸준히 타오른다. 그러면 성단 안에서는 이 같은 차이가 어떤 모습으로 나타날까? 처음에는 질량은 달라도 생일이 같은 많은 별이 존재하지만, 시간이 지나면 질량이 큰 별들은 먼저 죽고 질량이 작은 별들만 남게 된다. 즉, 질량이 큰 별이 많이 남아 있는 성단이 있다면 그것은 그 별들이 아직 완전히 타올라 사라지지 않았다는 뜻이기 때문에, 그 성단은 젊은 성단임을 알 수 있다. 반대로 질량이 작은 별들이 주를 이룬다면 그 성단은 오래된 성단이다. 이렇게 주의 깊게 성단을 연구해 보면 어떤 성단이 젊고 또 어떤 것이 오래되었는지를 알 수 있다. 이런 식으로 밝혀낸 성단 중 가장 오래된 것은 120억 년이었다.

다층적 증거

지금까지 살펴본 것처럼 태양계에서 가장 멀리 떨어진 은하와 행성, 소행성, 그리고 가장 오래된 성단의 나이는 **모두** 수십억 년이다. 천문학자들은 다양한 방법으로 다양한 대상의 나이를 측정했고, 그 결과들은 하나같이 그것들의 나이가 수천 년이 아닌 수십억 년이라는 사실을 뒷받침한다. 한두 가지 방법에 문제가 있을 수는 있겠지만, 모든 방법이 다 틀릴 수는 없다. 1700년대의 지질학자들이 그랬던 것처럼, 오늘날의 천문학자들이 찾아낸 다층적인 증거들 역시 젊은 지구론, 젊은 우주론과 반대된다.

또 과학과 신학의 대립을 이야기하는 것처럼 보일 수도 있겠다. 우주가 오래되었음을 증명하는 이 과학적 결과들은 분명 5장에서 논의한 창세기 1장에 대한 젊은 지구론적 해석과 상충한다. 그러나 5장과 6장에서 우리는 이 외에도 창세기 1장에 대한 여러 가지 다른 해석도 있다고 소개했다. 이 해석들 중에는 자연이라는 책에서 발견된 오래된 지구에 대한 증거들과 상충하지 않는 것도 여러 개 있었다. 6장에서는 현대 과학과 무관했던 최고의 성경학자들이 왜 창세기 1장이 최초의 독자들에게 과학적 정보를 전달하려고 기록된 것이 아니라고 역설했는지 설명했다. 성경 저자가 창세기 1장을 쓴 것은 최초의 독자들과 우리에게 창조의 주체가 '누구'이며 '왜' 그것을 창조했는지 알리기 위함이었지, 그것들을 '언제', '어떻게' 창조했는지 가르치기 위함이 아니었다. 이런 문맥에서 보면, 창세기 1장의 내용은 우주의 나이가 많다고 하는 천문학적 증거들과 전혀 대립되지 않는다.

우주에는 시작점이 있었다

우주가 오래된 것은 사실이나 **무한히** 오래된 것은 아니다. **빅뱅**이라는 시작점이 있었다. 이 책은 우주가 스스로 탄생했다는 무신론적 세계관으로서의 빅뱅이 아니라, 우주의 초기 역사를 설명하는 과학적 모델의 하나로서 '빅뱅'이라는 용어를 사용할 것이다. 과학적으로 올바로 해석하기만 한다면 빅뱅 모델은 하나님이 초기의 우주를 다스리신 방식을 보여 주는 좋은 설명이 될 수 있다. 이제부터는 빅뱅 모델을 뒷받침해 주는 주요한 증거 세 가지를 논의해 보겠다.

팽창의 증거

첫 번째 증거는 우리 눈에 보이는 모든 은하가 실제로는 명확한 패턴에 따라 우리 은하로부터 멀어지고 있다는 사실이다. 가장 멀리 있는 은하가 가장 빨리 멀어져 가며, 가까이 있는 은하는 상대적으로 천천히 멀어져 간다. 이런 패턴의 움직임이 나타난다는 것은 곧 우주가 팽창하고 있음을 뜻한다. 즉, 우주의 구조(fabric)가 모든 방향을 향해 팽창하고, 이와 함께 은하들도 바깥으로 끌어당겨지는 것이다. 부풀고 있는 건포도 빵에 우주를 비유할 수 있을 것 같다. 우주의 구조가 밀가루 반죽이고, 은하들은 건포도에 해당된다. 밀가루 반죽이 부풀어 오르면 그 위에 뿌린 건포도들의 거리가 멀어지는 것처럼, 우주가 팽창하면 다른 은하들이 우리 은하에서 멀어진다. 또한 반죽이 부풀어 오를 때, 멀리 있는 건포도가 몇 센티미터 움직이는 동안 가까이 있는 건포도는 1센티미터 정도밖에 움직이지 않는다. 멀리 있는 건포도가 가까이에 있는 것보다 빨리 움직인다. 이와 똑같이, 멀리 있는 은하가 가까이 있는 은하보다 빨리 움직이며, 이는 곧 우주의 전체 구조가 팽창하고 있음을 뜻한다.

우리가 우주의 중심일까? 우주의 모든 은하가 지구로부터 멀어진다는 말은, 마치 우리가 모든 것의 중심에 있는 듯한 인상을 준다. 그러나 우주 팽창의 패턴을 보면 이것이 잘못된 생각임을 알 수 있다. 건포도 빵에서는 모든 건포도가 각기 옆에 있는 건포도로부터 멀어진다. 중심에 있는 건포도뿐 아니라 모든 건포도가 서로 멀어지는 것이다. 우주에서 일어나는 일도 이와 같다. 어느 은하에서 보든지 다른 은하들이 멀어져 간다. 따라서 우리가 우주 팽창을 목격한다는 것이 우리 은하 또는 다른 어떤 은하가 우주의 중심임을 증명하는 증거가 될 수는 없다.

머릿속으로 방정식과 물리학 법칙들을 이용해 시간을 거꾸로 되감아 우주의 팽창을 생각해 보자. 이때 우주 공간은 팽창하는 대신 수축할 것이다. 은하와 별들은 서로 가까워져 결국엔 서로 분리조차 되지 않은 상태로 뭉쳐질 것이다. 우주가 뜨거운 가스처럼 되는 것이다. 여기서 시간을 더 되감으면 이 가스 덩어리는 한층 더 응축되고 뜨거운 형태가 될 것이다. 우주 팽창 이전의 이 뜨겁고 응축된 시작을 천문학자들은 '빅뱅'이라 부른다.

뜨겁고 응축된 우주의 시작점에 대한 이 같은 설명은 현재 진행되는 우주의 팽창을 근거로 시간을 되감아 추정한 것이다. 그런데 정말로 이런 일이 일어났을까? 우주가 생긴 것은 더 최근의 일이고, 별과 은하들은 처음부터 지금 있는 곳에 있었으며, 팽창도 바로 그 각각의 지점에서 시작된 것일 수 있지 않을까? 우주의 팽창 현상을 거슬러 올라가보면 뜨겁고 응축된 시작점이 있었다는 사실을 뒷받침해 줄 다른 증거들이 천문학자들에게 있을까? 그렇다, 천문학자들에게 그 증거들이 있다.

뜨거운 시작점의 증거

빅뱅 모델은 토스터가 열을 방출하듯 최초의 뜨거운 우주 역시 열복사를 방출했을 것이라고 본다. 그리고 그 열복사가 지금까지도 우주에 남아 우주 공간 여기저기에 퍼져 있을 것이라고 예측한다. 뜨거운 가스도 퍼져 나가면서 점점 식는 것처럼, 우주 열복사도 지금쯤이면 식었겠지만 그 흔적은 남아 있기 마련이다. 반면에 빅뱅 모델이 잘못된 것이라 우주가 빅뱅 모델이 예측하는 시기 이후에 생겨났고 별과 은하도 지금 있는 곳에서 발생해 그때부터 팽창하기 시작한 것이라면, 우주 어디에서도 열복사가 발견되어서는 안 된다. 빅뱅 모델은 이 추론을 근거로 해서 망원경으로 그 열복사를 관측할 수 있을 것이라고 예측했다. 그리고 1965년 우주배경복사(CMBR, cosmic microwave background radiation)의 발견으로 이 예측은 사실로 판명되었다. 이 배경복사는 빅뱅 모델이 예측한 것처럼 특정한 별이나 은하가 아닌 하늘 전체, 즉 우주 자체에서 방출되고 있었다. 또한 예측한 대로 우주의 팽창으로 인해 열복사는 엄청나게 냉각되어 절대 0도(-270℃, -455°F)보다 2.726도 높을 뿐이었다. 이 열복사가 빅뱅 모델에 대한 두 번째 주요 증거다.

시작점에서의 융합의 증거

세 번째 주요 증거는 우주의 헬륨 양이다. 우주는 보통 75퍼센트의 수소와 24퍼센트의 헬륨, 1퍼센트의 기타 원소들로 구성되어 있다. 그런데 왜 하필 이런 비율인 것일까? 앞서 우리는 별 내부에서 수소 융합에 의해 헬륨이 생성되는 과정을 이야기했다. 하지만 아무리 우주의 나이가 수십억 년이라 해도 별에서 융합작용이 일어나는 속도는 매우 느리기 때문에 융합만으로 이 정도의 헬륨이 만들어졌다고 말하기에는 무리가 있다. 그렇다면 나머지 헬륨은 어디에서 만들어진 것일까? 천체물리학자들은 빅뱅 모델을 이용해 빅뱅 직후 3분 즈음의 우주의 조건이 별의 내부와 매우 유사해졌고, 그것은 곧 핵융합반응이 일어나기에 딱 알맞은 조건이었음을 계산해 냈다. 즉, 딱 그 정도의 온도와 수소가스의 밀도가 유지되는 상태에서는, 그 수소가스가 헬륨과 융합하고 극소량의 중수소와 리튬이 융합하는 것이 가능했던 것이다. 나아가 빅뱅 모델은 이 과정을 거쳐 생성된 헬륨과 중수소, 리튬의 상대적 비율을 계산해 정밀한 예측을 내놓았는데, 그렇게 예측한 헬륨 가스의 비율이 24퍼센트로, 이는 천문학자들이 관측한 것과 정확히 일치하는 수치였다. 또한 이 모델은 중수소와 리튬의 양이 1퍼센트가 채 되지 않을 것이라는 것도 예측했는데, 이 역시 천문학자들의 관측 결과와 일치했다. 이렇게 모델의 예측과 실제 관측 결과가 정확히 일치한다는 점은, 우주가 초기에는 융합이 일어날 정도로 뜨겁고 응축해 있었음을 강력하게 뒷받침하는 증거라 할 수 있다.

우주 전체의 나이

나이의 측정과 관련해 빅뱅 모델은 행성이나 별, 은하 각각의 나이가 아니라 우주 전체의 나이라는 한 가지 사항을 더 제시한다. 우주 공간의 팽창률의 미세한 변화를 생각하면서 시간을 거꾸로 돌려 계산해 본 천문학자들은 137억 년 전에는 우주의 모든 물질이 한 곳에 압축되어 있었다는 결론을 냈다. 이는 지금 우리가 말할 수 있는 가장 정확한 우주 전체의 나이로, 앞서 이야기한 행성, 별, 은하의 나이와도 맞아떨어진다. 우주 전체의 나이는 그 내부에 속한 개체들보다 많지만, 아주 큰 차이가 나는 것도 아니다.

이는 또한 우주가 무한대로 오래된 것이 아니라는 증거도 된다. 빅뱅 이론은 우주에 시작점이 있었다고 말한 창세기의 진술과도 일치한다. 흥미롭게도 1900년대 중반의 많은 천문학자는 '정상우주론'(Steady State Universe)이라는 다른 모델을 내세웠는데, 이것은 우주가 무한하고 불변하며 시작점을 가지고 있지 않다고 주장하는 모델이었다. 이 정상우주론이 발전한 당시에도 빅뱅 모델, 즉 팽창우주론을 뒷받침하는 증거들이 조금씩 포착되고 있었지만 열복사가 관찰되기 이전이었으므로 빅뱅 모델이 강력한 이론으로 부상할 수는 없었다. 어떤 면에서 이 1900년대 중반의 상황은 갈릴레오의 시대와 유사했다고 볼 수 있다. 다양한 모델로 기존의 데이터를 설명할 수 있는 상황에서 특정 모델에 힘을 실어주는 새로운 증거들이 속속 등장하기 시작했다는 점에서 말이다. 말했다시피 과학적 데이터만으로 최선의 모델을 가릴 수 없는 상황에서는 과학적 증거가 확실한 때에 비해 세계관이나 전통 같은 과학 외적 요인이 더 큰 역할을 하게 된다.

1940년대와 1950년대의 몇몇 천문학자들은 무신론적 세계관 때문에 정상우주론을 빅뱅 모델보다 선호했다. 그들은 우주에 시작점이 있었다는 생각에 반감을 드러내면서 빅뱅 이전에 무슨 일이 있었는지를 과학적으로 설명하려 했다. 반면에 당시 그리스도인들 중에는 빅뱅 모델을 선호하는 사람도 있었다. 그 선구자 중 한 명이 조르주 르메트르(Georges Lemaître)라는 벨기에 성직자로, 그는 우주 팽창을 설명하는 최초의 수학 모델을 발전시켰다. 그러다가 1965년에 우주배경복사가 발견되고 난 다음부터는 세계관과 상관없이 모든 천문학자가 빅뱅을 받아들이게 되었다. 무신론적 세계관과 불가지론적 세계관이라는 철학적 근거로 인해 정상우주론을 선호하는 저명한 천문학자들이 있었으나, **과학적** 증거가 늘어남에 따라 이들도 빅뱅 모델이 더 뛰어나다는 사실을 인정할 수밖에 없었던 것이다. 이들은 과학적 데이터를 통해 하나님이 만드신 우주의 진정한 모습, 즉 시작점이 있었던 우주의 실체에 한 발 더 다가갈 수 있었다.

기독교적 관점으로 포장한 과학적 증거
미디어나 대중 서적을 보면 빅뱅 모델을 비롯한 천문학적 연구 결과들을 무신론적 관점에서만 다루는 경우가 있다(이 장 앞부분에 소개했던 광대한 우주에 관한 칼 세이건의 진술을 떠올려보라). 이런 경우 그리스도인들은 한꺼번에 포장된 그 설명에서 정당한 과학적 증거와 무신론적 세계관을 분리해 내기가 어려울 수 있다. 이렇게 과학과 세계관을 분리할 수 없을 때는 무신론적 세계관이 내린 결론에 동의하기보다 과학을 아예 포기하는 것이 더 안전하게 느껴질 것이다. 그러나 그것은 목욕물을 버리다 아기까지 버리는 어리석은 처사다.

물론 일반적으로는 무신론도 유신론도 아닌 중립적 언어로 천문학적 지식을 설명하는 때가 더 많다. 과학자들은 "하나님이 별을 형성하셨다"라거나 "별은 그 어떤 인도하는 손길이나 목적 없이 형성되었다"라고 말하는 대신, 그저 단순하게 "별이 형성되었다"라고 말한다. 문제는 무신론적 언어로 된 설명을 한번 듣고 나면, 그 다음부터는 아무리 중립적인 언어로 된 설명을 듣는다 해도 그것이 하나님을 부정하는 말로 들린다는 것이다. 그래서 이 책에서는 그 과학적 증거들을 기독교적 관점으로 설명하고 있다.

우주는 생명을 위해 미세조정되었다

천문학자들은 우주를 연구할 때 우주를 지금과 다른 모습이 되게 만들 수 있는 갖가지 경우를 상상한다. 즉, 중력이 지금보다 강하거나 약할 경우 일어날 일들이나 원자의 무게가 지금보다 무겁거나 가벼울 때 일어날 일들을 모조리 상상하는 것이다. 그런 상상 속 우주에서 일어날 일들을 계산한 천문학자들은 대부분 그 상상 속 우주들은 너무나 기이해 인간은 물론 그 어떤 생명체도 발달하거나 생존할 수 없는 환경이었을 것이라는 결론을 내린다. 그에 비해 지금 우리가 살고 있는 우주는 생명체가 살기에 놀랍도록 적합한 환경을 갖추고 있다.

생명체가 살 수 있는 우주는 어떤 특성을 갖고 있어야 할까? 적어도 '우리가 아는 생명체'가 존재하기 위해서는 다음 두 가지 조건이 충족되어야 한다.
- 주변에 위치한 수명이 긴 별로부터 나오는 빛 등 안정적인 에너지원
- 다양한 종류의 분자로 결합되어 착물화학작용(complex chemistry)을 일으킬 수 있는 다양한 원자들

에너지원 없이 발달하거나 한 종류의 원자만으로 만들어지는 기이한 생물 형태가 있을 수는 있겠지만, 그 생명체가 어떤 모습일지 상상하는 것은 어려운 일이다. 생명이 존재하기 위한 이 두 가지 조건을 충족시키는 데 있어서 별은 아주 중요한 역할을 한다. 별들이 에너지를 제공하고, 핵융합과 분열을 통해 그 모든 다양한 종류의 원자를 생산하기 때문이다. 천문학자들은 우주의 특성이 별과 다양한 원자가 발달하기에 적합하도록 **미세조정된**(fine-tuned) 것으로 보인다는 사실을 밝혀내 왔다. 미립자들과 그것들을 한데 붙들고 있는 물리력을 비롯해 우주의 전반적인 변수들은 생명체가 존재하기에 딱 적합한 방식으로 설정되어 있다. 때로 이것은 '골디락스 우주'(Goldilocks universe)라고 불리는데, 너무 뜨겁지도 너무 차갑지도 않은 딱 적합한 상태의 우주를 가리킨다. 이제 이렇게 딱 적합한 상태의 우주를 형성하는 다섯 가지 요소를 알아보자.

우주의 팽창률

우주의 팽창률이 지금과 조금이라도 달랐다고 상상해 보라. 우주 팽창과 관련해 우리는 천문학자들이 우주 공간 자체가 팽창하면서 그 안의 은하들이 서로 멀어지고 있다는 사실을 밝혀냈다고 이야기했다. 우주가 빅뱅 이후에 지금보다 조금이라도 빠른 속도로 팽창했다면 가스 구름이 너무

빨리 분리되어 별과 은하가 형성될 틈이 없었을 것이다. 반대로 조금이라도 느리게 팽창했다면 별들이 형성될 기회를 얻기도 전에 우주는 자기 중력을 이기지 못해 '대함몰'(Big Crunch)로 붕괴하고 말았을 것이다. 그런데도 실제의 우주는 별들이 형성되기에 딱 적당한 비율로 팽창해 왔다.

중력

또 중력이 지금과 조금이라도 다른 힘으로 우주에 작용했었다고 상상해 보라. 별은 안으로 끌어당기는 중력과 밖으로 밀어내는 가스 압력의 균형을 통해 형성된다. 중력이 조금이라도 약했다면 별을 한 곳에 잡아둘 수 없었을 것이고, 별의 가스 압력이 그 모든 것을 날려 버렸을 것이다. 반대로 중력이 조금이라도 강했다면 별들을 한 곳에 붙들기는 쉬웠겠지만 밀도가 높아지고 더 빨리 연소되었을 것이다. 별들의 에너지가 아주 빨리 소진되고 말았을 것이라는 뜻이다. 지금처럼 안정적이고 수명이 긴 별들이 존재할 수 있는 것은 중력이 현재 우리가 관측하는 정도로만 강하기 때문이다.

근본 물리력

물리력의 힘이 다르게 작용하는 우주를 상상해 보라. 핵융합 반응에는 세 가지 종류의 물리력이 작용한다. 첫째는 강한 핵력이고, 둘째는 약한 핵력이며, 셋째는 전자기력이다. 실제 우주에서는 이 물리력의 힘들이 적절한 균형을 이루고 있어 양성자와 중성자들이 성공적으로 융합해 더 무거운 원자, 즉 서로 떨어지지 않고 안정적으로 존재하는 원자를 만들어 낸다. 이 물리력들이 조금이라고 달랐다면 핵융합 반응은 제대로 일어나지 않았을 것이고, 이 우주상에 안정적으로 존재하는 원자는 수소밖에 없었을 것이다. 그 힘이 지금과 같지 않았다면 착물화학작용을 일으킬 여러 원자가 존재할 수도 없었을 것이다.

핵반응률

탄소 없는 우주를 상상해 보라. 갑자기 탄소 이야기를 꺼내는 것은, 탄소가 수소와 결합해 고분자 사슬(long-chain molecule, 탄화수소)을 형성하는 성분이기 때문이다. 이 같은 고분자들은 착물화학 생명체를 만들기에 최적화되어 있으며, 특히 탄화수소 사슬은 지구상에 존재하는 모든 생명체에 들어 있는 분자의 중추를 형성한다. 탄소 원자는 별들의 핵(core)에서 핵융합 반응이 일어나는 중에 만들어지는데, 이 과정에 다른 원자들이 관여한다. 처음에는 헬륨 원자들이 융합해 탄소를 만들고, 그 다음에 탄소가 헬륨과 융합해 산소를 만든다. 별들이 탄소를 많이 만들어 내려면 적정한 핵융합 반응률이 유지되어야 한다. 그래야 수많은 헬륨이 탄소로 융합될 수 있고, 산소를 만드느라 탄소를 다 써버리는 일이 생기지 않는다. 과학자들은 탄소의 핵 여기상태(excited state, 원자나 분자에 있는 전자가 바닥상태에 있다가 외부에서 빛, 방사선 등에 의해 일정한 에너지를 흡수해 더 높은 에너지 준위로 이동한 상태—역주)가 이 조건과 딱 맞아떨어진다는 사실을 알아냈다. 탄소의 여기상태가 지금과 같이 유지되기 때문에 그렇게 많은 탄소가 만들어질 수 있는 것이다. 반면 산소의 여기상태는 그와 같지 않아 일부의 탄소만 산소로 융합될 뿐이다. 이 원자들의 핵특성은 생명체가 존재하기 위한 핵심 요소인 탄소를 많이 만들어 내기에 적합한 상태로 조정되어 있다.

물 분자

물 없는 생명체를 상상해 보라. 지구상의 모든 생물은 물을 이용한다. 물은 많은 종류의 분자와 이온을 용해하고 운반하기에 아주 적합한 성분으로 구성되어 있다. 또 물은 우리가 볼 수 있는 파장에 속한 햇빛은 투과시키면서, 적외선이나 엑스선 혹은 자외선 같은 빛의 파장은 투과시키지 **않는다**. 이는 대기 중의 물이 광합성 같은 중요한 화학 반응을 위해 꼭 필요한 파장을 가진 일부의 햇빛은 투과시켜 지구 표면에 닿게 하지만, 자외선과 엑스선 빛처럼 큰 분자를 파괴시키는 파장은 대부분 막아낸다는 뜻이다. 물은 생명체에 중요한 종류의 빛만을 투과시키며, 이 빛은 태양 같은 장수하는 별들이 만들어 내는 빛과 같은 종류의 것이다. 어째서일까? 물리학 법칙만을 기준으로 생각할 때, 별들이 내는 빛이 지금과 같은 분자 투과도와 상관관계를 이루어 생명체에 유용하게 사용되어야 할 물리적 이유는 전혀 없다. 그런데도 지금 우리의 우주는 정확히 그 조건을 갖추고 있다. 둘 중 하나 혹은 둘 다 생명체를 위해 미세조정된 것이라고 볼 수밖에 없다.

과학자들이 찾아낸 미세조정의 증거는 방금 살펴본 다섯 가지뿐만이 아니다. 우주가 세심하게 구성되었다는 것은, 하나님이 자신과 관계를 맺을 수 있을 정도로 지적인 인류가 포함된 우주를 계획해 만드셨다는 성경적 신념과 통한다. 우주는 그 자체로 하나님의 놀라운 솜씨를 증거한다. 하나님은 말도 안 되게 간단하면서도 놀랍도록 효율적인 체계를 만드셨다. 우주의 기초적인 속성과 기본적인 물리학 법칙, 전자, 쿼크 등의 소립자 목록을 모조리 나열한다 해도, 단 몇 개의 숫자와 방정식뿐이라 종이 한 장에 다 들어갈 정도다. 이토록 간단하지만 놀라운 체계를 통해 별과 분자들이 존재하게 되었고, 이것들은 존재하는 데서 그치지 않고 **오랜 시간에 걸쳐 자연적으로 모인 것이다.**

빅뱅 모델에서는 우주의 모든 물질이 단순한 소립자 형태로 존재한다. 그러나 우주가 성장해 온 오랜 시간 동안 이 소립자들은 서로 결합해 수많은 별과 은하를 만들고, 매우 다양한 원자와 분자, 땅과 바다, 대기가 있는 행성들을 만들어 냈다. 이 모든 것은 생명체가 존재하기 위해 필요한 구성 요소들이자, 이들이 집으로 삼기에 딱 적합한 행성이다. 우주 공간 중 관측이 가능한 곳에서의 물리력과 원자의 속성은 모두 같은 것으로 나온다. 하나님은 이 일을 진행하다가 중간에 체계를 변경할 필요를 느끼시지 않았던 것이다. 하나님은 처음부터 이 모든 것을 지금 보이는 모습 그대로 설계하고 만드셨다. 우주가 증거하는 바를 보면, 하나님은 각 원자와 분자, 별과 행성을 매번 다른 초자연적 기적을 통해 만드실 수 있었음에도 불구하고, 규칙적인 자연적 과정이라는 아름다운 체계를 통해 일하셨음을 알 수 있다. 덕분에 우리는 이것을 과학적으로 연구하는 기쁨을 누릴 수 있게 되었다. 우리의 천문학 연구가 하나님의 설계의 증거를 드러낸다고 말할 수 있는 것은, 우주가 과학으로 이해하기에 너무 어려운 대상이어서가 아니라 반대로 우리가 그것을 이해할 수 있기 때문이다.

성찰 및 토론을 위한 질문들

1. 이 장에서 새롭게 알게 된 개념은 무엇인가? 우주에 대해 무엇을 새롭게 배웠나?
2. 이 장을 통해 하나님을 더 잘 이해하게 되었다면, 구체적으로 어떤 내용이 도움이 되었나? 하나님의 속성 중 특히 생생하게 다가온 것은 무엇인가?
3. 무신론적 언어로 과학에 대해 말하는 것을 들어 본 적이 있는가? 과학을 이용해 종교를 공격한 저자나 잡지, 텔레비전 프로그램의 이름을 알고 있다면 말해 보라.
4. 과학이 그려낸 우주의 어마어마한 광대함을 생각하면 어떤 느낌이 드는가? 스스로 의미 있는 존재라는 느낌이 드는가, 아니면 무의미한 존재라는 느낌이 드는가? 그 이유는 무엇일까? 인간인 우리의 가치는 무엇을 기준으로 결정되는 것일까?
5. 5장과 6장에서 지구가 매우 오래되었음을 증명하는 과학적 증거들과 성

경 해석 원리, 창세기 1장에 대한 여러 해석을 살펴보았다. 이런 것들이 빅뱅 모델과 어떤 관계가 있다고 생각하는가?

ORIGINS

8장 진화를 둘러싼 다양한 관점들

기독교 가정에서 자란 제니퍼는 중고등학교 시절에 예수님께 헌신하기로 결심했다. 고등학교 졸업 후 그녀는 가족과 목사님, 주일학교 선생님들의 권유로 그리 멀지 않은 곳에 위치한 대학교에 입학했다. 이때 주위 사람들은 몇몇 교수를 비롯해 대학에 있는 무신론자들이 그녀의 믿음을 공격할 수도 있다는 주의를 주었다. 그들은 이 무신론자들이 '진화'를 무기로 삼아 하나님이 존재하지 않는다고 주장하며 제니퍼를 설득하려 들 것이라고 말했다. 제니퍼가 속한 청년부의 리더는 창조론을 옹호하면서 진화는 불가능한 일이라고 주장하는 내용이 담긴 비디오를 보여 주었다(이 이야기에서 제니퍼를 비롯한 인물들은 여러 사람의 실제 경험을 토대로 지어낸 가상의 인물이다).

대학 첫 학기가 되자 제니퍼는 기독교 동아리에 가입했다. 거기서 그녀는 동아리 지도교수인 벤슨 교수를 만났다. 열정적인 믿음의 소유자로 학생들을 진심으로 보살피는 벤슨 교수는 학생들이 규칙적인 성경 공부와 기도, 예배를 통해 굳건한 신앙생활을 할 수 있도록 격려하기도 했다.

질병 유발 박테리아를 연구하는 성공적인 과학자이기도 한 그는, 좋은 선생이라는 평판도 듣고 있었다. 제니퍼는 부분적으로 벤슨 교수로부터 영향을 받아 박사가 되기로 결심했다. 그리고 흥미롭고 또 안전할 것이라 생각하며 벤슨 교수가 가르치는 생물학 강의를 수강했다. 그러나 첫 시간에 제니퍼는 교과서의 내용이 진화론을 사실로 전제하고 있음을 눈치 챘다. 하지만 학부에서 정해진 책이라 벤슨 교수가 어쩔 수 없이 그 책을 교과서로 쓰는 것이라 생각하면서 교수님이 어떤 식으로든 그 문제를 다룰 것이라 믿었다. 그런데 학기가 흘러가도 벤슨 교수는 수업에서 진화론을 정말 믿는 듯한 태도를 유지했다. 결국 제니퍼는 벤슨 교수를 직접 찾아가 이 문제에 대해 물어봤다.

벤슨 교수는 수많은 과학적 증거가 진화론을 뒷받침하고 있다고 신중하게 설명했다. 그는 과학적 증거들이 분명히 진화론을 뒷받침하고 있으며 성경도 진화를 부정하지 않기 때문에 그리스도인들도 진화론을 믿는 것이 옳다고 말했다. 이 말을 듣고 연구실을 나선 제니퍼는 머리를 한대 얻어맞은 느낌이었다. 교수님의 연구실에 들어갈 때보다 더 혼란스러웠다. 그것은 지금까지 한 번도 들어보지 못한 이야기였다.

제니퍼는 벤슨 교수를 매우 존경했고 그가 믿음을 실천하는 모습도 여러 번 목격했다. 하지만 교수님이 옳다면 목사님과 주일학교 선생님과 부모님이 틀렸다는 얘기가 되는데, 그들 또한 제니퍼가 대단히 존경하는 사람들이었다. 제니퍼는 누구의 말을 믿어야 할지, 어디에 가서 답을 얻어야 할지 알 수 없었다.

어쩌면 지금 당신이 제니퍼와 같은 심정일지도 모르겠다. 8장에서는 다음과 같은 과정을 통해 이 문제에 대한 답을 얻어 보도록 하자.
- 진화의 다섯 가지 의미 정의
- 진화주의 심층 연구
- 진화에 대한 기독교적 입장 설명
- 점진적 창조론, 진화론적 창조론과 관련된 신학적 쟁점 토의

그리고 9장에서는 동식물의 진화에 대한 과학적 증거를 정리할 것이다.

진화와 과학, 진화와 종교

찰스 다윈의 「종의 기원」이라는 책이 출간된 1859년 이후, 종교적 주장과 철학적 주장이 대립하는 전장에는 늘 진화론이 있었다. 그리고 이 싸움은 종종 정치나 법적 영역으로 번져 나갔다.

  진화와 관련된 종교적, 정치적 논쟁이 불필요하다고 말하는 사람들도 있긴 하다. 일부 과학자들도 여기 포함된다. 이들은 진화는 여느 다른 모델처럼 그저 하나의 과학적 모델에 불과하다고 말한다. 중력 때문에 지구가 태양 주위를 돈다는 과학 이론이 종교와 아무런 관련이 없듯이, 물의 증발과 응결로 인해 비가 형성된다는 과학 이론이 종교와 아무런 관련이 없듯이, 진화론 또한 종교와 아무런 관련이 없다는 것이다. 이들은 진화론이 신에 대해서는 아무것도 말하지 않는다고 주장한다. 그러면서 이 이론도 다른 과학 이론들처럼 근거자료만을 바탕으로 인정되거나 거부되어야 하며, 종교와 정치가 이 일에 관여하지만 않는다면 논쟁이 생길 일도 없을 거라고 역설한다.

  그러나 그리스도인과 비그리스도인을 불문하고 이미 많은 사람이 진화와 종교가 밀접하게 관련된 것으로 인식하고 있다. 이들은 진화론은 특정 기독교 교리와 직접적으로 상충하기 때문에 다른 과학 이론들과 다르게 취급해야 한다고 말한다. 일부 무신론자들은 진화가 사실이라면 기독교 신앙과 하나님에 대한 믿음은 거짓일 수밖에 없다고 주장하면서, 진화가 사실이기 때문에 기독교 신앙은 틀림없이 거짓이라는 식의 논리를 편다. 일부 그리스도인들도 이 무신론적 논리의 전반부 주장인 '진화가 사실이라면 기독교 신앙과 하나님에 대한 믿음은 거짓일 수밖에 없다'는 데 동의

한다. 하지만 그 다음부터가 다르다. 이들은 기독교가 사실이기 때문에 진화는 거짓일수밖에 없다고 대응한다.

이 책의 서론에서도 이야기했듯이, 이 두 가지 주장 외에도 우리가 선택할 수 있는 입장들이 더 있다. 실제로 많은 그리스도인이 진화에 대해 다른 방식으로 대응해 왔다. 그 대응방법들을 크게 세 가지 범주로 나누어 보면 다음과 같다.

- 젊은 지구 창조론
- 점진적 창조론
- 진화론적 창조론

이 각각의 창조론을 살펴보기 전에 '진화'라는 단어의 의미를 먼저 살펴보기로 하자. 8장과 9장에서는 특별히 동식물의 진화라는 주제에 초점을 맞추고, 인간의 기원은 11장과 12장에서 따로 다룰 것이다.

진화란 무엇인가?

누군가가 "나는 진화를 믿지 않는다"라고 말하거나 "진화는 과학적으로 증명된 것이다"라고 말할 때, 중요한 것은 그가 이 '진화'라는 단어를 정확히 어떤 의미로 사용했는지 이해하는 것이다. 진화를 둘러싼 논의가 혼란스러운 이유 중 하나가 바로 사람들이 자신도 모르게 '진화'에 담긴 여러 가지 의미를 섞어서 사용하는 경우가 많기 때문이다. 이런 혼란을 피하기 위해 '진화'라는 단어의 다섯 가지 의미를 먼저 살펴보자.

소진화. 진화의 메커니즘으로 인한 종 안에서의 작은 변화를 뜻하는 것으로, 이 변화가 수십 년 혹은 수백 년간 축적되면 그 종은 환경에 더 잘 적응하게 되며, 경우에 따라서는 두 개 이상의 종으로 분열되기도 한다.

시간에 따른 변화 패턴. 화석 기록을 보면 종들이 오랜 기간 동안에 걸처 변화하면서 일부는 멸종하고 새로운 종이 나타나기도 했다.

공통조상. 살아 있는 종과 멸종한 종을 불문하고 모든 종이 '가계도'를 통해 연결되어 있다. 현대의 종들은 이전에 존재한 종들의 후손이며, 모든 종은 하나의 공통조상으로부터 내려왔다.

진화론. 지구상에 생명체가 존재한 장구한 역사 동안 지속적으로 작동해 온 진화 메커니즘이 공통조상의 존재와 시간에 따른 변화의 패턴을 설명해 준다고 주장하는 과학적 모델이다.

진화주의. 진화론을 이용해 창조자는 없으며 인간 존재의 목적도 없다는 무신론적 주장을 펴려는 시도다.

이 다양한 의미를 제대로 이해하는 것이 진화를 둘러싼 논쟁을 제대로 이해하기 위한 선결조건이다. 이제 이 정의들을 하나씩 살펴보자.

소진화

소진화(Microevolution)는 다음 두 가지 기본 메커니즘에 근거한다.
- 차별적 번식성공도
- 무작위적 돌연변이

차별적 번식성공도란 일부 동식물이 다른 개체들보다 주변 환경에 잘 적응하고, 이렇게 환경에 잘 적응하는 개체들이 평균적으로 더 많은 자손을 번식시키는 경향이 있다는 것이다. 이는 '자연선택'이라고도 불린다('적자생존'이라는 표현도 있으나, 이는 정확한 용어가 아니다). 환경에 대한 적응력이 떨어지는 생명체들도 생존하고 자라며 번식할 수는 있지만, 적응력이 뛰어난 개체들이 더 오래 살아남고 더 성공적으로 짝을 찾으며 더 많은 자손을 번식시킨다.

무작위적 돌연변이는 동식물의 유전자 구성이 변화하는 방식 중 하나다. 모든 동식물의 세포에는 그 동식물의 **유전자**가 담겨 있다. 이 유전자들은 'DNA'라는 특별한 분자의 일부로, 이 분자는 각 세포가 필요로 하는 화학 물질을 제조하는 방법을 그 세포에 알려주는 일종의 사용 설명서 역할을 한다. 한 생명체를 건물이라고 생각할 때, 그 생명체의 유전자들은 그 건물의 청사진에 해당된다. 각 유전자는 전체 청사진에서 한 페이지씩을 담당해 해당 생명체의 특정 부분을 상세히 설명해 준다. 두 명의 부모 사이에서 태어난 동식물은 각 부모로부터 절반씩 유전 정보를 물려받는다. 때문에 일반적으로 자식의 유전자는 아버지나 어머니의 유전자와 똑같다. 그런데 **돌연변이**가 일어났다는 것은 자식이 부모와 다른 유전자를 가지고 있다는 말이다. 경우에 따라 돌연변이 현상은 그 자식에게 해가 되기도 하고 득이 되기도 하지만, 대부분의 경우 해도 득도 아닌 중립적인 영향을 미친다. 즉, 한 유전자에 생긴 돌연변이는 측정하기도 힘든 미미한 변화를 만들어 내는 것이 보통이다. 가끔은 이미 존재하는 유전자의 복제본을 만들어 내는 돌연변이도 있는데, 이 경우 본래 유전자와 복제본은 그중 하나가 다시 돌연변이 현상을 일으키지 않는 한 큰 문제없이 정상적으로 작동한다. 이 같은 돌연변이에 '무작위'라는 말이 붙는 데는 두 가지 이상의 의미가 있다. 그중 첫 번째는 이 돌연변이가 언제 어떤 형태로 일어날지 과학자들이 예측할 수 없다는 뜻이고, 두 번째는 부모의 행동과 자식 세대에 일어나는 돌연변이의 종류가 서로 무관하다는 뜻이다. 어떤 동물의 한쪽 부모가 어두운 곳에서 시간을 많이 보냈다고 해서 그에게 꼭 어두운 곳에서 앞을 더 잘 보는 돌연변이 자손이 생기지는 않는다. 그 자손이 시력과 관계된 유전자 돌연변이를 갖고 있더라도 그 변이는 야간 시력을 개선시키는 것일 수도 악화시키는 것일 수도 있으며, 어쩌면 아무런 영향을 끼치지 않는 변이일 수도 있다.

소진화란 차별적 번식성공도와 무작위적 돌연변이라는 두 가지 메커니즘을 통해 시간의 흐름에 따라 종이 변화하고 환경에 적응하는 일련의 과정을 가리킨다. 소진화는 번식하는 속도가 빠른 종일수록 더 빠르게 일어난다. 소진화 현상 중 가장 잘 알려진 예로는, 항생제에 대한 내성을 강화시켜 가는 질병 유발 박테리아를 들 수 있다. 수많은 박테리아에 소량의 항생제를 넣으면 그중 일부가 돌연변이를 일으켜 그 항생제에 내성을 갖게 되고, 그중 소수의 일부가 살아남아 번식한다. 그리고 이 박테리아들이 또 다시 돌연변이를 일으켜 더 강한 내성을 가지게 되고 가장 잘 살아남아 번식한다. 이렇게 몇 세대를 지나면 그 살아남은 박테리아는 결국 그 항생제에 대해 완벽한 내성을 가지게 된다. 지난 수십 년 동안 여러 종류의 감염성 박테리아가 이런 식으로 여러 항생제에 대해 내성을 갖게 되었다. 또한 이와 유사하게 일부 잡초와 해충들도 특정 제초제와 살충제에 대한 내성을 키워 왔다.

　과학자들은 인류 역사에서 소진화 과정이 일어나는 것을 수차례 직접 관찰해 왔다. 집참새(house sparrow)는 북미 대륙에 알려진 1852년 이후 넓은 지역으로 퍼져 나갔는데, 오늘날 상대적으로 추운 북부 지역의 집참새의 몸집이 따뜻한 남쪽에 서식하는 참새들보다 평균적으로 더 크다는 것이 그 한 예다.

　때로는 소진화를 통해 하나의 종이 여러 종으로 나뉘기도 한다. 약 3,700년 전에 아프리카의 가장 큰 호수 가운데 하나인 빅토리아 호수의 만이 모래톱으로 막히면서 나구바고(Nagubago)라는 호수를 만들어 냈다. 이로 인해 일부 시클리드(cichlid) 물고기가 빅토리아 호수에 살던 부모 세대 물고기들과 헤어져 나구바고 호수에 갇혔다. 그런데 이후 이 물고기들이 소진화를 거쳐 다섯 가지 새로운 종으로 분열되었다. 현재 이들은 서로 색깔과 교미 행태가 다르고 서로 간에 동종 교배도 불가능하다.

어떤 이들은 진화를 경쟁과 죽음이 수반되는 추악한 체계로 인식하지만, 이것을 적응과 복잡성이 존재하는 아름다운 체계로 바라보는 사람들도 있다.

시간에 따른 변화 패턴

'시간에 따른 변화 패턴'은 수십억만 년이라는 생명의 기나긴 역사 동안 종 안에서 일어나는 변화를 가리킨다. 화석 기록을 보면 현재 종의 모습은 오래된 종보다는 최근 종의 모습과 더 닮아 있으며, 까마득한 과거에 존재한 종과는 아주 조금만 닮아 있다. 이 까마득한 과거의 종들은 대부분 현대의 종들보다 간단한 구조를 갖고 있었다. 화석 기록에서 새로운 종이 나타날 때마다 그것은 그것과 동시대에 존재한 다른 종들과 아주 많이 닮아 있지만, 시간이 지나면서 그 종의 모양은 점진적으로 변화하고 때로는 멸종하기도 한다. 이 같은 시간의 흐름에 따른 변화 패턴은 지구의 역사가 이어지는 동안 종들이 변화를 거듭해 왔음을 말해 준다. 하지만 이것이 그 변화의 패턴에 대한 **이유**나 **메커니즘**에 대한 궁극적인 결론이 될 수는 없다. 이는 단지 관찰한 사실을 나열한 것일 뿐, 그 사실들을 설명하는 과학적 모델은 아니다.

공통조상

'공통조상'(common ancestry)이란 과거와 현재의 모든 생명체가 하나의 공통조상으로부터 내려왔다는 주장을 가리킨다. 즉, 모든 종이 일종의 가계도로 연결되어 있다는 것이다. 오늘날의 개와 늑대와 코요테는 지금은 존재하지 않는 늑대 비슷한 어떤 한 조상으로부터 내려왔고, 사자와 호랑이와 집고양이는 지금은 존재하지 않는 고양이 비슷한 한 조상으로부터 내려왔다는 것이다. 또 이들 개과와 고양이과를 포함한 모든 포유류는 다시 이보다 더 오래된 공통조상으로부터 내려왔으며, 그리고 이 모든 포유류와 조류, 파충류, 어류는 그보다 더 오래된 공통조상으로부터 내려왔다는 것이다. 공통조상론이 사실이라면, 그것으로 화석 기록에서 보이는 시간에 따른 변화의 패턴을 부분적으로 설명할 수 있다. 즉, 화석 기록에 나타난 새로운 종이 동시대의 다른 종과 비슷하게 생긴 이유를 설명할 수 있다. 하지만 화석 자료들과 맞아떨어진다 해도 이 공통조상이라는 개념은 여전히 불완전한 모델이다. 이것만으로는 시간에 따른 종의 변화와 분화를 설명하는 메커니즘을 제시하지 못한다.

진화론

대부분의 과학자가 생각하는 진화론(theory of evolution)은, 무작위적 돌연변이와 차별적 번식성공도를 통해 수세기 동안 종이 조금씩 변화하는 것(소진화)과 수백만 년을 주기로 이뤄지는 큰 변화를 모두 아우르는 용어다. 또한 진화론은 모든 멸종한 종과 지금까지 생존하는 종들에게 공통조상이 있었으며, 수백만 년 동안의 진화 메커니즘을 통해 변화의 패턴이 나타나고 새로운 종이 출현했다고 설명한다.

진화론을 발표할 때 다윈은 자연선택(차별적 번식성공도)에 대해서는 상당히 자세히 설명했으나, 무작위적 돌연변이의 원인에 대해서는 별다른 이야기를 하지 않았다. 다윈 시대에는 유전자에 대해 거의 알려진 바가 없었고, DNA 분자도 이후 수십 년이 지나서야 발견되었기 때문이다. 오늘날의 과학자들은 진화론에 대한 글을 쓸 때 경우에 따라 다윈이 처음 내놓은 형태의 진화론을 대상으로 삼기도 하지만, 대부분은 다윈 이론의 바탕 위에 유전자와 DNA, 돌연변이, 화석 기록, 차별적 번식성공도 등 그 후에 밝혀진 지식들을 포함한 현대화된 형태의 진화론을 대상으로 한다.

진화주의

진화주의(evolutionism)는 지금까지 설명한 네 가지 개념과 다른 범주에 속한다. 이것은 과학이 아니라 일련의 세계관적 신념을 가리킨다. 이것은 진화론을 이용해 특정한 무신론적 신념을 뒷받침하려는 몇몇 사람들의 사고방식이다. 진화주의는 다음과 같이 주장한다.

- 세계를 돌보는 창조자는 없다.
- 인간은 신의 인도나 다스림 없이 순수하게 자연적 과정만을 통해 발생했다.
- 인간 존재에 고상한 목적 같은 것은 없다.
- 인간의 도덕성은 유전과 환경의 결과물일 뿐이므로, 절대적인 도덕성이란 존재하지 않는다.

이 주장들은 과학이 아니라 철학적이며 종교적인 진술이다. 무신론적 신념의 도구로 사용된다면, 진화론은 진화주의라고 불리는 게 맞다.

진화주의 심층 연구

진화주의의 예는 진화론을 다룬 대중 도서나 대중 매체에서 얼마든지 찾아볼 수 있다. 생물학자 스티븐 제이 굴드(Steven Jay Gould)는 "다윈 예찬"(In Praise of Darwin)이라는 글에서 진화론에 따르면 이 모든 일에 신이 관여하는 바는 없는 것 같다고 적고 있다.

> 자연 세계에서 일어나는 일들을 애틋하게 바라보면서 그 일들에 개입하는 영은 없다.…진화적 변화를 이끌어내기 위해 꼭 필요한 생명력 같은 것도 없다. 우리가 신을 어떤 존재로 상상하든, 자연이 만들어 낸 산물 중에는 그런 존재가 분명

히 나타나 있지 않다.

'우연'(chance)이라는 단어에 담긴 서로 다른 두 가지 뜻을 섞어서 사용하는 경우에서도 진화주의의 또 다른 예를 찾아볼 수 있다. 1972년에 생화학자 자크 모노(Jacques Monod)가 쓴 「우연과 필연」(Chance and Necessity)이 그 예다.

'우연'만이 생물권 안에 존재하는 모든 혁신과 창조물의 근원이다. 순수한 우연, 즉 절대적으로 자유롭지만 맹목적인 이 순수한 우연이 진화라는 이 거대한 체계의 뿌리인 것이다.…[이러한 생물학적 발견들로 인해] 우리는 종합적인 계획 아래 창조가 이뤄졌다고 가정하는 그 어떤 체계도 용납할 수 없게 되었다.

한편으로는 이 말을 생물학적 돌연변이의 우연성이나 무작위성이라는 본질을 이야기한 것으로 이해할 수 있다. 이는 분명 진화의 필수적인 요소다. 이런 맥락에서라면 모노가 단순히 돌연변이가 **예측불가능**하다는 점, 즉 그 어떤 과학자도 언제 어떤 형태로 변이가 생길지 예측할 수 없다는 점에서 '무작위'라는 표현을 썼다고 볼 수 있다. 하지만 한편으로는 이것이 모노가 이보다 훨씬 거대한 창조의 목적과 계획을 두고 한 말이라고 이해할 수도 있다. 이럴 경우, 그는 **의미와 목적의 부재**를 말하기 위해 '우연'이라는 단어를 사용한 셈이다.

하지만 우리는 이미 2장에서 '우연'이라는 단어에 담긴 두 가지 뜻을 혼동할 때 생기는 오류를 살펴보았다. 모노의 위 주장은 돌연변이의 예측불가능성이라는 **과학적** 사실을, 돌연변이(나아가 진화) 자체가 '맹목적'이며 아무런 목적이 없다고 하는 **세계관적 신념**과 혼동한 결과다. 하지만 그리스도인들은 그들처럼 과학적 예측불가능성을 인정하면서도 전혀 다른 세계관적 결론을 내릴 수 있다. 성경은 제비뽑기에서부터 폭풍 번개에 이르기까지 인간이 예측할 수 없는 모든 사건을 하나님이 다스리신다고 가르친다. 그리스도인들은 하나님이 돌연변이까지도 주관하신다고 보며, 진화 메커니즘을 하나님의 설계 혹은 그 종에 대한 궁극적 목적의 일부로 간주한다. 진화론이라는 생물학적 이론이 사실이라 해도 창조에 대한 하나님의 종합 계획이 무위로 돌아가는 것은 아니라고 보는 것이다.

공정하게 말하자면, 많은 불가지론자와 무신론자도 진화론이 진화주의를 뒷받침하지 않는다는 사실을 인정한다. 하나님을 믿지 않는 수많은 과학자도 진화론이 신에 대한 종교적 믿음과 양립할 수 있다고 분명하게 말해 왔다.

그러나 그 밖의 다른 과학자들과 철학자들은 진화론을 진화주의라는 철학적·종교적 주장과 혼동하고 있다. 이 때문에 진화를 둘러싼 종교적 논쟁이 치열하게 이뤄지는 것이다. 진화론의 세세한 내용을 완전하게 이해하지는 못하지만 무신론자의 진화주의적 주장에 분명히 동의하지 않는 사람들은 이런 질문을 던져야 한다. "과학자들이 그 주장들을 정말로 증명해 냈는가? 과학이 정말 하나님이 없다고 말하는가? 학교에서 과학 시간에 그들이 우리 아이들에게 그렇게 가르치는 것은 아닌가?"

진화와 관련해 그리스도인들이 동의하는 내용과 이견이 존재하는 주제들

이 장의 서두에서 이야기했듯이, 이 주제와 관련해 그리스도인들의 대응 방법을 정리해 보면 크게 세 가지 범주로 나눌 수 있다. 아래는 이 세 그룹이 구체적인 진화의 내용들에 대해 대체적으로 어떤 입장을 갖고 있는지 정리해 놓은 것이다. 아울러 이 책의 끝에 있는 부록을 보면, 각 그룹 내에 세세하게 존재하는 여러 입장에 대해서도 이해할 수 있을 것이다.

젊은 지구 창조론자

- 소진화 인정.
- 젊은 지구론에 동의.
- 화석 기록이 시간에 따른 변화의 패턴을 보여 준다는 주장에 반대.
- 공통조상론에 반대.
- 진화론에 반대.
- 진화주의에 반대.

점진적 창조론자

- 소진화 인정.
- 오랜 지구론에 동의.
- 화석 기록이 시간에 따른 변화의 패턴을 보여 준다는 주장에 동의.
- 공통조상론에 대해서는 의견이 분분(일부는 동의하나 일부는 반대).
- 진화론이 생물학적 역사를 완벽하게 제시하는 모델이라는 주장에 반대. 일부 진화가 이뤄진 것은 사실이지만, 하나님이 여러 지점에서 기적적인 방법으로 그 과정을 인도하고 간섭하셨다고 주장.
- 진화주의에 반대.

진화론적 창조론자

- 소진화 인정.
- 오랜 지구론에 동의.
- 화석 기록이 시간에 따른 변화의 패턴을 보여 준다는 주장에 동의.
- 공통조상론에 동의.
- 진화론을 하나의 과학적 모델로 인정.
- 진화주의에 반대.

보다시피 이 중 어떤 그룹에 속했든 그리스도인들은 모두 진화주의에 반대한다. 그러나 진화주의에 대항하는 최선의 방법에 대해서는 각기 다른 생각을 갖고 있다. 그 차이점을 설명하기 전에 먼저 진화주의의 주장을 (4장에서 지구의 움직임에 대한 무신론자들의 주장을 정리한 것과 유사한 구성으로) 단순화시켜 살펴보자.

전제1: 진화론이 사실이라면, 하나님이 모든 동식물을 창조하셨다고 말하는 기독교는 거짓이다.

전제2: 과학에 따르면 진화론은 사실이다.

결론: 기독교는 거짓이다.

젊은 지구 창조론자들과 점진적 창조론자들은 두 번째 전제를 공격함으로써 진화주의에 맞선다. 이들은 과학적 증거가 진화론을 뒷받침하지 않는다고 주장한다. 반면에 진화론적 창조론자들은 첫 번째 전제를 공격함으로써 진화주의에 맞선다. 이들은 성경의 가르침은 진화론과 배치되지 않으며, 하나님이 과학적으로 설명되는 다른 자연적 과정들을 통해 일하시는 것처럼 생물학적 진화 과정을 통해서도 일하실 수 있다고 주장한다.

공통조상론과 진화론에 대한 과학적 증거에 대해서는 다음 장에서 논의하기로 하고, 지금은 신학적 쟁점에 초점을 맞춰 이야기해 보도록 하자.

점진적 창조론과 진화론적 창조론의 신학적 쟁점들

젊은 지구 창조론은 이미 5장에서 충분히 논의했다. 이 장의 나머지 부분과 다음 장에서는 점진적 창조론자들과 진화론적 창조론자들이 갖고 있는 **오랜 지구 창조론적** 입장을 중점적으로 살펴보겠다.

창세기 1장의 해석

창세기 1장을 어떻게 해석해야 하는가가 첫 번째 신학적 쟁점이다. 대다수 점진적 창조론자들은 창세기 1장에 대한 일치론적 해석을 지지한다(참고 5장). 반면에 대부분의 진화론적 창조론자와 몇몇 점진적 창조론자들은 성경 해석의 원리를 기초로 창세기 1장에 대한 비일치론적 해석(참고 6장)이 더 설득력 있다고 말한다.

기적의 역할

하나님이 세상을 다스리실 때 행하시는 기적의 역할 또한 신학적 문제 중 하나다. 성경을 보면, 하나님은 경우에 따라 이스라엘의 자손들을 이집트에서 구원할 때처럼 기적을 행하시기도 하고, 에스더서에 나온 것처럼 평범해 보이는 사건들을 통해 일하시기도 한다. 많은 점진적 창조론자들은 이를 근거로 하나님이 평범해 보이는 자연적 과정과 기적의 적절한 조합을 통해 오늘날의 생명체들을 창조하셨다고 주장한다. 반면에 진화론적 창조론자들은 **구원**의 역사에 있어서는 이 주장이 사실이지만, **자연**의 역사 속에서도 하나님이 이와 똑같이 일하신다고 볼 수는 없다고 주장한다. 하나님이 기적을 행하실 수 있다는 것은 분명한 사실이지만, 자연을 보면 하나님은 주로 자연적인 과정을 통해 자연 세계를 다스리기로 선택하셨으며 또 실제로 자연의 역사가 이어지는 동안 대부분 그렇게 행하셨음을 확인할 수 있다는 것이다. 구원의 역사 속에서 인간과 인격적인 관계를 맺는 일에 사용하기 위해 하나님이 기적을 아껴 두는 쪽을 택하셨을 수도 있다는 것이다.

일부 점진적 창조론자들은 하나님이 기적적으로 세상을 창조하셨음을 드러내는 증거가 자연에 있어야 한다고 주장한다. 그래야 창조세계가 하나님의 영광을 드러낸다는 선언(시 19:1; 롬 1:20)을 뒷받침하고 무신론을 반박하는 증거가 생긴다는 것이다. 이런 주장에 대해 일부 진화론적 창조론자들은 자연 세계에 기적의 증거가 없어야 한다고 반박한다. 그들은 반대로 증거가 없다는 사실 자체가 하나님의 존재를 증명한다고 생각한다. 이들은 증거를 갖는다는 것이 믿음을 가지는 것과 배치된다고 생각한다. 하지만 이 두 주장 모두 큰 설득력은 없어 보인다. 하나님은 원하시기만 하면 모든 인간에게 자신의 존재에 대한 놀랍고도 분명한 증거를 보여 줄 수 있는 분이지만 그렇게 하지 않기로 하셨다. 한편 우리는 성경을 통해 모세, 엘리사, 예수님의 삶에서 보듯, 하나님이 때때로 자신의 존재와 능력에 대한 기적적인 증거를 보여 주시기도 한다는 것을 알 수 있다.

2장에서 말한 것처럼, 어떤 대상을 과학적으로 설명한다고 해서 그것이 그 과정에서 하나님의 존재를 완전히 배제한다는 의미는 아니다. 우리는 비의 원인과 행성들이 태양을 공전하는 이유를 과학적으로 설명할 수 있다. 그러나 기적은 물론 이 자연적 현상들까지 모두 책임지시는 분이 바로 하나님이다.

신학적 위험성

신학적 논증만으로 점진적 창조론과 진화론적 창조론 중 한 가지를 선택할 수는 없다. 점진적 창조론이 지닌 가장 큰 신학적 위험성은 하나님을 '틈새의 신'으로 만드는 결과를 가져올 수 있다는 데 있다. 과학적으로 설명할 수 없는 사건에 대해서만 하나님을 찾고, 과학적으로 설명 가능한 것에 대해서는 무신론자들의 주장을 인정하는 것처럼 보일 수 있기 때문이다. 반면에 진화론적 창조론의 가장 큰 위험성은 하나님이 세상과 자연법칙을 창조하시긴 했지만 그 후로는 세상이 자체의 법칙에 따라 유지된다고 믿는 이신론(deism)과 너무 닮아 있다는 데 있다.

이 두 가지 신학적인 위험성에 대처하는 방법은 한 가지밖에 없다. 하나님이 자연적인 사건들과 기적을 모두 책임지신다는 성경적 이해를 굳건히 하는 것이다. 그리스도인들이 이 진리를 믿고 의심치 않는다면, 점진적 창조론자들과 진화론적 창조론자들은 하나님이 어떤 방법을 쓰시든 상관없이 모두 자연 속에서 하나님의 권능과 창조성을 볼 수 있을 것이다. 하나님이 기적과 진화 메커니즘 중 어떤 방법으로 세상을 창조하셨든지, 우리는 하나님을 찬양할 수 있다. 그때에야 비로소 우리는 과학적 증거들을 두려움 없이 검토하고 하나님이 쓰신 자연이라는 책이 우리에게 가르치는 것을 있는 그대로 알아보게 될 것이다.

믿는 자들 간의 화합

이제 다시 제니퍼의 이야기로 돌아가 보자. 이 장 서두에 묘사한 이야기에서 제니퍼의 주일학교 교사들과 벤슨 교수는 사실 많은 부분에 있어서 같은 의견을 가지고 있었을 것이다. 그들은 누가 이 모든 것을 창조했고 그들을 구원했는지, 그리스도인으로서 어떻게 살아야 하는지에 대해 모두 같은 생각을 가지고 있었을 것이다. 그뿐 아니라 진화주의라는 무신론적 철학이 옳지 않다는 것에도 동의했을 것이다. 다만 이 진화주의에 대항하는 방법이 서로 달랐다. 주일학교 교사들은 처음부터 '진화론'에 맞서는 것이 최선이라고 믿었던 반면, 벤슨 교수는 '진화론'은 하나의 좋은 과학적 모델로 받아들이고 '진화주의'라는 철학적 주장에 대항하는 것이 최선이라고 믿었다. 서로에 대해 관용의 태도만 지킨다면 진화에 대해 서로 다른 생각을 지닌 그리스도인들도 하나님 나라를 함께 확장해 나가는 믿는 자들로서의 화합을 깨뜨릴 이유가 없다.

제니퍼가 벤슨 교수를 만나지 않았다면 어땠을까? 어쩌면 진화주의를 주장하는 공격적인 무신론자 교수가 가르치는 수업을 들었을 수도 있다.

그랬다면 아마 제니퍼는 그 수업의 수강신청을 취소하고 박사가 되겠다는 생각도 포기했을 것이다. 이보다 일어날 확률이 높은 상황은 종교에 대한 언급은 전혀 없이 그저 진화를 뒷받침하는 과학적 증거만 나열하는 교수의 수업을 듣는 경우였을 것이다. 그렇게 진화를 뒷받침하는 증거들을 배워 가면서 결국 제니퍼는 교회와 가정에서 배운 것들을 **모두** 의심하기 시작했을 것이다. 둘 중 어떤 결과도 바람직하다고 볼 수 없다.

제니퍼의 부모와 주일학교 교사들이 진화주의의 위험을 염려한 것은 옳은 일이었으나, 그들은 '젊은 지구 창조론'과 '무신론적 진화주의'라는 두 가지 선택 사항만 제시함으로써 제니퍼를 고통스러운 상황에 몰아넣는 실수를 저질렀다. 이 둘 중 하나만을 선택해야 할 때, 학생들은 과학 분야의 직업에 완전히 등을 돌리거나 하나님을 외면하고 과학 분야의 일을 하는 수밖에 없다. 그러나 이보다 훨씬 더 좋은 방법이 있으니, 그것은 바로 젊은이들에게 진화를 둘러싼 폭넓은 기독교적 입장들을 충분히 가르쳐 줌으로써 그들이 진화론을 알게 되었을 때도 믿음을 지켜나갈 수 있도록 다양한 선택 사항을 인지시키는 것이다.

성찰 및 토론을 위한 질문들

1. 이 장을 읽기 전에 당신은 진화를 어떻게 정의내리고 있었는가? 하나의 뜻으로만 정의내리고 있었는가, 아니면 여러 가지 뜻으로 정의내리고 있었는가?
2. 이 장에서 제니퍼라는 가상의 인물의 경험을 이야기했다. 주변에 실제로 이와 비슷한 경험을 한 사람은 없는가? 있다면 그 사람에게 있었던 일을 구체적으로 말해 보라.
3. 진화주의의 예를 듣거나 읽어본 적이 있는가? 진화주의자들을 만나면

어떻게 대응하겠는가?

4. 무작위적 돌연변이에 대해 어떤 그리스도인은 그것이 만들어 낼 체계가 무질서하고 엉망일 것이기 때문에 하나님이 사용하지 않으셨을 것이라고 말하고, 또 어떤 이는 모든 변이의 결과를 하나님이 선택하실 수 있을 것이라고 말한다. 또 그런 무작위적 돌연변이를 통해 이토록 잘 적응된 식물과 동물들을 만들어 낸 하나님의 체계를 보면서 너무 아름답다고 말하는 그리스도인도 있을 것이다. 당신의 생각은 어떠한가?

5. 우리는 자연 속에서 하나님이 세상을 창조하셨다는 과학적 증거가 나오기를 기대해야 할까? 기대해야 한다고 생각한다면 그 이유는 무엇이고, 그렇게 생각하지 않는다면 그 이유는 무엇인가?

ORIGINS

9장
동식물 진화의 증거

진화에 관한 대화는 종종 악의적인 말다툼이나 편파적인 방송 보도, 인신 공격으로 변질되는 때가 많다. 이러한 과열 현상은 **진화**라는 단어의 의미를 혼동해 생기는 경우가 대부분이다. 특히 과학적 이론인 진화론이 앞장에서 논의한 **진화주의적** 세계관과 동일시될 때 이런 일이 많이 생긴다.

그러나 설령 이러한 과격한 표현들이 완전히 사라진다고 해도 진화에 대한 순수한 과학적 의심은 남게 되어 있다. 5장과 6장에서 하나님의 **말씀**을 해석하는 방법들을 살펴보았고, 8장에서는 진화에 영향을 미치는 세계관과 그와 관련된 **신학적** 쟁점들을 살펴보았다. 이제 9장에서는 하나님의 **세계**를 연구하는 중에 발견된 **과학적** 증거들을 다루고자 한다. 과학자들은 자연 세계에서 무엇을 보았기에 진화론을 좋은 모델로 받아들이게 된 것일까? 이 장에서 다루게 될 구체적인 내용은 다음과 같다.

- 화석, 비교해부학, 생물지리학 등 다윈 시대의 과학적 증거
- 종 간의 유전적 유사성과 유전적 다양성 등 현대의 과학적 증거
- 공통조상인가, 공통기능인가?

그리고 이 장의 끝에서는 점진적 창조론자와 진화론적 창조론자들이 이러한 과학적 증거들을 어떻게 바라보는지 살펴볼 것이다.

진화론을 뒷받침하는 과학적 증거: 다윈 시대

다윈은 진화론을 뒷받침하는 여러 증거를 발견했는데, 여기서는 그중 세 가지를 요약해 보겠다.

화석 증거

대부분의 화석은 동식물이 진흙이나 모래 퇴적물 속에 묻힐 때 형성된다. 그 위에 퇴적물이 쌓일수록 압력이 증가해 습기가 없어지고, 결국 그 퇴적물은 광물화되어 암석이 된다. 그런 식으로 동식물의 형상이 암석 안에 보존되는 것이다. 일반적으로는 뼈나 이빨, 껍질처럼 단단한 부분만 보존되지만, 간혹 좀더 연한 부분의 모습이 남아 있는 경우도 있다.

해를 거듭하며 새로운 퇴적층이 형성된 해저나 늪지 바닥을 상상해 보라. 나무의 나이테가 나무의 역사를 기록하는 것처럼, 그 퇴적층에는 과거에 관한 정보가 담겨 있을 것이다. 퇴적층 중 가장 아래에 있는 화석에는 가장 오래 전에 살았던 동식물의 형상이 들어 있을 것이고, 그 위층에 있는 화석에는 좀더 최근에 살았던 동식물의 형상이 들어 있을 것이다. 이 기간 중에 그 동식물이 진화를 경험했다면, 가장 낮은 퇴적층에서부터 높은 퇴적층에 존재하는 화석들을 통해 그 변화 과정을 확인할 수 있을 것이다. 과학자들은 바로 이것을 관찰한다.

5장에서 말한 것처럼, 지질학자들은 1600년대부터 지구를 체계적으로 연구해 왔으며, 그 결과 다양한 암석이 만들어진 시기와 경로를 상당히 정확하게 밝혀냈다. 이들은 전 세계의 화석들을 면밀히 조사해 특정한 패턴을 발견했는데, 약 10억 년 전에 만들어진 암석에서는 아주 작은 단세포 생물 화석만 발견되었고, 어류 화석은 5억 2천만 년 전 암석에서부터 발견되었으며, 양서류 화석은 약 3억 8천만 년 전의 암석에서부터 발견되었다. 이 같은 화석 기록은 시간에 따른 변화의 패턴을 보여 준다[여러 동식물의 초기 화석 연대를 알고 싶다면, 5장의 "창세기 1, 2장과 현대 과학이 말하는 창조 순서"(p.126)를 참고하라].

이렇게 화석의 종류가 변화했다는 것은 공통조상론과 진화론을 뒷받침해 준다. 초기의 양서류 화석은 현재의 양서류가 아닌 당시의 어류 화석과 더 닮아 있었다. 그러던 것이 시간이 지남에 따라 변화해 현재의 양서류 모습을 갖추게 되었다. 마찬가지로 초기 파충류 화석도 양서류 화석과 비슷하다가 시간이 지나면서 현대 파충류의 모습으로 변화해 왔다. 초기 조류와 포유류 화석도 처음에는 파충류 화석과 비슷하게 생겼다가 점차 오늘날의 조류와 포유류의 모습으로 변화했다. 진화론은 화석 기록이 시간이 지남에 따라 어떻게 변화할지, 그리고 어떤 전이형태 화석(transition fossil)들이 발견될지를 예측한다. 새로운 화석을 발견할 때마다 과학자들은 그것을 진화론을 검증하는 데 이용한다.

파충류에서 포유류로 변화하는 과정을 잠깐 살펴보자. 포유류의 가운데 귀 부분에는 망치뼈와 모루뼈, 등자뼈라는 매우 작은 뼈가 세 개 있는데, 이것들은 진동을 고막에서 속귀로 전달하는 역할을 한다. 반면 파충류의 귀는 이와 달리 가운데귀가 아닌 아래턱 부분에 세 개의 뼈가 있다. 파충류에서 포유류로 전이하는 과정 중에 있는 화석을 연구하던 과학자들은 이 뼈들에서 흥미로운 전이를 발견했다. 포유류와는 아주 조금 닮고 거의 파충류에 가까운 이 전이 과정 초기의 화석에서, 이 세 개의 뼈들이 아래턱에 붙어 있었던 것이다. 그리고 이보다 조금 뒤에 만들어진 화석에서는 이 세 개의 뼈들이 좀더 뒤로 이동해 동물의 머리와 목에 위치해 있었다. 이 뼈들은 여전히 음식을 씹는 기능을 하고 있었지만, 위치한 곳은 파충류가 청각 기능으로 사용하는 부위였다. 이보다 더 후대에 만들어진 화석에서는 이 턱뼈들의 위치가 더 바뀌어서 더 이상 씹는 기능은 하지 않고 듣는 기능만 하게 된다. 그리고 이 전이 과정의 뒤로 갈수록 이 세 개의 뼈들은 오늘날 포유류의 가운데귀뼈 모양과 더욱 닮아 간다.

공통조상 가계도

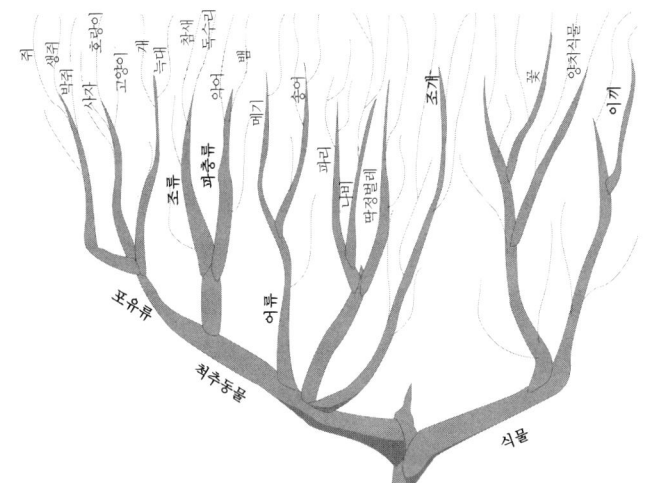

위 그림은 여러 종의 가계를 간략하게 정리한 것이다. 가장 위쪽에 있는 가지는 오늘날 존재하는 생물들을 나타낸다. 이들을 선으로 연결시켜 놓은 것은 가까운 과거에 이들이 어떤 공통조상을 갖고 있었는지 보여 주기 위함이다. 이보다 아래에 있는 가지는 더 먼 과거의 이 종들의 공통조상을 가리킨다(그림의 가지의 길이와 두께는 근삿값을 형상화한 것일 뿐이다). 화석 기록만으로도 우리는 이런 가계도를 그릴 수 있으며, 이것을 더 확장시켜 수천 종에 대한 가계도도 만들 수 있다. 화석 기록 외에도, 비교해부학이나 생물지리학, 발생생물학, 유전학 같은 독립적인 연구를 통해 이 가계도의 기본 구조를 확증하거나 일부 중요한 세부 사항을 보완해 넣을 수 있다.

과학자들이 지금껏 발견한 화석들은, 지구 역사상 살았던 모든 동식물 중 극히 일부의 것들뿐이다. 또한 지금까지 일어난 모든 변화를 세세히 이해할 수 있을 만큼 화석 기록이 충분히 남아 있는 것도 아니다. 그러나 전체적으로 무슨 일이 일어났는지를 이해하기에는 충분하다. 과학자들은 진화론을 바탕으로 특정 전이형태 화석이 어떤 모양일지, 또 어디서 그것이 발견될지를 예측해 왔고, 실제로 지난 세기 동안 수많은 전이형태 화석들이 발견되어 그 같은 과학자들의 예측을 증명해 주었다. 과학자들은 이 화석들을 통해 특정 종(種)이 언제 어떤 종으로부터 유래되었는지를 나타내는 가계도를 재구성할 수 있었다.

비교해부학적 증거

화석 기록을 검토하는 것 외에도 과학자들은 여러 연구 분야를 통해 진화에 관한 별도의 증거들을 찾을 수 있다. 그중 하나가 현존하는 동물의 몸을 연구해 종 간의 공통점과 차이점을 연구하는 비교해부학이다.

박쥐는 날 수 있지만, 조류가 아닌 포유류다. 그래서 진화론에서는 박쥐가 조류가 아니라 설치류처럼 날지 못하는 포유류에서 유래되었다고 말한다. 이는 박쥐 날개 뼈의 구조를 연구함으로써 확인된다. 날지 못하는 타조를 포함해 모든 종류의 새의 날개뼈는 서로 유사한 구조를 지니고 있다. 하지만 박쥐 날개뼈의 구조는 이것들과 다르다. 그것은 오히려 쥐나 생쥐 같은 설치류의 앞다리, 뒷다리와 훨씬 더 닮았다. 이는 쥐와 생쥐와 박쥐가 비교적 최근에 하나의 공통조상에서 분화되었다고 생각할 때 가능한 일이다. 이에 비해 포유류와 조류의 공통조상은 이보다 훨씬 오래전에 존재했던 것으로 보인다.

망막은 눈 뒤쪽에 위치한 신경세포의 집합체다. 일부 세포가 빛을 감지해 다른 세포에 신호를 보내면, 그 세포들이 신호를 처리해 뇌에 전달한다. 어류, 파충류, 양서류, 조류, 포유류 등 눈을 가진 모든 척추동물의 망막은 **도치되어**(inverted) 있다. 즉, 빛을 감지하는 세포가 뇌에 신호를 보내는 세포 뒤에 위치해 있는 것이다. 반면에 오징어나 문어 같이 눈을 가진 무척추동물들의 경우에는 빛을 감지하는 세포가 뇌에 신호를 보내는 세포 앞에 위치해 있다. 이는 곧 모든 척추동물이 도치된 망막을 가진 공통조상으로부터 내려왔고, 무척추 동물은 그렇지 않은 망막을 가진 공통조상으로부터 내려왔음을 뜻한다. 오징어나 문어의 경우 망막이 도치되어 있지 않아야 물속에서 더 쉽게 사물을 볼 수 있을 거라고 주장할 수도 있겠지만, 이 주장으로는 물속에 사는 물고기 같은 척추동물의 망막이 도치된 이유를 설명할 수 없다.

이것은 수많은 예 가운데 두 가지에 불과하다. 과학자들은 수많은 종 사이의 다양한 해부학적 특징을 비교해, 화석 증거를 가지고 만든 가계도와 매우 비슷한 가계도를 재구성해 냈다. 이처럼 비교해부학적 증거는 공통조상의 존재를 강하게 뒷받침해 주며 진화론과도 일맥상통한다.

생물지리학적 증거

생물지리학은 다양한 동식물 종이 전 세계에 어떻게 분포해 있는지를 연구하는 학문이다. 큰 섬, 특히 대륙에서 멀리 떨어져 있는 섬은 생물지리학에서 사례 연구를 할 때 유용하게 활용되는데, 이는 다른 곳에서는 발견되지 않는 종들이 이 섬들에 살고 있는 경우가 많기 때문이다. 갈라파고스 섬은 남미의 서해 연안에서 약 1,000킬로미터 떨어진 곳에 위치하고 있다. 이 섬에는 10종 이상의 되새류(finch: 부리가 짧은 작은 새-편집자주)가 서식하는데, 이 새들은 본토에 사는 되새류와 닮긴 했지만 그보다 훨씬 다양한 모양과 행동양식을 지니고 있다. 어떤 되새류는 완전히 자라도 무게가 10그램 정도밖에 되지 않는 데 반해, 어떤 것은 약 35그램까지 나간다. 또한 땅에서 사는 종이 있는가 하면 나무에서 사는 종도 있으며, 선인장을 먹는 종이 있는가 하면 씨앗을 먹거나 곤충을 잡아먹는 종도 있다. 잔가지나 가시를 이용해 곤충을 나무 밖으로 빼내는 종도 있다.

어떤 생물이 자신을 둘러싼 생태계 안에서 차지하는 지위를 일컬어 과학자들은 생태적 지위(ecological niche)라는 용어를 사용한다. 갈라파고스 섬에서는 되새류들이 다양한 생태적 지위를 독식하는 데 반해, 남미 본토에서는 훨씬 더 다양한 새들이 이 생태적 지위를 차지하고 있다. 이것을 보면 자연스레 다음과 같은 의문들이 생긴다.

- 본토에서는 많은 종류의 새들이 생태적 지위를 차지하는데, 왜 갈라파고스 섬에서는 되새류들만이 생태적 지위를 차지할까?
- 섬에 있는 되새류 종들은 본토의 되새류 종과 밀접한 관계가 있지만, 섬에 있는 되새류 종들은 이보다 더 긴밀한 관계를 맺고 있다. 그 이유는 무엇일까?

하나님이 각 생태적 지위를 채우기 위해 모든 종을 하나하나 직접 특별하게 창조하셨다면, 이런 독특한 패턴이 나타날 분명한 이유가 없다. 하지만 하나님이 공통조상과 진화 과정을 이용해 생태적 지위를 채우신다면 이 현상이 설명된다. 즉, 과거 언젠가 몇 마리의 되새류가 본토에서 섬으로 날아가 살기 시작했는데, 이 되새류들의 후손들이 10종 이상의 다양한 관련 종으로 진화해 다양한 생태적 지위를 채운 것이다.

어떤 사람들은 갈라파고스 섬의 되새류에 대해, 새로운 환경에 적응하기 위해 한 종류의 개체군에 작은 변화가 일어나 몇몇 관련 종으로 나뉘는 변화를 가리키는 '소진화'의 한 예일 뿐이라고 주장할 것이다. 그러나 이 패턴은 훨씬 폭넓은 사례에서 반복적으로 나타난다. 세계에 존재하는 유대류(캥거루나 코알라 같이 주머니에 새끼를 넣어 가지고 다니는 포유류)들은 거의 모두 호주와 인근 섬들에 서식하면서, 그 지역의 다양한 생태적 지위를 차지한다. 캥거루처럼 초원에서 사는 동물이 있는 반면에, 코알라처럼 나무에 살면서 잎을 먹는 동물도 있고, 두더지처럼 굴을 파는 육식동물도 있으며, 주머니 고양이처럼 육식동물을 사냥하는 동물도 있다. 이 동물들은 서로 완전히 다른 종이지만 모두 유대류에 속한다. 반면에 다른 대륙들의 생태적 지위는 유대류가 아닌 태반 포유류들로 채워져 있다. 호주와 인근 섬들에서는 유대류가 생태적 지위를 차지하고, 그 외의 지역에서는 태반 포유류들이 그 지위를 차지하는 이유가 무엇일까? 이는 유대류의 공통조상이 오래 전에 호주에서 대량 서식했다는 공통조상론으로 설명할 수 있다. 그 후손들이 여러 종으로 진화해 그 지역의 다양한 생태적 지위를 채웠고, 이에 반해 다른 대륙들의 생태적 지위는 태반 포유류들이 채운 것이다.

진화론을 뒷받침하는 과학적 증거: 현대의 유전학적 증거

공통조상론과 진화론을 뒷받침해 주는 가장 극적인 새로운 증거는 현대 유전학에서 나왔다. 이제 과학자들은 여러 다른 종들의 유전자를 세세하게 비교할 수 있게 되었는데, 이는 아마 다윈도 미처 예상하지 못한 일일 것이다.

유전적 유사성

동식물의 유전자가 부모로부터 자식에게 전해질 때, 이 유전자들은 대부분 똑같이 복제되지만 간혹 돌연변이가 발생하기도 한다. 변이된 유전자를 가진 생물은 그 자손에게 그 변이를 물려주는데, 과학자들은 이 사실을 이용해 가계도를 재구성한다. 같은 부모에게서 태어난 피도, 렉스, 에이스라는 이름의 세 마리 개가 있다고 생각해 보자. 피도만이 돌연변이가 있는 유전자를 물려받고 렉스와 에이스는 그렇지 않은 경우, 피도는 자신의 새끼인 플래시와 지피에게 그 돌연변이 유전자를 물려주게 된다. 그런데 플래시의 몸에 있던 그 유전자에 두 번째 돌연변이가 발생해 그 두 개의 돌연변이 유전자가 그 자손에게로 전해졌다고 생각해 보자. 이후 세대에서 이 두 개의 돌연변이 유전자를 지닌 개는 플래시 쪽 피도의 후손일 것이고, 돌연변이 유전자가 없는 개는 렉스와 에이스의 후손일 것이다. 첫 번째 돌연변이 유전자 없이 두 번째 돌연변이 유전자만 지닌 개는 있을 수 없다. 과학자들은 이런 기술을 사용해 순수 혈통을 가진 개 품종의 가계도를 기술한다. 유전적으로 비슷한 개 품종들의 공통조상이, 유전적으로 덜 비슷한 품종들의 공통조상보다 더 최근에 존재했다고 볼 수 있다.

동식물의 유전자는 대부분 양쪽 부모에게서 받은 두 가지 종류의 유전자로 이루어져 있다. 이 유전자들 중 하나에만 변이가 있다면, 그 변이가 후손에 전달될 확률은 50퍼센트다. 이 때문에 분석이 다소 복잡해지긴 하지만, 그래도 과학자들은 수많은 유전자를 관찰해 가계도를 재구성해 낸다. 그리고 이렇게 수많은 유전자를 관찰함으로써 이후 세대의 돌연변이가 이전 세대의 돌연변이를 뒤바꾸는 희귀한 사례들도 설명한다.

진화론은 모든 종이 공통조상들을 공유하기 때문에 이 패턴이 모든 종에 확대 적용될 수 있을 것이라 예측했고, 실제로 과학자들은 이 패턴이 정확히 반복된다는 사실을 확인하고 있다. 사자, 호랑이, 퓨마, 짧은꼬리살쾡이(bobcat), 고양이의 유전자는 쥐나 말 같은 다른 포유류의 유전자보다는 서로의 유전자와 더 닮았다. 또 쥐와 박쥐, 생쥐라는 서로 다른 종의 유전자 역시 다른 포유류들의 유전자보다는 서로의 유전자와 더 유사하다. 이 패턴은 다른 종류의 동식물에서도 그대로 발견된다. 참새과에 속한 서로 다른 새들의 유전자는 다른 종류의 조류 유전자와 비교해 볼 때 더 많은 유사점을 지니고 있으며, 송어과에 속한 물고기들의 유전자 역시 다른 종류의 어류 유전자보다 비슷하다.

내포적 유사성 패턴

이런 유전적 유사성의 패턴은 더 상위에 위치한 종들에 대해서도 그대로 반복되어 나타나는데, 과학자들은 이것을 '내포적 유사성 패턴'(nested pattern of similarity)이라고도 부른다. 모든 포유류 종의 유전자는 조류 종의 유전자보다 서로의 유전자와 더 큰 유사성을 보이고, 모든 포유류와 조류, 파충류 종의 유전자 간에는 어류 유전자에 비해 더 큰 유사성을 보인다. 화석을 참고하지 않고 종 간 유전적 유사성만 가지고도 과학자들은 충분히 동식물의 공통조상 가계도를 구성해 낼 수 있다. 가장 비슷한 유전자들을 공유하는 생명체들의 공통조상이 가장 최근에 존재했고, 이보다 덜 유사한 유전자를 지닌 생명체들의 공통조상은 그보다 오래 전에 존재했다고 해석하면 되기 때문이다. 이렇게 만든 공통조상 가계도는 화석과 비교해 부학을 통해 구성한 가계도와 상당 부분 일치했다.

종내 유전적 다양성

공통조상의 증거를 하나 더 들자면 종내 유전적 다양성을 말할 수 있다. **대립유전자**란 하나의 유전자가 가질 수 있는 여러 코드 중 하나로, 한 생명체의 유전자는 대부분 양쪽 부모에게서 하나씩 물려받은 복제본 두 개로 구성되어 있다. 만약 이 두 복제본의 내용이 똑같다면(예를 들어, 둘 다 검은색 털 유전자), 그 유기체는 그 유전자에 대해 단일한 대립유전자를 가지고 있다고 볼 수 있다. 반대로 두 복제본의 내용이 다른 경우(하나는 검은색 털 유전자이고 다른 하나는 갈색 털 유전자), 그 유기체는 그 유전자에 대해 두 개의 대립유전자를 가지고 있다고 볼 수 있다.

만약 모든 종이 멀지 않은 과거에 존재한 동물 한 쌍으로부터 유래한 것이라면, 종들 간의 유전적 다양성은 제한적일 것이다. 또 각 종에 속한 개체들의 유전자를 검사해 보면, 대부분의 유전자가 기껏해야 네 개의 대립유전자, 즉 최초의 부모로부터 각각 두 개씩 받은 대립유전자를 갖고 있어야 할 것이다(몇몇 유전자는 돌연변이로 인해 대여섯 개의 대립유전자를 가질 수도 있다). 하지만 과학자들은 동식물의 유전자가 이보다 훨씬 다양하다는 것을 발견했다. 어떤 유전자는 열 개가 넘는 대립유전자를 가지고 있는데, 이는 곧 이 종을 일으킨 최초의 조상이 한 쌍 이상이었음을 뜻한다. 더 중요한 사실은, 밀접하게 관련된 종들이 동일한 대립유전자를 상당수 공유한 반면에 관련이 덜한 종들 간의 동일한 대립유전자 수는 그보다 적었다는 것이다. 공통조상론과 진화론은 이런 패턴이 나타날 것을 이미 예측했었다.

공통기능인가, 공통조상인가?

진화론을 반대하는 사람들은 서로 다른 종들이 유전적 유사성을 지닌 이유가 공통조상을 갖고 있기 때문이 아니라 유전자들의 기능이 공통되기 때문이라고 주장한다. 즉, 독수리나 큰까마귀, 개똥지빠귀, 벌새가 유전적 유사성을 지닌 것은, 공통조상을 가졌기 때문이 아니라 날기 위해 서로 비슷한 몸의 구조를 가지고 있어야 했기 때문이라는 것이다. 이렇게 유사한 **기능**을 발휘하려면 유전자도 비슷하게 생겨야 했을 거라는 말이다. 그들의 주장대로 각각의 종들이 공통조상 없이 발생했거나 기적적으로 창조되었을 수도 있다. 하지만 그들 간의 유전적 유사성은 몸의 구조나 그 유전자가 수행하는 기능적 유사성과 정비례하지는 않는다. 일단 유전적 유사성과 관련해 공통조상론과 상반되는 이 같은 입장을 **공통기능론**이라고 불러 보자. 앞서 살펴본 것처럼 공통조상론은 종 간의 유전적 유사성을 설명해낸다. 공통기능론 역시 박쥐의 유전자가 새들의 유전자보다 집쥐나 생쥐의 유전자와 더 비슷한 이유에 대해서는 충분히 설명하지 못하지만, 일부 유전적 유사성에 대해서는 대체로 명확히 설명할 수 있다.

그러나 공통기능론은 유사유전자(Pseudogene)를 설명하는 문제에 있어서 분명한 한계를 드러낸다. 유사유전자는 제대로 된 기능을 하지 못하는 고장난 유전자를 가리킨다. 유사유전자는 겉으로 보기에는 일반 유전자처럼 보이지만 한 가지 이상의 결함이 있어 생물체가 이를 사용해 분자를 만들어 내지 못한다. 이런 유사유전자는 집을 짓는 목수가 무시해야 하는, 커다란 X자가 그려진 설계도면의 한 페이지와 같다. 기능을 멈추게 하는 돌연변이가 발생하면 일반 유전자가 유사유전자로 변하기도 한다. 사람들은 흔히 일반 유전자를 유사유전자로 바꾸는 변이가 당연히 그 해당 유기체에 해를 끼칠 것이라고 생각하겠지만, 그 유전자가 종의 실질적 생존에 필수적인 것이 아니었다면 그것이 유사유전자로 변한다고 해도 유기체에 큰 해를 입히지 않고 DNA 상에 남아 있을 수 있다.

유사유전자의 한 예로 비타민 C 합성에 필요한 유전자를 들 수 있다. 대부분의 포유류는 스스로 비타민 C를 합성하도록 돕는 유전자를 가지고 있다. 비타민 C는 생명 유지를 위해 꼭 필요한 영양소이기 때문에, 대부분의 포유류에게 반드시 있어야 한다. 따라서 비타민 C 유전자의 기능을 막는 변이가 생긴다면 이는 치명적인 결과를 가져올 것이다. 그러나 침팬지들의 경우, 이들은 과일을 많이 섭취하기 때문에 비타민 C 유전자가 없는데도 생존이 가능하다. 그런데 이 침팬지들의 몸 속에, 그러니까 다른 대부분의 포유류의 경우에 비타민 C를 합성하는 기능성 유전자가 위치하는 바로 그 게놈 지점에, 비타민 C 생성을 위한 유사유전자가 들어 있다. 이 유사유전자는 아무런 기능도 하지 않으면서 침팬지의 게놈 내에 존재한다. 이것은 침팬지가 다른 포유류와 공통조상을 갖고 있다고 가정할 때에야 납득할 수 있는 현상이다. 침팬지는 먼 조상으로부터 비타민 C 유전자를 물려받았으나 약 8백만 년 전의 조상이 그 유전자를 유사유전자로 바꾸는 돌연변이 유전자를 갖게 된 것 같다. 그러나 그 시대의 침팬지들도 과일을 먹으며 살았기 때문에, 그 유전자가 제 기능을 하지 않아도 그리 치명적인 결과는 생기지 않았다. 만약 공통기능론이 옳다면, 유사유전자가 존재해야 할 특별한 이유를 찾기 어렵다. 반면에 공통조상론을 사실로 받아들인다면, 위 비타민 C의 사례 같은 유사유전자들의 존재와 DNA에 나타난 그 패턴들이 모두 설명된다.

독자 중에는 진화론에 대해 아래와 같은 의문을 가진 사람이 있을 것이다.
1. 진화론이 사실이라면, 지금도 반은 고양이, 반은 개의 모습을 지닌 동물이 있어야 하는 것 아닐까?
2. 열역학 제2법칙에 따르면 엔트로피(무질서도)가 항상 증가하는데, 이는 살아 있는 유기체 내의 질서와 복잡성이 시간이 갈수록 증가한다고 설명하는 진화론과 상반되는 것 아닌가?
3. 진화론은 생명체 내의 변화가 점진적으로 진행된다고 예측하지만, 새로운 생명체가 갑자기 나타난 화석 기록을 보면 그 사이에 큰 공백이 있지 않은가?
4. 정말로 진화를 통해 어류가 파충류로 변하고, 파충류가 조류로 변하는 등의 큰 변화가 생길 수 있단 말인가?
5. 최초의 생명체가 단세포로 되어 있었던 반면에, 현대 생물은 이보다 복잡하게 이뤄져 있다. 시간이 경과하면서 생물체가 이렇게 복잡해진 이유를 진화론으로 설명할 수 있을까?
6. 애초에 생명이 어떻게 시작되었는지 진화론으로 설명할 수 있을까?

이 중 마지막 두 질문은 10장에서 지적설계를 다루며 살펴보겠다.

진화에 대한 세 가지 오랜 지구론적 관점

지금까지 공통조상론과 진화론에 대한 과학적 증거들을 요약해 보았다. 이제 다시 점진적 창조론과 진화론적 창조론이라는 오랜 지구 창조론자들의 견해를 살펴보도록 하자. 이 중 점진적 창조론은 공통조상론에 관한 해석을 기준으로 두 가지 입장으로 나눠 살펴보겠다.

- **공통조상을 인정하지 않는 점진적 창조론.** 일부 점진적 창조론자들은 하나님이 공통조상을 사용하지 않으셨다고 주장한다. 그들은 하나님이 생물학적인 역사에서 많은 기적을 일으켜 새로운 생명체를 창조하셨다고 믿기 때문에, 나중에 생긴 생명체들이 그 이전 생명체에서 유래한 것이 아니라고 말한다.
- **공통조상을 인정하는 점진적 창조론.** 또 일부 점진적 창조론자들은 하나님이 공통조상을 사용하셨다는 것은 믿지만, 진화론만으로 시간의 흐름에 따라 생명체들에 일어난 모든 변화를 설명할 수 있다는 주장에는 반대한다. 그들은 하나님이 진화 과정을 일정 정도 사용하신 것은 맞지만, 특정 유기체에 새로운 유전자를 더하거나 수정해 그 후손들이 새로운 능력을 갖출 수 있게 하시는 등의 기적을 함께 사용하셨다고 믿는다.
- **진화론적 창조론.** 진화론적 창조론자들은 하나님이 공통조상을 사용하셨다는 것과 진화의 메커니즘을 이용해 시간에 따라 생명체를 변화시키셨다는 것을 모두 믿는다. 그들은 하나님이 기적을 사용하실 수 있었음에도 진화의 메커니즘을 고안해 내기로 하셨다고 생각한다. 따로 기적이 일어나지 않아도 하나님의 일상적인 주권 아래 있는 일상적이고 자연적인 수단을 통해 생물학적 역사에서 하나님이 이루시고자 하는 목적을 완수할 수 있도록 말이다.

지난 수십 년간 공통조상론을 뒷받침하는 방대한 양의 자료가 축적되어 왔고, 이 장에서 다룬 것은 그중 극히 일부에 지나지 않는다. 화석과 비교해부학, 생물지리학, 그리고 특히 유전학은 각각 독자적인 동시에 상호보완적으로 공통조상에 관한 증거들을 제시한다. 이러한 과학적 증거는 위에서 기술한 두 번째, 세 번째 견해와 상통하지만, 첫 번째 견해와는 조화를 이루기 어렵다.

물론 하나님이 공통조상을 사용하시는 대신 동식물을 하나하나 직접 창조하셨을 수도 있고, 이들을 처음부터 공통조상론이 예측하는 것과 똑같은 종 간의 내포적 유사성 패턴을 갖도록 창조하셨을 수도 있다. 내포적 유사성 패턴을 지닌 각기 다른 종들의 해부학적 구조와 내포적 유사성 패턴을 따른 화석 연대와 생물지리학적 위치와 유전자는 물론, 나아가 모든 종에 걸쳐 내포적 유사성 패턴에 따라 나타나는 유사유전자까지도 창조하셨을 수 있다는 말이다. 다시 말해 공통조상을 사용하신 것처럼 **보이도록** 하나님이 동식물의 형태를 처음부터 그렇게 만드셨을 수도 있다. 그러나 이런 생각은 5장에서 논의했던 '성숙한 모습으로의 창조론'이 지닌 것과 같은 신학적 문제에 부딪힐 수밖에 없다. 우리가 아는 하나님은 모든 진리의 주인이신데, 그런 하나님이 모든 동식물을 기적으로 창조하신 후에 그것들을 공통조상을 통해 창조한 것으로 보이게 하는 증거를 DNA에 심어두셨다는 것은 그분의 성품과 어울리지 않아 보인다.

진화론을 뒷받침하는 과학적 증거들만으로는 두 번째 견해와 세 번째 견해 중 어느 것이 결정적으로 옳다고 판가름할 수 없다. 이 증거들은 진화론적 창조론과 공통조상을 인정하는 점진적 창조론을 똑같이 지지한다. 이 두 견해의 차이점에 대해서는 지적설계를 다룬 다음 장에서 살펴볼 것이다.

점진적 창조론과 진화론적 창조론을 비교하다 보면 자연스럽게 자연 세계에 대한 하나님의 주권이라는 문제를 생각하게 된다. 성경은 하나님이 자연 세계를 다스리시며 그 안에서 일어나는 일상적인 일들 가운데도 늘 존재하신다고 가르치는 한편, 원하시면 언제든 기적을 행하실 수 있다고도 말한다. 이 간단한 가르침만 기억해도 이 다양한 견해들 간의 논쟁에서 생기는 대다수의 신학적인 염려가 사라질 것이다. '하나님의 주권'이라는 든든한 근거가 있기에 우리가 하나님이 세상을 **어떻게** 창조하셨는지 보여 주는 증거를 자연이라는 책에서 살펴볼 수 있다는 사실을 기억하자.

성찰 및 토론을 위한 질문들

1. 이 장에서는 공통조상과 진화론을 뒷받침하는 여러 증거를 살펴보았다. 이 중 이전에 들어본 적이 있는 증거는 무엇이며, 새롭게 접한 것은 무엇이었나?
2. 이 밖에도 기원에 관한 다양한 관점을 "부록"에 정리해 두었다. 그중 어떤 종류의 관점이 가장 편하게 느껴지는가?
3. 5장과 6장에서 우리는 오랜 지구론을 뒷받침하는 과학적 증거들과 성경 해석의 원리, 창세기에 대한 다양한 해석을 살펴보았다. 이것들이 공통조상론이나 진화론과는 어떤 관련이 있을까?

ORIGINS 10장 지적설계

정치인이나 판사들 중에는 과학자가 거의 없기 때문에, 이들에게 과학적인 주제에 대한 의견을 묻는 것은 이상한 일일 수 있다. 그런데 2005년 10월 6일 열린 한 기자회견에서, 어떤 기자가 백악관 대변인에게 이런 질문을 했다. "대통령께서는 지적설계와 진화론 문제에 대해 어떤 입장을 갖고 계십니까?" 이로부터 며칠이 지나지 않아 "웨스트 윙"(The West Wing)이라는 인기 TV 드라마에서도 허구의 인물인 한 대통령 후보가 이와 똑같은 쟁점에 대한 신념을 질문 받는 장면이 등장했다.

왜 대중매체들이 이 문제에 이렇게 관심을 보였던 것일까? 이 일이 일어나기 몇 달 전, 펜실베이니아 주 도버 시의 교육위원회는 9학년 과학 시간에 지적설계론을 가르쳐야 한다는 결정을 내렸다. 이 결정에 대해 일부 학부모들이 지적설계론은 비과학적이며 종교적이기 때문에 이를 공립학교의 과학 시간에 가르치는 것은 부적절하다고 항의하면서 교육위원회를 고소했다. 판사는 교육위원회가 지적설계론을 가르쳐야 한다고 요구한 것은 정부가 공개적으로 특정 종교를 지지한 것이므로 헌법에 위배된다는 최종판결을 내렸다. 한편 이 일을 지지했던 교육위원회 위원들은 판사가 이 같은 최종판결을 내리기도 전에 공직에서 물러나야 했다.

지난 몇 년 사이에 지적설계는 창조와 진화 논쟁의 핵심적인 사안으로 자리잡았다. 사실 지적설계론은 과학적인 방법으로 실험해 볼 수 있는 과학적 주장인 동시에 과학적으로 실험할 수 없는 종교적 주장이기도 하다. 여기서는 특히 다음 두 가지 주장을 집중적으로 살펴볼 것이다.

- 미세조정
- 생물학적 복잡성

그러나 이에 앞서 지적설계론이 무엇인지부터 살펴보도록 하자.

지적설계론이란 무엇인가?

지적설계를 둘러싼 논쟁 중 어떤 것은 지적설계 **이론**을 지적설계 **운동**과 혼동한 데서 비롯된다. 지적설계론은 자연에 설계에 대한 증거가 있으며, 자연 세계에 명백히 드러나 있는 이 증거들을 설명하기에 진화론은 불충분하다고 주장한다. 대다수의 지적설계 이론가들은 종교적인 의도에서 연구를 시작했으면서도 되도록이면 구체적인 종교적 주장은 펴지 않으려 애쓴다. 그러나 이와 반대로 종교의 영향을 크게 받은 지적설계 운동은 정치적이고 문화적인 목표를 갖고 있다. 자연주의(참고 2장)와 진화주의(참고 8장)라는 무신론적 세계관과 싸우는 것이 바로 이 운동의 목표다.

지적설계론을 비판하는 사람들은 이 이론이 과학적이지 않다고 주장한다. 본질적으로는 이 이론이 과학적인 설명을 찾는 일을 포기했다고 보는 것이다. 또 지적설계를 옹호하는 사람들은 하나님이 설계자라는 것을 확신하는 사람들이기 때문에 그들이 말하는 이론도 종교적인 생각이며, 따라서 공립학교의 과학 시간에 가르쳐서는 안 된다고 주장한다. 하지만 지적설계론을 지지하는 사람들은 그것이 과학적 데이터에 근거한 과학적 이론이라고 주장한다. 진화론을 반대하기 시작한 것은 종교적인 이유 때문일지 모르나, 지적설계론 그 자체는 종교적 의도와 무관하다고 주장하는 것이다. 그들은 진화에 대한 과학적 대안으로서 지적설계를 연구하고 실험할 수 있으며, 따라서 공립학교의 과학 시간에 이것을 가르치는 것에도 아무런 문제가 없다고 말한다.

그런데 여기서 '설계'가 무슨 뜻일까? 젊은 지구 창조론자와 점진적 창조론자, 진화론적 창조론자를 불문하고 모든 그리스도인은 하나님이 우주와 그 안의 모든 생명체를 설계하셨다고 믿는다. 우주와 그 속의 만물은 우연에 의한 비인격적인 과정의 결과로 생긴 것이 아니라, 하나님이 목적을 가지고 창조하신 것들이라고 믿는 것이다. 이들이 공통적으로 가지고 있는 이 믿음에는 하나님이 언제 어떻게 이것들을 존재케 하셨는지에 대한 내용이 없다. 하나님이 우주와 지구와 생명체를 설계하셨다고 말하는 것은, 모든 그리스도인이 수세기 동안 공언해 온 "전능하사 천지를 만드신 하나님 아버지를 내가 믿사오며"라는 사도신경 고백의 또 다른 표현일 뿐이다.

지난 10여 년 사이에 지적설계론은 한층 더 구체적인 이론으로 거듭났다. 지적설계론은 특히 두 가지 주장에 중점을 두고 있다. 그중 첫 번째는 우주의 기본 변수들과 물리학의 기본 법칙들이 생명체가 존재할 수 있도록 미세조정된 것처럼 보인다는 주장이다. 즉, 창조자가 생명체를 만들려는 의도를 가지고 이 우주를 설계했다는 것이다. (미세조정은 7장에서 다룬 천문학을 둘러싼 과학 개념들과 밀접한 관계가 있다.) 두 번째 주장은 생물학적 생명체들이 진화했다고 보기에는 너무나 큰 환원 불가능한 복잡성(irreducible complexity)을 지닌다는 것이다. 이에 지적설계론자들은 한 지적인 존재가 어떤 방법으로든 생명체의 역사 가운데 개입해 들어와 지구 위 생명체를 더욱 복잡하게 만들었다고 주장한다(생물학적 복잡성은 8장과 9장에서 소개한 진화에 대한 과학 개념들과 밀접한 관계가 있다). 지금까지 이뤄진 지적설계에 대한 과학적 논쟁과 법정 다툼은 이 생물학적 복잡성을 둘러싼 것이 대부분이었다. 이에 비해 미세조정과 관련된 주장은 상대적으로 큰 관심을 받지 못하고 있다.

미세조정론 개요

7장에서 우리는 우주가 생명체를 위해 '미세조정'되었음을 알려주는 몇 가지 증거를 살펴보았다. 미세조정론을 지적설계를 뒷받침하는 근거로 활용할 때, 우리는 미세조정론이 주장하는 바를 다음과 같이 세 가지로 나눠 생각해 볼 수 있다.

- **과학적 주장**. 물리학의 기본 법칙들과 우주의 기본 변수들이, 생명체가 존재하기 위한 조건이 되는 아주 좁은 범위 안에 맞춰져 있다.
- **철학적 주장**. 자연적 설명들로는 왜 이 법칙들과 변수들이 생명체가 존재하기에 적합하도록 조정되어 있는지 설명할 수 없다. 그저 우리가 운이 좋았다고 말할 수도 있겠지만, 가장 합리적인 설명은 이 우주의 법칙들과 변수들이 생명체를 형성시킬 목적으로 설계되었다고 보는 것이다. (과학적 데이터만으로는 '누가' 이것을 설계했는지 알 수 없다).
- **종교적 주장**. 성경에 계시된 대로 창조주 하나님이 생명체를 만들기 위해 처음부터 자연법칙들과 우주 변수들을 그렇게 설계하셨다고 보는 것이 최선의 설명이다.

이 중 과학적 주장은 무신론을 비롯한 거의 모든 세계관을 지닌 과학자들이 공통적으로 받아들이는 내용이다. 이에 비해 철학적인 주장과 종교적인 주장에 대해 이견이 많이 존재해 왔다. 대부분의 그리스도인은 세계가 미세조정되었다는 사실 자체가 하나님의 존재를 증명하는 것은 아니지만 이를 설명하기 위해서는 하나님이 우주를 설계하셨다고 보는 것이 최선이라고 생각하는 반면에, 무신론자들과 대부분의 불가지론자는 미세조정은 신과 무관한 비인격적 과정이라고 설명하는 쪽을 선호한다.

생물학적 생명체의 복잡성

그렇다면 이제 더 많은 논란의 쟁점이 되고 있는 '생물학적 생명체는 진화론에 따라 진화되기에 너무나 복잡하다'라는 주장에 대해 살펴보자. 먼저 인간의 DNA에 저장되어 있는 정보의 양을 생각해 보라. 만약 한 개의 인간 세포에 들어 있는 DNA 정보를 종이 위에 문자로 적는다면 10억 개 정도의 문자로 표현될 것이다. 그리고 이 DNA 문자들은 유전자라는 단어를 총 3만여 개 만들고, 이 3만여 개의 단어는 제각기 조직화되어 염색체라는 책을 스물한 권 만든다. 게다가 이 문자들은 무작위로 나열된 것이 아니라, 수많은 종류의 분자를 만드는 방법에 대한 정보를 암호화하고 있다. 이 수많은 분자가 협력해 복잡한 화학작용을 거쳐 우리 몸을 건강하게 유지시키는 것이다.

개별 세포의 복잡성에 대해서도 생각해 보자. 하나의 세포는 선수(유전자) 한 명 한 명이 하나의 목표(세포의 기능)를 이루기 위해 협력하는 스포츠 팀과 같다. 문제는 이 경기에 참가하는 선수의 수가 3만 명이라는 것이다! 각 선수들은 다른 선수들과 상호작용하는 방법에 대한 고유한 규칙들을 가지고 각자의 자리에 서 있고, 수백 명의 코치(다른 유전자)들은 끊임없이 이 선수들에게 소리를 지르며 지시 사항을 알려준다. 게다가 이 경기의 규칙은 경기장(세포 주변의 환경) 안에 얼마나 많은 관중이 있느냐에 따라 끊임없이 미세하게 변한다. 단 하나의 살아 있는 세포에 이 모든 조직적인 복잡성이 존재한다는 말이다.

이번에는 세포 일부분의 복잡성을 살펴보자. 어떤 단세포 세균에는 편모(flagellum)가 있다. 채찍처럼 생겨 세포가 헤엄칠 때 사용하는 이 편모는 스무 가지 이상의 서로 다른 단백질로 이루어진 복잡한 구조물이다. 그런데 이 단백질들과 관련된 유전자가 어느 하나라도 빠져 있거나 잘못 만들어져 있으면, 그 편모 전체의 기능에 문제가 생기거나 아예 기능을 못한다.

과학자들은 지구 최초의 생명체는 현대의 생명체보다 훨씬 단순한 구조를 하고 있었을 것이라고 생각한다. 단순한 생물체가 복잡한 생물체로 진화하는 것이 가능할까? 과학자들은 시간의 흐름에 따라 진화의 메커니즘에 의해 작은 변화들이 생길 수 있다는 것(소진화)과, 오늘날의 생명체들이 고대의 생명체로부터 내려왔다는 것(공통조상)은 증명해 냈다. 그러나 단순했던 생명체가 시간이 지나면서 훨씬 복잡한 생명체로 진화하는 이유에 대해서는 아직 그만큼 명확한 설명이 나오지 않았다. 눈이 없는 동물이 눈이 있는 동물로 진화하는 것이 가능할까? 편모가 없던 세균이 편모 있는 세균으로 진화할 수 있을까? 오늘날 대부분의 과학자는 진화의 메커니즘에 따라 단순한 생명체가 더 복잡한 생명체로 진화할 수 있으며 또 실제로 그렇게 진화해 왔다고 확신한다. 하지만 지적설계론자들은 진화의 메커니즘만으로 우리가 보고 있는 그 모든 복잡성을 설명하기에는 무리가 있다고 본다.

이 질문을 신학적으로 바꿔볼 수도 있을 것 같다. 하나님이 설계하신 자연법칙이 제한적이고 사소한 변화만을 일으키는 생물학적 진화를 가져오는 법칙이었을까? 만약 그렇다면 하나님이 더 복잡한 생명체를 만들기 위해 생물체의 역사 가운데 여러 차례 개입해 일반적인 진화 과정을 기적으로 대체하셨다고 생각하는 것이 맞을 것이다. 하지만 반대로 하나님이 일반적인 진화 과정으로도 더 복잡한 생명체가 나타날 수 있도록 자연의 법칙들을 설계하셨다면, 기적 대신 자신의 신적인 다스림 아래서 진화를 이용해 더 복잡한 생명체를 만드셨다고 생각하는 것이 더 타당할 것이다.

확률과 패턴으로 보는 설계

어떤 물체나 사건이 설계된 것이라고 판단하려면 보통 다음 두 가지 조건이 만족되어야 한다.
- **확률**. 의도적으로 그것을 야기한 지적 존재 없이 그 개체나 사건이 존재할 수 있는 확률이 매우 낮아야 한다.
- **패턴**. 합리적으로 생각했을 때 어떤 지적인 존재가 창조하고 싶어 했을 법한 특정한 패턴을 그 사건이나 개체가 따르고 있어야 한다.

낱말 맞추기 게임인 스크래블(Scrabble) 판 위에 열아홉 개의 문자 조각판이 들쭉날쭉 배열되어 있다고 생각해 보자. 눈에 띄는 패턴이 보이지 않으면, 우리는 그 문자들이 의도적으로 배열된 것이 아니라고 판단할 것이다. 또 설사 제일 처음 나온 문자 세 개가 단어 'can'처럼 그럴듯한 패턴을 이루고 있더라도, 여전히 이 문자들이 의도적으로 배열된 것이 아니라고 생각할 것이다. 열아홉 개의 문자 중 세 개가 합쳐 인지 가능한 한 단어를 만들 확률은 꽤 높기 때문이다. 그러나 열아홉 개의 문자가 "Can we play a game today" 같은 패턴을 나타낸다면, 우리는 이 문자들이 의도적으로 배열된 것이 틀림없다고 결론지을 수밖에 없다. 누군가가 그렇게 설계한 경우를 제외하고는 열아홉 개의 문자가 그렇게 확실한 문장을 이룰 확률은 아주 낮기 때문이다.

생물학적 복잡성과 지적설계

지적설계론자들은 진화론과 논쟁할 때 **확률**과 **패턴**이라는 개념을 사용한다. 그들의 주장은 다음과 같이 정리해 볼 수 있다.
- 첫째, 단세포 세균의 편모 같은 복잡한 생물학적 기관이 진화의 메커니즘에 따라 진화해 왔다는 것은 확률적으로 거의 불가능한 일이다.
- 둘째, 어떤 지적인 존재가 생명체의 역사에 개입해 이와 같은 복잡한 생물학적 패턴들을 창조했다고 보는 것이 더 합리적이다.

이와 관련된 논쟁들이 주로 집중해 온 주제는 이 중 두 번째 주장과 과학의 본질이었다. 반대자들은 지적설계론이 비자연적인 설명을 하고 있기 때문에 과학적이지 않다고 주장한다. 그들은 **언제나** 자연적인 설명을 구하는 것이 과학이라는 학문의 정의라고 말한다. 그러나 이에 대해 지적설계론자들은 반대자들이 과학의 정의를 너무 제한시켜 버렸다고 지적하면서, 과학이란 그 설명이 어떤 것이든 자연 세계에 대한 최선의 설명을 찾아내는 학문이라고 주장한다. 지적설계에 대한 견해 차이는 결국 과학을 어떻게 정의할 것인가에 대한 논쟁으로 끝난다. 또한 이 논쟁에는 정치적 함의도 담겨 있다. 만약 두 번째 주장을 **과학적**이라고 판단한다면 공립학교의 과학 시간에 지적설계론을 포함시킬 수 있는 반면에, 이 주장을 과학적인 것이 아니고 **종교적**이라고 판단한다면 법에 따라 공립학교의 과학 교과서에서 이 이론을 제외시켜야 할 것이기 때문이다.

표준적인 과학적 방법들을 가지고 두 번째 주장을 실험하기는 어렵다. 그러나 첫 번째 주장을 과학적으로 따져보는 것은 가능하며, 더욱이 두 번째 주장을 논하기 전에 첫 번째 주장의 타당성을 살펴보아야 할 것이다. 따라서 우리는 이 첫 번째 주장에 더 큰 관심을 기울이고자 한다.

복잡한 진화가 일어날 확률은 얼마나 낮은가?

기초 과학 교과서나 대중적인 과학 서적들은 진화론을 지나치게 단순화시켜, 다음과 같은 전제들로만 설명하는 경우가 많다.
- 각 생명체는 일정한 수의 유전자를 가지고 있다.
- 하나의 유전자는 하나의 기능을 가지고 있다.
- 한 유전자에 돌연변이가 생길 경우 그것은 그 유전자에서 한 개의 DNA '문자'만 변화시킬 뿐이다.
- 돌연변이 유전자가 종 전체에 퍼져 나가는 유일한 방법은, 그 돌연변이가 자신을 보유한 개체들에 차별적 번식 성공과 같은 이점을 제공하는 경우다.

이 전제들이 사실이라면 지적설계론이 내세우는 첫 번째 주장 역시 사실일 가능성이 높다. 즉, 이 전제대로라면 복잡한 생명체가 진화할 확률은 매우 낮다.

하지만 이 전제들에는 오류가 있다. 아래 내용을 살펴보자.
- 한 생명체의 유전자 수는 일정하지 않다. 전체 유전자나 유전자 집합이 복제될 수도 있기 때문이다. 또 어떤 돌연변이 유전자는 한 개의 DNA '문자'만 바꾸는 것이 아니라 아주 큰 부분을 바꾸기도 한다.
- 유전자가 복제되었을 때, 한 개의 복제본은 원래의 기능을 유지하고 다른 복제본은 돌연변이를 일으켜 새로운 기능을 가질 수도 있다. 처음부터 두 가지 기능을 가진 유전자였다면, 각 복제본은 어느 한 쪽의 기능을 전문적으로 수행하게 하는 변이를 일으킬 수 있다.
- 하나 이상의 여러 유전자 집합들이 힘을 합쳐 수행하는 기능들도 있다. 돌연변이가 한 유전자의 기능을 심각하게 변화시킨 경우, 다른 유전자가 그 기능을 수행해 생명체가 돌연변이로 인한 피해를 입지 않게 하기도 한다.
- 대부분의 돌연변이는 **중립적**이다. 이 중립적인 돌연변이들은 특별히 눈

에 띄는 변화를 일으키지 않으면서 한 개체군 전체에 퍼져 나가기도 한다. 그러나 한 유전자에 여러 중립적 돌연변이가 축적된 상태에서 또 다른 새로운 변이가 생기면 개체에 심각한 영향을 끼칠 수 있다.
- 어떤 환경에서는 중립적인 돌연변이가 다른 환경에서는 유익한 결과를 가져다줄 수도 있다.

위 내용은 지난 수십 년간 과학자들이 진화에 대해 발견해 낸 사실들의 극히 일부에 불과하다. 하지만 진화가 대중 과학 서적들이 설명하는 것보다 훨씬 복잡하고 흥미롭다는 것을 알려주기에는 부족함이 없어 보인다.

다시 물어보자. 과학자들이 진화와 관련해 발견한 이 사실들에 비추어 볼 때, 복잡한 진화가 일어날 확률은 얼마나 될까? 과학자들은 아직 그 답을 알지 못한다. 현재의 과학 지식과 기술 수준으로 결론내리기에는 너무 어려운 문제다. 소수이긴 하지만 과학자들 중에 복잡한 것이 진화하는 과정을 그럴듯하게 설명해 낸 사람들도 있다. 그중 한 가지 예가 9장에서 다룬 복잡한 포유류의 가운데귀 진화에 관한 설명이다. 그러나 다른 예들의 경우에는 그렇게 복잡한 진화가 일어날 확률을 결론짓게 할 정보가 충분치 않다. 아직은 시기상조인 것이다.

생물학적 복잡성 주장의 개요
미세조정론의 경우처럼 생물학적 복잡성과 관련된 주장도 다음 세 가지 주장으로 나눠서 생각해 볼 수 있다.
- **과학적 주장**. 박테리아 편모처럼 복잡한 생물학적 기관이 진화의 메커니즘을 통해 진화할 가능성은 매우 희박하다. 살아 있는 세포가 화학 물질들로 자가 조립할 확률도 매우 낮다.
- **철학적 주장**. 생물학적 복잡성은 진화할 수 없는데 현재 이 복잡성이 명

백한 기능을 하고 있다면, 우리는 지구 생명체의 역사 동안 어떤 지적 존재가 개입해 이 같은 복잡성을 만들어 냈다고 결론지을 수밖에 없다. (과학적 자료만으로는 그 지적 존재가 신인지 다른 존재인지 결론지을 수 없다.)
- **종교적 주장**. 성경에 계시된 대로 창조주 하나님이 생명체의 역사에 기적적으로 개입해 생물학적 복잡성을 만드셨다고 보는 것이 최선의 설명이다.

여기서는 과학적 주장부터가 논란의 대상이 된다. 점진적 창조론자들은 이 주장을 사실로 받아들이는 반면, 진화론적 창조론자들은 이 주장이 틀렸다고 생각한다. 그리고 대부분의 생물학자는 전반적인 증거의 비중에 비춰 볼 때 이 주장이 잘못된 것이라고 본다. 일반 진화를 증명하는 유전적 증거와 화석 증거가 많다는 것과(참고 9장) 복잡한 구조가 진화되는 몇 가지 예를 과학자들이 설명할 수 있다는 것이 이들이 이 주장을 부정적으로 판단하는 이유다. 그러나 그 몇 가지를 제외한 대부분의 예에 대해서는 그 복잡성이 진화할 수 있는지 없는지를 결정할 수 있을 만한 충분한 자료가 나와 있지 않기 때문에, 이 과학적 주장의 진위 여부는 아직 판단할 수 없다.

한편 두 번째 주장인 철학적 주장에 대해 지적설계 비판자들은 그것이 종교적 주장을 위장한 것에 지나지 않는다고 반박한다. 그러나 지적설계론자들은 종교인들이 종교적 주장을 펴는 것은 당연한 일일 뿐더러, 그 종교적 주장과 철학적 주장은 완전히 다른 것이라고 주장한다. 그러면서 철학적 주장은 종교적으로 중립적이고 과학적 데이터에 기초하기 때문에, 이를 과학 시간에 적절히 논의하는 데는 아무런 문제가 없다고 역설한다.

진화와 지적설계가 모두 진실일 수 있다

지적설계와 진화에 대한 논쟁은 대개 흑백논리처럼 둘 중 하나만 선택해야 하는 문제로 여겨진다. 즉, 한 쪽이 진실이면 다른 한 쪽은 거짓이라는 것이다. 하지만 둘 다 진실일 수도 있지 않을까?

용수철과 바늘, 지렛대, 기어장치 같은 여러 가지 작은 기계부품들이 담긴 가방 두 개가 있다고 생각해 보자. 첫 번째 가방에는 분해된 뮤직 박스의 부품들이 들어 있다. 하지만 내가 가방을 잠그고 하루 24시간씩 수년간 이 가방을 흔들어 댄다고 해도 그 뮤직 박스가 다시 조립되는 일은 결코 일어나지 않을 것이다. 그 부품들은 여전히 분해된 채로 남아 있을 것이다. 이번에는 첫 번째 가방과 비슷한 조건이지만 내부의 부품들을 특별한 방식으로 서로 결합되도록 설계한 두 번째 가방이 있다고 상상해 보자. 서로 연결되어야 할 두 부품이 우연히 부딪치는 순간 서로 결합되고, 또 그 결합된 상태가 유지될 수 있도록 그 안의 용수철과 바늘, 지렛대, 기어장치 같은 부품을 설계해 두는 것이다. 이 경우라면 가방을 흔들면 흔들수록 그 안에 있는 부품들은 제자리를 찾아가면서 결합할 것이다. 이렇게 계속 가방을 흔들면 결국에는 모든 부품이 제 기능을 하는 뮤직 박스로 자가 조립될 것이다. 아직까지는 이런 자가 조립 뮤직 박스를 만든 사람이 없었지만, 결단력과 영민함을 지닌 누군가가 충분한 시간을 들인다면 이런 일은 얼마든지 일어날 수 있다.

점진적 창조론자들이 생각하는 설계는 첫 번째 가방에 들어 있는 뮤직 박스 부품들과 비슷하다. 첫째, 이들은 뮤직 박스의 모든 부품이 서로 결합해 뮤직 박스로 만들어질 수 있도록 아주 세심하게 설계되어 있다고 본다(우주의 근본 법칙과 기본 변수들이 미세하게 조정되어 있기 때문에 원자들과 분자들이 존재할 수 있고 나아가 이들이 결합해 생물로 조립될 수 있다고 하는 주장에 비유한 것). 둘째,

이것들을 가지고 제 기능을 하는 뮤직 박스를 만들기 위해서는 누군가가 직접 그 부품들을 조립해야 한다고 본다(생물학적 복잡성은 진화만으로는 불가능하므로 특별한 기적을 통해 조립된 것이 틀림없다는 주장에 비유한 것). 이렇게 조립해 만든 완성품은 설계된 물건임에 분명하다.

반면 진화론적 창조론자가 생각하는 설계는 두 번째 가방에 들어 있는 뮤직 박스 부품들과 비슷하다. 이들은 뮤직 박스의 부품들이 서로 결합해 뮤직 박스로 만들어질 수 있도록 아주 영리하게 설계되어 있을 뿐만 아니라, 나아가 가방이 흔들릴 때 그 안에서 스스로 조립되기까지 한다고 본다. 진화론적 창조론자들은 이처럼 자연의 근본 법칙들도 미세조정되어 있기 때문에 생명체가 존재할 수 있는 것은 물론, 단순한 부품들로부터 생명체와 생물학적 복잡성이 스스로 조립되는 일까지도 가능하다고 생각한다.

이 장 서두에서도 말했듯이, 하나님은 초자연적인 기적으로 별과 행성을 만드실 수도 있었다. 그럼에도 불구하고 자연 세계를 살펴보건대, 하나님은 자연법칙들을 미세하게 조정하심으로써 규칙적인 자연 과정이라는 아름다운 체계를 통해 단순한 부분들로부터 별들과 행성들이 조립되게 하는 방법을 택하셨고, 덕분에 우리는 이것을 과학적으로 이해할 수 있다. 점진적 창조론자들과 진화론적 창조론자들 모두 이것을 하나님이 우주를 설계하셨음을 뒷받침하는 증거라고 여긴다. 그러나 진화론적 창조론자들은 여기서 한 발 더 나아가 하나님이 자연법칙을 미세하게 조정하심으로써 단순한 생명체가 복잡한 것으로 진화할 수 있게도 하셨으며, 이 역시 하나님이 생명체를 설계하셨다는 주장의 힘을 (약화하는 것이 아니라) 강화하는 증거로 봐야 한다고 주장한다.

지적설계론과 '틈새의 신'

지적설계론을 비판하는 사람들은 이 이론이 과학적인 이해가 미치지 못하는 틈새의 영역이 하나님이 일하시는 최선의 장소 혹은 유일한 장소라고 주장하는 '틈새의 신' 이론의 또 다른 예일 뿐이라고 비난하기도 한다. 이 틈새의 신 이론에서는, 과학이 발전해 인간의 이해가 그 틈새를 채워 나갈수록 신의 영역은 그만큼 줄어든다. 지적설계론의 핵심에는 이러한 틈새의 신 이론과 유사한 면이 있다. 최초의 생명체가 어떻게 자가 조직화했는지, 혹은 생물학적 복잡성이 어떻게 진화할 수 있었는지에 대해 과학은 설명할 수 없고 앞으로도 설명할 수 없을 것이라고 주장한다는 점에서 그렇다. 과학자들의 능력으로 설명할 수 없는 틈새가 있다는 것이, 하나님의 신성하고 기적적인 개입을 뒷받침하는 증거라고 보는 것이다.

지적설계론자들이 다음과 같은 주장을 한다면, 그들은 틈새의 신 이론이 빠지는 함정에 같이 빠지게 된다.

진화론이 사실이고 생물학적 복잡성이 진화할 수 있다는 사실이 밝혀진다면 무신론자들이 그 학문 분야를 독차지할 것이다. 그때부터 우리는 생명체가 하나님의 작품의 증거라고 말할 수 없게 될 것이다. 자연 속 어딘가에는 하나님의 존재와 그분의 기적적인 활동을 증명해 줄 과학적인 증거가 있어야 하는데, 생명체의 복잡성이 그 최고의 예로 보인다. 그러므로 생물학적 복잡성은 과학적으로 설명이 불가능해야 한다.

대신 아래와 같이 주장한다면 그 함정을 피할 수 있다.

기적이든 과학적 설명이 가능한 과정이든, 하나님은 자신이 원하는 방법으로 생물학적 복잡성을 창조하셨을 것이다. 어떤 방법을 쓰셨든 간에, 결국 하나님이 이 모든 것을 주관하신다. 다만 과학적인 근거나 신학적인 근거 혹은 두 근거 모두에 비추어봤을 때, 하나님이 기적을 사용하셨다는 설명이 더 타당해 보인다.

따라서 우리는 과학자들이 생물학적 복잡성의 진화 과정에 대한 만족스러운 설명을 찾는 것이 불가능할 것이라고 예상한다.

> 진화론적 창조론자들은 하나님이 자연법칙들을 일상적으로 운영하심으로써 지구 생물의 역사를 주관하시며 지금 우리가 살고 있는 이 세계를 만들어 내셨다고 믿는다. 이 때문에 자연 세계를 다스리시는 하나님의 손길은 마치 숨어 있는 것처럼 보인다. 어떤 진화론적 창조론자는 '케노시스'(*kenosis*), 즉 **자기 비움**이라는 신학적 개념을 빌어 이 상황을 종교적으로 설명하기도 한다.

공립학교와 대중적 논쟁, 그리고 지적설계 운동

지금까지 지적설계 **이론**을 지지하거나 반대하는 주장들의 내용을 살펴보았다. 그러나 지적설계에 관한 신문 기사나 텔레비전 보도는 이 장에서 논의한 미묘한 부분들을 잘 다루지 않는다. 심지어 지적설계 **운동**의 지도자들이나 그 반대자들이 직접 발언한 내용들을 봐도 이렇게 자세한 부분들에 대한 설명은 없다. 어떤 경우에는 기자들이 이 쟁점을 단순한 과학과 종교 간의 논쟁으로 축소시키면서, 마치 과학과 종교가 근본적으로 서로 대립하는 것처럼 보이게 만드는 때도 있다(문제를 단순화시키는 상대를 만났을 때 어떻게 대응할 것인지에 대해서는 1장과 2장을 참고하라). 대부분의 지적설계 운동 지도자들이 빅뱅과 오랜 지구 창조론을 인정한다는 사실을 무시하고, 아예 지적설계론을 젊은 지구 창조론과 동일시하는 경우도 많다.

대중적 논쟁에서도 하나님이 무엇인가를 설계하셨다는 주장은 거의 언제나 진화론에 반대하는 주장으로 편입된다. 예를 들어, 이 장 첫째 단락에서 언급한 "대통령께서는 지적설계와 진화론 문제에 대해 어떤 입장을 갖고 계십니까?"라는 질문을 다시 한 번 생각해 보자. 이 질문에는 진화론과 지적설계론 중 어느 한쪽만이 진실이라는 전제가 깔려 있다. 즉, 둘 중 하나만 선택해야 한다는 것이다.

그러나 이것은 잘못된 전제다. 진화론적 창조론자들은 진화와 설계 중 하나만 선택할 필요는 없다고 말한다. 그들은 하나님이 진화라는 자연적인 과정을 설계해 자신의 계획에 따라 모든 동식물을 만드셨다고 주장한다. 진화론적 창조론자들도 지적설계 운동가들이나 젊은 지구 창조론 운동가들처럼 '진화주의'와 '무신론'에 반대한다. 다만 전략이 다를 뿐이다. 이들은 진화론을 반대하는 대신, 진화를 비롯한 과학적 설명이 하나님의 역할을 없애는 것이 아니라 도리어 하나님의 설계를 드러낸다고 주장한다.

몇몇 주요 지적설계론자들도 진화와 설계를 대립시켜 그중 하나를 고르라고 하는 것은 잘못된 생각이라는 데 동의한다. 그들은 이것을 다음과 같이 구분해 말한다. 즉, 그들은 만약 생물학적 복잡성이 진화할 수 없는 것으로 밝혀진다면, 그것은 어떤 지적인 설계자가 지구 생명체의 역사 가운데 개입했음을 증명하는 강력한 증거가 될 것이라고 본다. 하지만 반대로 생물학적 복잡성이 진화할 수 있는 것으로 밝혀진다 해도 그 자체로 하나님이 생물체를 설계하셨다는 것이 증명되거나 부정되는 것은 아니며, 인간이 그것을 명료하게 판단할 수 없다는 사실만 분명해질 것이라고 해석한다.

불행히도 대중매체와 대중적 논쟁, 법정에서는 대부분의 경우 이 같은 차이점을 무시한다. 대중 토론회에서도 진화론은 거의 무신론과 한편이 되고, 하나님은 진화론의 반대하는 편에 세운다. 과학과 종교를 서로 원수로 상정하는 것이다. 대중적 논쟁이 이렇게 양극화되고 단순화되어 있는 이상, 공립학교에서 무엇을 가르쳐야 할지에 대한 격렬한 논쟁은 계속될 것이다.

그리스도인은 설계를 어떻게 이해할 것인가

그리스도인들은 이 잘못된 선택 사항에서 어느 한쪽을 선택하는 데 만족해서는 안 된다. 우리는 성경이 가르치는 대로 하나님이 이 세계와 그 세계의 모든 만물을 설계하고 창조하셨다고 믿는다. 또한 믿음의 눈으로 자연 세계를 보면, 하나님의 지혜와 창조성, 영광의 증거가 그 속에 나타나 있다. 우리의 이 믿음은 특정 과학 이론이 진실이거나 거짓이라고 해서 새삼스럽게 굳건해지거나 무너지는 종류의 것이 아니다.

아주 작은 소립자들에서부터 거대한 초은하군에 이르기까지, 그리고 DNA의 정밀함에서 생태계의 복잡성에 이르기까지, 이 경이로운 우주는 모두 하나님이 창조하신 것이다. 기본적인 물리학 법칙들은 별들과 행성, 분자와 생물이 존재할 수 있도록 미세조정되어 있는 것 같다. 이 사실 자체가 하나님의 존재를 과학적으로 증명해 주는 것은 아니지만, 하나님이 인간을 포함한 수많은 피조물에게 알맞은 집이 되도록 이 우주를 창조하셨다는 우리의 믿음과는 잘 맞아떨어진다.

2006년 8월 15일 "뉴욕 타임즈"(*New York Times*)는 하버드 대학교가 앞으로 몇 년간 살아 있는 세포가 초기 지구 환경에서 자가 조직화할 수 있는지, 그렇다면 그것이 어떻게 가능한지를 연구하는 팀에 매년 100만 달러의 연구비를 지원하기로 했다고 보도했다. 여기서 이 팀의 한 연구원은 이렇게 말했다. "우리는 이 자가 조직화의 과정을 신의 개입 없이도 일어날 수 있는, 아주 단순한 일련의 논리적 사건으로 환원시켜 설명하게 될 것이라 기대한다."

바로 다음날, "창세기의 해답"(Answers in Genesis)이라는 젊은 지구 창조론자 단체는 자신들의 웹 사이트에 이 같은 하버드 대학교의 계획을 비난하는 내용의 글을 올렸다. 그 글의 제목은 다음과 같았다. "하버드, 신의 부재 증명에 수백만 달러를 할당하다"(Havard Allocates Millions to Prove There Is No God).

이 하버드 연구원과 "창세기의 해답" 단체의 말은 잘못된 이분법에서 나온 것이다. 두 주장 모두 지구에 최초 생명체가 나타난 과정에 대해 '과학적인 설명이 가능하다' 혹은 '하나님이 그렇게 하셨다' 중 어느 한 쪽만 옳다고 보면서 자기편의 주장만 증명하려 하고 상대편 주장의 오류를 입증하려 들기 때문이다.

성찰 및 토론을 위한 질문들

1. 10장을 다 읽은 지금, 당신은 자연법칙의 미세조정에 대해 어떻게 생각하는가? 그 사실이 하나님에 대해 우리에게 알려주는 바는 무엇인가? 이 사실만 가지고 누군가에게 하나님의 존재를 납득시킬 수 있을까?
2. 하나님이 기적을 사용해 복잡한 생명체를 창조하셨다고 생각한다면, '틈새의 신' 이론이 가진 문제는 어떻게 해결할 것인가?
3. 하나님이 자연적 진화의 메커니즘을 사용해 복잡한 생물을 창조하셨다고 생각한다면, '이신론'의 문제는 어떻게 해결할 것인가?
4. 누군가 지적설계론과 진화론 중 한 가지만 선택해야 한다고 말한다면 어떻게 대응하겠는가?

ORIGINS

11장
인간 기원에 관한 과학적 신학적 쟁점들

인간 기원의 문제는 지구의 나이나 동물 진화의 문제라기보다 기독교 신학의 핵심에 더 가깝다. 하지만 이 인간 기원에 대한 관심이 창조와 진화, 설계를 둘러싼 수많은 논쟁을 낳은 것은 사실이다.

수세기 동안 대부분의 신학자는 공통조상이 있는 동물들과 달리 인간이 특별하게 창조되었다고 생각해 왔다. 그러나 수세기 동안 과학 지식 분야에 엄청난 성장이 일어나면서 이 전제에 의문을 던지지 않을 수 없게 되었다. 그렇다면 이 과학적 증거들은 얼마나 확실하며, 인간이 동물과 같은 공통조상을 갖고 있다면 정확히 어떤 신학적 문제가 발생하는 것일까? 지난 수십 년간, 이 논쟁적인 주제를 다루는 신학자와 과학자들의 수는 점점 증가해 왔다. 교회도 이 논의가 발전해 온 과정에 더 큰 주의를 기울여야 한다. 또한 이 주제가 그만큼 중요하기 때문에, 출판사가 우리에게 인간 기원에 대한 과학적 신학적 쟁점들을 정리해 달라고 요청했을 것이다.

이를 위해 우리는 먼저 과학적 증거들을 하나하나 짚어가면서 하나님의 자연 세계가 우리에게 무엇을 말하는지 살펴볼 것이다. 특히 다음 세 가지 과학 분야에 중점을 두고자 한다.

- 화석 증거
- 동물과 인간의 유전적 유사성
- 인류 집단 내의 유전적 다양성

그 다음에는 인간의 기원과 관련해 제기되는 네 가지 신학적 쟁점을 살펴보겠다.
- 하나님의 형상
- 인간의 영혼
- 원죄
- 타락 이전에 살았던 인간들의 죽음

> 책의 앞부분을 읽지 않았다면, 돌아가서 이전 내용들을 읽어보기 바란다. 특히 2-6장, 8-9장은 꼭 읽어야 한다. 여기에 11장의 신학적·과학적 기초가 되는 내용이 들어 있으며, 이 내용을 읽어야 인간의 기원이라는 주제와 관련해 생길 수 있는 오해를 피할 수 있다.

또 하나의 핵심 쟁점인 창세기 2-3장의 아담과 하와에 대한 해석에 대해서는 다음 장에서 다룰 것이다. 아담과 하와를 설명하는 다섯 가지 시나리오를 분석하고, 이 장에서 이야기할 신학 및 과학적 쟁점들이 각 시나리오에서 어떤 역할을 하는지 비교하는 일은 다음 장인 12장에서 본격적으로 하겠지만, 예습의 의미로 아담과 하와에 대한 시나리오 다섯 가지를 미리 요약해 두었다. 이후 인간 기원에 관한 논의를 진행해 나갈 때도 이 시나리오들을 기억해 두면 유용할 것이다.

아담과 하와에 대한 다섯 가지 시나리오

- **최근 조상설**. 아담과 하와는 약 1만 년 전에 특별한 방법으로 창조된 최초의 인간들이며, 오늘날의 모든 인류는 그 두 사람의 후손이다.
- **최근 대표설**. 하나님은 약 15만 년 전에 점진적인 방법이나 진화의 방법을 통해 인간을 창조하셨는데, 약 1만 년 전에 그들 중에서 인간을 대표하는 한 쌍을 택하셨다. 그러나 곧 그들은 죄를 지었고, 그 원죄가 모든 인류에게 영향을 미치게 되었다.
- **한 쌍의 고대 조상설**. 하나님이 자연법칙을 통해 현생인류 전 단계의 원시인류(hominid)를 창조하셨으나 이후 지금으로부터 약 15만 년 전에 다시 기적을 통해 그들 중 한 쌍을 첫 번째 인류로 변화시키셨고, 이들이 바로 아담과 하와였다. 오늘날 모든 인간은 이들의 후손이다.
- **고대 대표 집단설**. 하나님이 약 15만 년 전에 진화를 통해 인류를 창조하셨고, 그중 한 집단을 택해 그들에게 자신을 나타내셨다. 그러나 그들은 죄를 지었고, 그 원죄가 모든 인류에게 영향을 미치게 되었다.
- **상징설**. 하나님이 약 15만 년 전에 진화를 통해 인류를 창조하셨다. 타락은 모든 인류가 동시에 죄에 빠지는 특별한 일회적인 사건을 가리키는 것이 아니라, 여러 곳에서 다양한 개인과 집단이 하나님을 배신한 것을 가리킨다.

이 장과 다음 장에서 다룰 내용들은 그리스도인 사이에서도 논쟁이 그치지 않는 주제들이다. 이 중 가장 큰 논란의 대상이 되는 몇 가지 쟁점에 대해 신학자들이 제시해 온 다양한 답변을 정리해 보겠다. 우리는 특정한 답변만이 최선이라고 독자들을 설득하기보다 스스로 동의할 수 없는 의견일지라도 되도록 다양한 답을 제시함으로써 독자들로 하여금 스스로 생각해 볼 수 있도록 하기로 했다. 따라서 경우에 따라 우리가 완전히 만족하는 답변이 없을 수도 있다.

인간 기원에 관한 과학적 쟁점들

9장에서 우리는 화석과 비교해부학, 유전학, 유전적 다양성 등 다양한 증거를 통해 동식물의 기원을 논의했다. 인간의 기원을 연구할 때도 과학자들은 이와 유사한 종류의 증거들을 찾는다.

앞에서도 그랬듯이, 우리는 과학 데이터를 무신론적으로 해석하는 **진화주의**에 대한 반대의 뜻을 분명히 한 후 본격적인 논의를 시작하고자 한다. 인간 기원과 관련해 발견된 과학적 모델은 하나님의 개입을 원천봉쇄하지 않는다. 이 장과 다음 장에서 설명하게 될 모든 관점은 하나님이 인류의 창조자이심을 전제로 한다. 이 관점들 간의 차이는, 다만 하나님이 이 일을 **어떻게** 이루셨는지에 대한 견해차일 뿐이다.

모든 그리스도인이 하나님이 인류를 창조하셨다는 것에 대해서는 이견이 없지만, 하나님이 초자연적인 과정과 자연적인 과정을 같이 사용하셨다는 주장에 대해서는 각기 다른 생각을 가지고 있다. 이 문제에 대한 그리스도인들의 다양한 입장을 정리하면 다음 세 가지 주장으로 나눠볼 수 있을 것이다.

- **특수 창조**. 하나님은 기적을 통해 다른 생물들과 완전히 구분되며 동물들과 공통조상을 가지지 않는 최초의 인류를 창조하셨다.
- **기적적인 변화**. 하나님은 점진적인 진화의 방법을 통해 창조 사역을 행하셨는데, 그 과정 중에 동물과의 공통조상으로부터 인간 전 단계의 생명체가 발생했고, 그 후 하나님은 기적을 통해 그 생명체들 중 일부를 변화시켜 최초 인류로 창조하셨다.
- **진화적 창조**. 하나님은 자신의 섭리를 통한 통제 가운데 공통조상과 진

화의 메커니즘을 이용해 인간을 창조하셨다. 그 과정 중에 행해진 기적은 없다.

이 장과 다음 장에서 이 세 관점을 자주 언급할 것이다. 여기서 잊지 말아야 할 것은, 세 가지 관점 모두 인류에게 자신의 모습을 드러내고 우리와 영적인 관계를 맺는 순간에는 하나님이 초자연적인 방법을 사용하셨음을 공통적으로 믿는다는 사실이다.

화석 증거

다른 동물들과 비교해 볼 때 침팬지 같은 유인원들과 인간의 해부학적 구조가 매우 유사하다는 것은 오래 전부터 잘 알려진 사실이다. 다윈을 비롯한 여러 과학자들은 이 사실에 근거해 인간과 조상을 공유한 동물이 있다면, 그 가장 최근의 공통조상은 침팬지 등의 유인원일 것이라고 생각했다. 이 가설은 인류가 현대의 유인원에서 발생했다고 가정하기보다, 현생인류와 유인원이 이제 더 이상 존재하지 않는 종인 공통조상을 공유한 '친척 관계'라고 본다. 이 가설은 이와 똑같은 차원에서 현존하는 사자와 퓨마, 고양이도 멸종된 공통조상을 공유할 거라고 추측한다. 이 가설이 사실이라면, 더 먼 과거로 갈수록 현생인류보다는 유인원 조상들의 화석과 더 비슷한 인류 조상의 화석들이 발견되어야 할 것이다.

실제로 지난 수세기 동안 과학자들은 이 패턴을 증명하는 수백 개의 화석들을 찾아냈다. 이 화석들을 통틀어 원시인류 화석(hominid fossil)이라고 부른다. 이 중 다수의 화석들에서는 몇 개의 뼛조각만 보이며, 일부 화석에서는 그나마 여러 개의 뼛조각이 모여 있고, 두개골과 전체 골격을 알 수 있을 만큼 많은 부분이 남아 있는 화석은 아주 소수에 불과하다. 이 장에서는 현생인류인 호모 사피엔스(Homo sapiens)를 제외한 이 모든 종류의 화석을 원시인류라고 부를 것이다.

아르디피테쿠스(Ardipithecus)라는 가장 오래된 원시인류의 몇몇 화석에는 그들이 오늘날의 침팬지와 비슷한 뇌 용적을 지녔다는 흔적이 나타나 있다. 그리고 이후에 출현한 원시인류들은 점점 더 현생인류와 비슷한 모습을 보인다. 아르디피테쿠스 후에 나타난 오스트랄로피테쿠스(Australopithecus)의 뇌는 아르디피테쿠스의 뇌보다 약간 컸으며, 골격으로 미루어 볼 때 직립보행을 했음을 알 수 있다. 그 후에 나타난 호모 하빌리스(Homo habilis) 화석을 보면, 그들의 뇌는 이전 원시인류의 뇌보다는 훨씬 컸지만 현생인류에 비하면 절반 크기밖에 되지 않았다(때때로 호모 하빌리스 화석과 함께 석기가 발견되기도 한다). 호모 에렉투스(Homo erectus)는 호모 하빌리스보다 현생인류와 더 닮았으며, 뇌의 크기는 호모 하빌리스와 현생인류의 중간이었다(하지만 발견된 호모 에렉투스 화석 중 가장 큰 뇌를 가진 인류는 현생인류의 뇌의 크기 범위 안에 들어간다). 고대 호모 사피엔스(Archaic Homo sapiens)는 현생인류와 유사하지만 호모 에렉투스에 더 가까운 몇 가지 특징을 지니고 있다. 뇌의 크기가 현생인류의 뇌의 크기 범위 안에 들어가긴 하나, 평균적으로 볼 때는 현생인류 뇌 크기 중 아주 작은 편에 속했다는 것이 그 예다. 이에 비해 호모 네안데르탈엔시스(Homo neanderthalensis), 즉 네안데르탈인들은 전반적으로 현생인류보다 키가 작고 몸이 육중했지만, 뇌의 크기는 현생인류와 매우 비슷하다. (그들이 석기를 포함한 여러 종류의 도구를 만들고 불을 이용했으며 시체를 매장했음을 보여 주는 신빙성 있는 증거들이 나와 있다.) 원시인류 화석의 뇌 크기 변화를 시간 순서에 따라 살펴보면, 아르디피테쿠스부터 현생인류에 이르기까지 점진적으로 커져 왔음을 알 수 있다.

하지만 과학자들이 이 화석들 **모두가** 현생인류의 직계 조상인 것은 아니라고 생각한다는 점을 기억하기 바란다. 이들은 이 화석들에 나타난 원시인류들은 현생인류가 그중 한 일족인 가계도의 일부라고 믿는다. 즉, 과학자들은 호모 사피엔스가 네안데르탈인의 직계 후손이라고 생각하지 않고, 그보다 이전에 존재한 원시인류에서 갈라져 나온 후손이라고 본다.

원시 인류와 인간 화석

아르디피테쿠스	500-400만 년 전
오스트랄로피테쿠스	400-250만 년 전
파란트로푸스	250-150만 년 전
호모 하빌리스	200-150만 년 전
호모 에렉투스	170-25만 년 전
고대 호모 사피엔스	50-12만 년 전
네안데르탈인	20-3만 년 전
현대 호모 사피엔스	12만 년 전-현재

그리고 약 12만 년 전부터 존재한 것으로 추정되는 현생인류와 비슷하게 생긴 호모 사피엔스 화석이 발견되었고, 약 4만 년 전부터는 그들이 본격적으로 돌, 나무, 뼈, 상아, 뿔을 이용해 도구를 만들고, 그림을 그리고, 작은 조각품을 만들었음을 보여 주는 고고학적 증거들이 더 광범위한 곳에서 발견되었다. 가장 오래된 호모 사피엔스 화석은 아프리카에서 발견되었고, 그 이후에 살았던 호모 사피엔스 화석은 유럽, 아시아, 호주 등지에서 발견되었다. 미국에서는 1만 2천 년 전부터 호모 사피엔스의 화석이 만들어진 것으로 보인다. 근동 지역에서는 약 7,000년 전부터 농경문화와 도시가 존재했음을 보여 주는 증거가 광범위하게 발굴되었고, 세계 다른 지역에서는 그보다 최근에 그 같은 문명이 시작되었음을 보여 주는 증거들이 발견되었다.

원시인류의 해부학적 구조에 대해서는 이렇게 화석을 통해 많은 것을 알 수 있지만, 그들이 어떻게 행동했는지에 대해서는 알 도리가 없다. 따라서 과학자들 사이에서는 호모 에렉투스와 고대 호모 사피엔스, 네안데르탈인의 언어 능력에 대한 활발한 토론이 이어지고 있다. 또한 네안데르탈인의 장례 관습이나 현대인의 모습을 한 호모 사피엔스들이 1만 5천 년도 더 전에 그림을 그리고 조각을 만든 것이 종교적 이유 때문이었는지에 대한 토의도 지속되고 있다.

동물과 인간의 유전적 유사성

과학자들은 인간의 유전자가 침팬지의 유전자와 매우 비슷하지만 다른 유인원들과는 그 유사성의 정도가 덜하고, 개나 곰 같은 다른 포유류와는 그보다 덜 유사하며, 파충류와 조류와는 그 유사성의 정도가 크게 떨어진다는 사실을 알아냈다. 따라서 인간의 유전자로부터 밝혀낸 이 증거는 공통조상론의 주장과 맞아떨어진다고 할 수 있다. 흥미롭게도 최근에 과학자들이 네안데르탈인 화석에서 유전 물질을 채취하는 데 성공해, 이를 인간과 침팬지 DNA와 비교해 보았다. 그 결과, 인간의 DNA와 네안데르탈인의 DNA는 몇 가지 부분에서 차이가 있었지만, 이 각각의 DNA가 현대 침팬지의 DNA와 유사한 정도보다 인간과 네안데르탈인이 약 여덟 배 더 유사하다는 것이 밝혀졌다. 이는 50만 년 전에는 인간과 네안데르탈인이 공통된 조상을 가지고 있었다는 과학자들의 추측과 맞아떨어진다.

9장에서 논의한 것처럼, 인간과 침팬지의 유전적 유사성을 공통조상론이 아닌 공통기능론으로 설명할 수 있다고 주장하는 사람도 있을 수 있다. 그들은 공통조상이 있어서가 아니라 단지 인간과 침팬지의 기능이 유사하기 때문에 이 두 종의 유전자 서열이 비슷한 것이라고 주장할 것이다. 하지만 이 공통기능론으로 유전자 서열의 유사성은 설명할 수 있을지 몰라도,

유사유전자의 유사성 같은 다른 증거들은 설명할 수가 없다.

9장에서 우리는 대부분의 포유동물이 비타민 C를 만드는 유전자를 갖고 있다고 설명했다. 그러나 침팬지나 다른 대부분의 유인원이 가진 비타민 C 유전자는 망가져 있거나 기능을 수행하지 못한다. 유사유전자인 것이다. 인간도 제대로 기능하지 않는 비타민 C 유사유전자만을 갖고 있다. 그래서 인간도 침팬지나 다른 유인원들처럼 비타민 C가 함유된 음식을 정기적으로 섭취해야 한다. 공통기능론으로는 인간과 침팬지, 유인원들의 이 유사유전자가 다른 포유동물들의 몸에서 제대로 기능하는 비타민 C 유전자와 똑같은 위치에 존재하는 이유를 설명할 수 없다. 그러나 공통조상론으로는 비타민 C 유사유전자의 존재와 그 위치를 설명할 수 있다.

저명한 인류 유전학자이면서 복음주의 그리스도인으로서 인간게놈프로젝트를 총지휘했던 프랜시스 콜린스(Francis Collins)는 「신의 언어」(*The Language of God*, 김영사)라는 최근 저서를 통해 공통조상에 대한 유전학적 증거를 더 자세히 설명했다. 책을 마무리 지으면서 그는 "게놈을 연구하다 보면 필연적으로 우리 인간이 다른 생물들과 공통조상을 공유하고 있다는 결론을 내리게 된다"라고 썼다.

인류 집단 내의 유전적 다양성

또한 과학자들은 한 집단 내 동일 유전자의 작은 서열 차이를 분석함으로써 동일종 내의 유전적 다양성을 연구했다. 인류 집단에서 가장 많은 다양성을 보이는 유전자는 조직적합 복합체(histocompatiblility complex)라는 DNA 덩어리 안에 있는데, 여기에는 면역 체계에 중요한 역할을 수행하는 유전자도 포함되어 있다. 이 유전자들 중 어떤 것은 150개가 넘는 대립유전자를 가지고 있다. 과거의 돌연변이율이 현재의 돌연변이율과 비슷하다고 가정할 경우, 이 같은 대립유전자의 수는 모든 인간이 고작 1만 년 전에 살았던 한 부부의 후손이라고 생각할 때 예상할 수 있는 수보다 훨씬 많다. 설사 이 첫 번째 부부가 10만 년 전에 살았다 해도, 자연돌연변이율에 비추어 볼 때 한 쌍의 조상으로부터 이토록 많은 대립유전자가 발생하는 것은 불가능하다.

집단 유전학자들은 동식물이나 박테리아 집단의 역사를 재구성하기 위한 수학적 모델을 만들어 각각의 번식률과 돌연변이율을 계산했다. 과학자들이 이 중 최고의 수학적 모델들을 이용해 현 인류의 유전적 다양성을 살펴본 결과, 15만 년 전에 인류의 조상이 최소한의 수로 존재했었다는 결론이 나왔다(이를 **개체군 병목현상**이라 부른다). 이 병목현상 상태에서 그 집단에 존재한 개체 수는 약 1-10만이었다. 현 인류가 가진 다양한 유전자는 이 한 무리의 초기인류들이 가지고 있던 유전자들에서 내려왔을 것이다. 하나님이 기적이 아닌 진화적 창조를 통해 인류를 만드셨다면, 이 모델들은 현 인류가 한 쌍의 부부가 아닌 이처럼 대규모의 인류 집단에서 유래되었음을 시사한다.

이러한 유전학적 증거와 화석 증거를 조합해 최선의 모델을 만든 과학자들은 약 15만 년 전에 아프리카에서 이 개체군 병목현상이 발생했다는 결론을 내렸다. 이후에 인구가 꾸준히 증가하면서 사람들이 유럽과 아시아로 퍼져 나갔고, 그 다음에는 호주와 태평양 제도로 갔으며, 그리고 마지막으로 1만 2천 년 전쯤 미국 대륙에 까지 퍼져 나간 것으로 보인다.

인간 기원에 관한 신학적 쟁점들

인간 기원에 대한 몇 가지 중요한 신학적 쟁점에도 주의를 기울여야 한다. 여기서는 하나님의 형상과 인간의 영혼, 원죄, 타락 이전에 살았던 인간들의 죽음 등 네 가지 중요한 신학적 쟁점을 집중적으로 살펴보겠다.

하나님의 형상대로 창조된 인간

수세기 동안 많은 신학자가 인간이 '하나님의 형상'대로 창조되었다는 말씀의 정확한 의미를 연구해 왔지만, 모두가 만족할 만한 결론은 아직 나오지 않았다. '하나님의 형상'의 의미에 대한 신학자들의 해석을 정리해 보면 크게 세 가지로 나눌 수 있다.

- **정신적 능력과 사회적 능력.** 어떤 신학자들은 인간과 동물의 차이점에 주목하며, 인간의 정신적 능력과 사회적 능력이 하나님의 형상을 닮은 증거라고 말한다. 인간은 동물에 비해 지능과 합리적 사고, 언어 사용, 창조성, 사회적 관계의 형성 능력이 뛰어나다. 따라서 인간은 이런 측면에서 동물과 비교할 수 없을 정도로 하나님의 특징을 많이 지니고 있다는 것이다.

- **하나님과의 인격적 교제.** 또 다른 신학자들은 하나님이 인간과 인격적 관계를 맺기로 하셨다는 점에서 인간이 하나님의 형상대로 창조되었다고 한 말의 의미를 찾는다. 하나님은 인간에게만 모습을 드러내셨고, 인간이 자신의 행동에 대해 도덕적인 책임을 질 수 있도록 붙잡고 계시며, 자신과 영원히 함께 살기를 원하신다. 이러한 관계가 바로 우리가 하나님의 형상을 지니고 있다는 증거라는 것이다.

- **하나님의 대리인이자 청지기로서의 권한 위임.** 인간이 이 세상에서 하나님의 대리인이자 청지기 역할을 하도록 임명받은 것이 하나님의 형상을 따라 창조되었다는 말의 진의라고 주장하는 신학자들도 있다. 고대 근동 문화에서 왕은 자신의 통치권을 과시하기 위해 왕국의 중심에서 멀리 떨어진 곳에 자신의 동상(형상)을 세우곤 했다. 하나님이 이것을 변형해, 지상에서 자신의 통치권을 대리하고 자신의 청지기로 일하게 하기 위해 인간들을 **살아 있는** 동상으로 공표하셨다는 것이다. 이 설명은 하나님의 형상을 따라 새긴 우상을 만들지 말라고 한 십계명의 두 번째

계명과도 잘 들어맞는다. 인간이 이미 하나님의 살아 있는 형상이라는 것이다.

그런데 하나님의 형상에 대한 이 견해들이 공통조상이나 진화와는 어떤 관계가 있을까? 단순한 생명체가 하나님의 형상을 닮은 생명체로 진화할 수 있을까?

하나님의 형상이 우리의 정신적 능력과 사회적 능력을 뜻하는 것이라면 충분히 가능한 일이다. 하나님은 최초 인류를 **특수하게 창조**하심으로써 기적만으로 그 같은 능력들을 인간에게 부여하셨을 수도 있고, 현생인류 이전의 원시인류를 **기적적으로 변형**시킴으로써 일반적인 자연 과정과 기적을 종합적으로 사용하셨을 수도 있다. 또는 순전히 **진화적 창조**만으로 자연적 과정에 대한 하나님의 다스림을 통해 인간에게 이런 능력들을 주셨을 수도 있다. 이 중 어떤 방법을 쓰셨든지, 인간의 정신적 능력과 사회적 능력은 하나님이 주신 선물이 될 수 있다. 그것이 인간을 향한 하나님의 의도의 일부였다고 보면 되기 때문이다. 따라서 하나님의 형상에 대한 이 첫 번째 해석은 공통조상이나 진화론과 전혀 모순되지 않는다. '하나님의 형상을 지닌 자'라는 우리의 지위는, 우리가 그 능력을 얻게 된 방법이 무엇이었는가에 좌우되지 않는다. 중요한 것은 이 능력이 하나님의 선물이며, 하나님의 계획의 일부였다는 사실이다.

이번에는 하나님의 형상에 대한 두 번째 해석과 세 번째 해석을 살펴보자. 이 관점들은 하나님의 초자연적 행위를 통해 인간이 하나님과 영적인 관계를 맺게 되었고 대리자이자 청지기로서의 지위를 얻게 되었다고 강조한다. 인간 역사 중 어느 특정한 시점에 하나님이 인류와 관계를 맺기로 하시면서 인간을 자신의 형상을 지닌 자로 선언하셨다는 것이다. 이 해석에서 하나님은 오직 인간과 관계를 맺으셨을 뿐, 인간과 같은 공통조상을 갖고 있을지도 모를 다른 동물들과는 그 어떤 관계도 맺지 않으셨다. 이러한 하나님의 초자연적 행위는, 인간이 지금과 같은 육체적·유전적 특징이나 정신적 능력과 사회적 능력을 갖추게 된 경위와 전혀 무관하다. 따라서 하나님의 형상에 대한 이 나머지 두 해석도, 인간이 동물과 공통조상을 공유하는가에 대한 문제와는 무관하다고 할 수 있다.

인간의 영혼

인간 진화를 증명하는 증거들이 나타나면서 이와 함께 인간의 영혼에 대한 의문이 제기되었다. 모든 신학자가 수긍할 만한 단일한 **영혼**의 정의는 나와 있지 않지만, 이것이 인간 안에 있는 **비물질적** 요소라는 것에는 대부분 동의한다. 그리고 어떻게 보면 인간의 영혼은 한 개인, 즉 정신적·영적 자아의 가장 핵심적인 부분이다.

> 어떤 기독교 전통에서는 인간을 육체/정신(mind)/영혼(soul) 혹은 육체/영혼(soul)/신령(spirit) 등 세 부분으로 이루어진 존재라고 설명한다. 이 책에서는 **영혼**을 정신적인 부분과 영적인 부분을 통칭하는 의미로 사용했다.

우리는 영혼을 통해 배우고, 사랑하고, 하나님께 응답하며, 하나님의 형상을 지니게 된다. 하나님의 은혜로 우리의 영혼은 육체가 죽은 뒤에도 산다. 또 하나님은 자신의 자녀들에게 새 땅에서 육체가 부활해 새로운 삶을 살게 될 것이라고도 약속하셨다.

사람들은 영혼과 육체의 관계를 설명하기 위해 많은 이론을 만들어 냈다. 무신론적 물질주의는 인간이 정신적 능력을 지닌 육체일 뿐이며, 육체가 죽어도 살아남는 영혼 따위는 없다고 주장한다. 또 어떤 세계관에서는 우리의 물질적 육체는 중요하지 않으며, 비물질적인 영혼만이 영원하다고 주장한다. 이들은 인간이 죽으면 더 이상 육체에 묶여 있지 않아도 되니 영혼에게는 오히려 죽음 이후가 낫다고 말한다. 하지만 기독교는 이 두 가지 주장 모두에 반대한다. 사도신경에 나타나 있듯이, 우리는 '몸이 다시 사는 것과 영원히 사는 것'을 믿는다.

물론 기독교 전통 안에도 영혼과 육체의 관계에 대한 다양한 이론이 있다. 이 이론들 중 좀더 일반적인 통설 세 가지를 간략하게 요약하면서, 각 이론이 인간 기원에 대한 여러 관점과 어떤 관계에 있는지 살펴보도록 하겠다.

- **이론1**. 육체와 영혼은 각기 다른 두 개체로, 하나님은 물질적인 육체와 비물질적인 영혼을 결합해 한 명의 인간을 만드신다. 영혼 없는 육체는 죽지만, 영혼은 육체 없이도 존재할 수 있다. 다만 육체 없는 영혼의 상태는 불완전하다.
- **이론2**. 육체는 물질적이고 영혼은 비물질적이지만, 이 둘을 서로 다른 개체로 봐서는 안 된다. 물질은 따로 분리된 개체가 아니라 인간을 이루는 구성 요소다. 한편 영혼은 자의식과 이성, 의지, 하나님과 교제하는 능력 등 인간 특성에 필수적인 요소를 제공함으로써 육체를 구성하고 기능할 수 있게 한다. 이론1에서와 마찬가지로, 영혼은 육체 없이 존재할 수 있지만, 그 상태는 불완전하다.
- **이론3**. 인간이 타인이나 하나님과 인격적인 관계를 맺는 능력을 포함한 갖가지 정신적 능력을 지닌 것은 육체, 그중에서도 특히 뇌의 기능 때문이다. 하지만 인간의 영적 삶은 뇌의 기능뿐 아니라 하나님께도 달려 있다. 하나님이 초자연적인 방법으로 인간과의 관계를 구축해 자신의 모습을 나타내시며 인간과 언약을 맺으시기 때문이다. 이렇게 인간의 정신적·영적 능력이 육체에 의존적이기 때문에, 육체에서 분리된 영혼은

생명을 유지시키시는 하나님의 기적이 있을 때만 존재할 수 있다.

이 세 이론은 모두 현재의 삶은 물론 궁극적으로 부활한 몸으로 살게 될 영생의 삶에서도 육체가 중요하다는 성경적 관점을 긍정한다. 또한 이 이론들은 공통적으로 현재의 삶과 죽음 이후의 생존, 그리고 새 땅에서의 인간의 삶이 오직 하나님의 은혜로만 가능하다는 점도 인정한다.

그렇다면 이 이론들이 인간의 기원과는 어떤 관계가 있을까? 첫 번째 이론과 두 번째 이론은 하나님이 기적을 통해 첫 인간의 영혼을 만드셨다고 본다. 때문에 이 이론들은 하나님이 최초의 인간을 특수하게 창조하셨다는 주장이나 하나님이 원시인류를 기적적으로 변형시켜 최초의 인간을 창조하셨다는 주장과 연결되는 일이 많다. 비교적 드문 일이긴 하지만, 영혼에 대한 이 두 이론을 하나님이 자연적인 진화 메커니즘을 통해 최초 인간의 육체적·정신적 특징을 창조하셨다는 주장과 연결하는 것도 불가능한 일은 아니다.

영혼에 대한 세 번째 이론은 인간의 정신적 능력의 기원을 기적에서 찾지 않는다. 진화적 과정을 통해서도 이런 능력들이 계발될 수 있다는 것이다. 따라서 이 이론은 인간이 진화 메커니즘을 통해 창조되었다는 주장과 함께 자주 설명된다. 하지만 이 이론도 하나님이 자신을 인간에게 나타내고 인간과 관계를 맺으실 때는 초자연적인 방법을 사용하신다고 말한다는 점을 기억해야 한다. 드물긴 하지만, 특수 창조나 기적적 변형을 통해 하나님이 인간을 창조하셨다는 관점을 영혼에 대한 이 세 번째 이론과 연결하는 사람들도 있다.

원죄

'원죄'라는 주제는 '아담과 하와'라는 주제와 밀접한 관련이 있다. 여기서는 다음 세 가지 쟁점을 중점적으로 다룰 것이다.
- 원죄의 **상황**. 아기들은 원죄를 가지고 태어나는가, 아니면 백지상태로 태어나서 나중에 죄인이 되는 것인가?
- 원죄의 **전승**. 원죄는 어떻게 세대를 통해 전승되는가?
- 원죄의 **역사적 기원**. 인류가 처음으로 죄를 지은 것은 언제인가?

원죄의 상황

초대교회의 몇몇 지도자는 인간이 죄가 없는 순결한 상태로 태어난다고 가르쳤다. 그들은 인간이 죄를 배우는 것은 사회의 나쁜 예들로 인한 것이기 때문에, 이론상으로는 그리스도의 구원 사역 없이도 인간이 죄 없이 살면서 의로움을 획득할 수 있다고 말했다. '펠라기우스주의'(Pelagianism)라는 이 관점은 주후 400년경에 아우구스티누스 같은 교회 지도자들에 의해 이단으로 규정되었다. 이후에는 인류가 하나님을 반역했기 때문에 모든 인간은 태어날 때부터 죄를 갖고 태어나며, 그리스도의 구원 없이는 결코 의로워질 수 없다는 것이 원죄에 대한 기독교의 공식 교리로 자리잡았다(롬 3:22-24). 신생아를 포함한 모든 인간에게 그리스도의 의가 필요하다는 것이다.

원죄에 대한 이 교리는, 그 어떤 인간도 자신의 힘이 아닌 하나님의 은혜로만 구원을 받는다는 교리와 연결된다. 251페이지에 요약한 내용과 12장에서 논의하게 될 아담과 하와에 대한 다섯 가지 시나리오는, 오늘날의 모든 인간이 원죄를 가지고 태어나며 그리스도 없이는 결코 의로워질 수 없다는 이 관점과 조화를 이룬다.

원죄의 전승

아담과 하와로부터 오늘날 우리에게까지 원죄가 어떻게 전승되었는지에 대해서는 신학자들도 제각기 다른 의견을 가지고 있다. 일단 다음과 같은 세 가지 방식의 전승이 있을 수 있다.
- 영적 전승
- 사회적 전승
- 생물학적 전승

어떤 신학자들은 기본적으로 원죄란 하나님 앞에 선 인간의 **영적 상태**를 뜻하기 때문에, 모든 사람에게 이 원죄가 적용된다고 주장한다. 이들은 아담과 하와의 불순종으로 인해 신생아를 포함한 모든 인간이 하나님 앞에서 **죄의 상태**에 놓이게 되었고, 이로써 하나님과 관계를 맺을 때 인간에게 꼭 필요한 **은혜의 상태**를 상실하고 말았다고 설명한다. 이렇게 하나님과 인간 사이의 영적인 유대가 끊어졌으나, 이 관계는 인간의 노력으로 회복할 수 있는 성질의 것이 아니었다. 하나님과의 유대가 끊어짐으로 인해 각 사람은 필연적으로 죄를 짓게 되었으며, 이러한 영적 상태는 모든 인류가 공유하고 있다. 성경에서 하나님은 집단적 죄에 대해 한 국가나 인류 전체를 규탄하신 바 있다. 원죄가 한 개인이 저지른 죄 이상의 것이기 때문이다. 그것은 범인류적 상태다.

또 다른 신학자들은 죄로 인해 하나님과의 영적 관계가 단절된다는 사실은 부정하지 않으면서, 이 죄의 전승이 **사회적 교류**와 모방을 통해 이뤄진다고 주장한다. 인간이 가진 악한 속성 때문에 한 개인이 죄나 그에 따른 결과를 피하는 것은 불가능하며, 결과적으로 인간이 범인류적 차원에서 죄의 상태에 머물게 하는 데 우리가 각각 일조하고 있다는 것이다. 좋은 일이든 나쁜 일이든 우리가 행하는 모든 행동은 필연적으로 다른 사람에게 영향을 끼친다. 우리의 죄악된 행동이 다른 사람의 죄성을 키우고, 아이들 역시 모방을 통해 죄를 배운다는 것이다.

마지막으로 원죄 전승의 **생물학적** 측면을 강조하는 신학자들이 있다. 육체적으로, 나아가 유전적으로도 인간은 죄를 짓기 쉽게 되어 있다는 것이다. 일상적인 경험을 통해 우리는 죄가 습관이 될 수 있고, 나쁜 습관은 유혹을 키워 더 많은 죄를 짓게 만든다는 사실을 알고 있다. 죄에 대한 우리의 성향은 부분적으로는 학습을 통한 행동이지만, 동시에 유전적 결과이기도 하다. 각 사람은 특정한 죄를 더 잘 짓도록 생물학적 성향을 타고났다. 누군가는 오만함이라는 죄를 잘 짓지만, 또 누군가는 심술 맞음이나 알코올 중독이라는 죄를 더 잘 짓는다. 그래서 어떤 신학자들은 죄와 관련된 성향이 인간 내부에 생물학적으로 고정되어 있다고 말한다. 이처럼 죄에 대한 성향이 유전적이므로 아이들도 필연적으로 죄를 짓는 경향을 물려받는다는 것이다.

원죄 전승에 대한 이 세 가지 관점이 상충하기만 하는 것은 아니다. 많은 신학자가 영적, 사회적, 생물학적인 세 가지 관점이 모두 원죄의 전승을 부분적으로 설명한다고 생각한다. 다음 장에서는 원죄 전승에 대한 이 세 가지 관점이 아담과 하와에 대한 다섯 가지 시나리오에서 각기 어떤 다른 역할을 하는지 살펴볼 것이다.

원죄의 역사적 기원

인간은 언제 처음으로 죄를 지었을까? 그 전에는 어떤 영적 상태에 놓여 있었을까? 아담과 하와에 대한 시나리오 중 이들이 인류의 조상 혹은 대표라고 가정한 처음 네 가지 시나리오는, 인간이 역사의 특정 시점에 하나님의 명령을 어기고 죄를 짓고 말았다고 설명한다. 아담과 하와가 상징적인 존재라고 가정하는 다섯 번째 시나리오에서 인류는 연속적으로 하나님의 말씀에 불순종함으로써 죄인이 된다. 보다시피 모든 시나리오가 인류가 죄를 지었다는 사실에는 동의하지만, 그 최초의 죄를 짓기 이전의 인류의 상태에 대해서는 각기 다르게 해석한다.

아담과 하와를 최근 혹은 고대의 **조상**으로 간주하는 시나리오들은, 하나님께 불순종하기 이전의 아담과 하와가 의로운 상태로 살면서 하나님과 완벽한 교제를 나누었다고 본다(참고. 웨스트민스터 신앙고백 6장 2절). 이들이 하나님과의 관계를 깨기 전까지 하나님은 자신의 모습을 아담과 하와에게 보이셨고, 아담과 하와도 하나님과 의로운 관계를 유지하고 있었다는 것이다. 이에 비해 아담과 하와를 최근 혹은 고대의 **대표자**로 보는 시나리오에서는, 아담과 하와가 죄를 짓기 이전에 살았던 다른 사람들의 영적인 상태에 대해 의문을 제기한다. 마지막으로 아담과 하와의 존재를 **상징적**으로 해석하는 시나리오에서는, 태초에 이들이 의로운 상태에 있었다는 말을 실제 그들이 의로운 상태에 있었다는 것이 아니라 잠재적인 상태를 일컫는 표현일 뿐이라고 본다. 즉, 인류가 하나님의 계시에 순종할 때 그 같은 상태에 도달할 수 있었다는 의미를 그렇게 표현했다는 것이다.

타락 이전에 살았던 인간들의 죽음

타락 이전에도 죽음이 있었을까? 모든 오랜 지구론적 관점은 인류가 나타나기 전 수백만 년 동안 동물들이 살고 죽는 일을 반복했다고 본다. 아담과 하와에 대한 시나리오들 중에도 타락 이전에 생존한 인간들의 죽음을 암시하는 내용들이 있다. 이는 육체적 죽음이 인류 타락의 결과라고 설명하는 일반적 성경 해석과 모순된다. 먼저 동물의 죽음에 대해 살펴본 다음 인간의 죽음 문제로 넘어가자.

동물의 죽음

죽음을 죄의 결과로 설명한 성경 구절들(창 2:16-17; 3:19, 22; 롬 5:12-21; 고전 15장)에 언급된 죽음이 인간의 죽음을 가리키는 것은 분명하지만, 여기에 동물의 죽음까지 포함되는지는 확실치 않다. 이런 모호함 때문에 신학자들은 현대 과학이 시작되기 이전부터 오랫동안 동물의 죽음에 대해 논의해 왔다. 몇몇 신학자는 아담과 하와가 원죄를 짓지 않았다면, 동물들도 영생했을 것이라고 주장한다. 이들은 곰이나 사자 같은 포식동물(predatory animal)이 소나 양과 평화롭게 사는 모습을 묘사한 이사야 11:6-7, 65:25 같은 예언적 구절들을 그 근거로 제시한다. 이 신학자들은 새 하늘과 새 땅을 묘사한 이 말씀들이 원죄 이전의 지구를 묘사한 것이기도 하다고 주장한다. 그러나 그 밖의 다른 신학자들은 이 말씀이 새 하늘과 새 땅에 대한 것일 뿐, 최초의 지구나 타락 이전의 동물들의 상태에 대한 것은 **아니라고** 반박한다. 그들은 제한된 수명을 살도록 태어나 결국 물리적 죽음을 맞는 것이 동물 존재의 본질이라고 본다. 그들은 하나님이 포식동물들을 위해 먹이를 준비하신다는 말씀이 담긴 욥기 38:39-40과 시편 104:21을 제시하면서, 처음부터 하나님이 의도는 동물이 죽고 피조물이 새로운 세대를 만들어가는 것이었음을 이 말씀들이 증명한다고 주장한다.

이처럼 성경이 동물들의 원래 상태에 대해 분명하게 언급하지 않고 신학자들은 성경과 조화를 이루는 각기 상반된 다양한 해석을 내놓기 때문에, 우리는 자연이라는 책에 나타난 하나님의 계시를 살펴봄으로써 최선의 성경 해석이 무엇인지 판별할 수밖에 없다. 결론적으로 말하자면, 오랜 지구와 생명체의 장구한 역사를 증명하는 수많은 과학적 증거를 통해 볼 때, 동물의 죽음은 태초부터 그 존재의 본질이었다고 봐야 할 것이다.

인간의 죽음

인간의 죽음에 대해서는 성경이 비교적 분명하게 설명하지만, 여전히 다양한 해석이 가능하다. 어떤 신학자들은 죽음이 죄의 결과라고 설명한 말씀들(롬 5:12-21; 창 2:17)에 언급된 죽음을 육체의 죽음이 아니라 영적인 죽음(하나님과의 단절)으로 해석할 수 있다고 주장한다. 그들은 창세기 2:17("네가 먹는 날에는 반드시 죽으리라 하시니라")을 설명하면서, 아담과 하와가 하나님의 말씀을 어긴 후에도 곧바로 육체적 죽음을 맞지 않았으며 하나님과의 관계만 즉각적으로 단절되었다는 사실을 지적한다. 또한 이들은 고린도전서 15:56("사망이 쏘는 것은 죄요")을 내세우면서, 인간의 진짜 적은 죽음 그 자체가 아니라 죄 그리고 하나님과의 단절이라고 주장한다. 그들은 인간의 육체적 죽음은 창조될 당시부터 부여받은 물리적 본질의 한 부분일 뿐이라고 설명한다.

반면 죄의 결과로 육체와 영이 모두 죽게 되었다고 성경을 해석하는 신학자들도 있는데, 이들의 견해가 교회 역사에서 더 일반적으로 통용되어 왔다. 예수님의 육체적 부활과 그리스도 안에서 죽은 사람들의 육체적 부활을 설명한 고린도전서 15장에서 바울은 아담의 죄에서 죽음이 비롯되었다고 선언했다(21-22절). 또 26절에서는 육체적 죽음에 대해 그것이 하나님의 원래 계획에 포함되어 있었다고 말하는 대신, "맨 나중에 멸망 받을 원수"라고 표현했다.

타락으로 인해 육체와 영이 모두 죽게 되었다는 관점 안에도 타락 이전의 원래 육체 상태에 대해서는 다양한 견해가 존재한다. 인간의 육체는 처음부터 불멸하도록 창조되었을까, 아니면 불멸이라는 것은 인간이 죄를 짓지 않는 쪽을 택할 경우 하나님이 주시려 했던 잠재적 선물이었을까? 만약 인간이 처음부터 불멸하도록 창조되었다면, 타락 이전의 아담과 하와의 육체는 나이도 들지 않고, 모든 질병과 부상을 이겨냈을 것이다. 반면에 불멸에 대한 잠재적 선물만을 받은 것이었다면, 아담과 하와의 몸도 하나님의 기적을 통해서만 불멸할 수 있는, 우리와 비슷한 몸이었을 것이다. 창세기 2-3장만으로는 아담과 하와가 불멸의 육체를 갖고 있었는지 확실하게 알 수 없다. 다만 에덴동산에 **생명 나무**가 있었다는 사실이, 불멸이 잠재적 선물이었다고 보는 관점에 힘을 실어준다. 에덴동산에는 아담과 하와가 죄를 짓기 전부터 이 생명 나무가 있었다(창 2:9). 아담과 하와가 처음부터 불멸의 육체를 갖고 있었다면, 이 나무가 존재할 이유가 무엇이었겠는가? 이 나무의 존재는 아담과 하와의 몸이 불멸하는 육체가 아니었으며, 죽지 않기 위해서는 하나님의 능력이 필요했음을 뜻한다. 이 생명 나무는 불멸의 인간이 죄를 지을 경우 잃어버릴 하나님의 잠재적 선물이었음을 알려주는 장치로 보인다. 창세기 3:22도 이를 뒷받침한다. "이 사람이 선악을 아는 일에 우리 중 하나같이 되었으니 그가 그의 손을 들어 생명 나무 열매도 따먹고 영생할까 하노라." 이 생명 나무는 죽음이 완전히 사라지고, 모든 하나님의 사람의 몸이 썩지 않게 되는 새 땅 위의 새 예루살렘을 묘사한 요한계시록 22장에 다시 등장한다. 인간의 불멸에 대한 하나님의 계획이 마침내 그리스도를 통해 새로운 창조세계에서 완벽하게 이루어지는 것이다.

순전히 육체만 두고 생각해 보자. 불멸성을 타고난 인간의 육체는 대체 어떻게 기능했을까? 그것을 상상하기란 무척 어려운 일이다. 지금 우리가 가진 육체는 다른 생물들처럼 노화하고, 질병에 걸리며, 상처를 입는다. 질병에 대항해 싸우는 인간의 면역 체계는 다른 동물들의 면역 체계와 크게 다를 바 없다. 즉, 상처에서 회복하는 데 한계가 있다. 그 어떤 질병과 상처도 극복해 내는 육체는 지금 우리의 몸과 완전히 다른 원리로 구성되어 있어야 할 것이다. 하지만 인간의 DNA에는 이미 노화의 과정이 포함되어 있으며, 인간의 세포 역시 닳아 죽게 되어 있다. 따라서 인간의 몸을 불멸의 몸으로 만들기 위해서는 몇 가지 작은 변화만으로는 어림도 없다. 근본적으로 다른 화학적·생물학적 과정으로 완전히 재구성되어야 한다. 하지만 이 우주에서 영원히 존재하는 피조물은 없어 보인다. 산은 침식되고, 대륙은 이동하며, 태양조차도 영원히 빛날 만큼의 충분한 연료를 갖고 있지 않다. 적어도 지금 우리가 속한 창조세계에서는 하나님이 설계하신 자연적 과정으로 불멸할 수 있는 것은 없어 보인다. 진정한 불멸은 다음 창조세계에서만, 즉 오로지 하나님의 은혜롭고 기적적인 역사를 통해서만 가능할 것 같다.

쟁점의 종합

이 장에서 우리는 인간 기원에 대한 여러 가지 과학적 쟁점과 신학적 쟁점을 살펴보았다. 독자들은 이 많은 쟁점을 하나로 엮어낼 수 있을지 궁금할 것이다. 우리는 바로 다음 장에서 아담과 하와에 대한 다섯 가지 시나리오를 살펴보면서 각 쟁점이 어떤 역할을 하는지 논의함으로써 이 일을 해 낼 생각이다. 인간의 제한된 이해력으로 이 복잡한 사안에 담긴 진실을 완벽하게 이해할 수는 없겠지만, 그래도 희망은 있다. 하나님의 다스리심과 성품이 바로 우리의 희망이다. 성경과 자연에 담긴 모든 진리의 저자가 바로 하나님이시기 때문이다.

성찰 및 토론을 위한 질문들

1. 이 장에서 우리는 인간 기원에 대한 몇 가지 화석 증거와 유전적 증거들을 요약했다. 이미 들어 본 내용은 무엇이었으며, 새로 알게 된 것은 또 무엇이었는가?
2. 인간이 하나님의 형상으로 창조되었다는 말의 의미를 설명해 보라.
3. 영혼을 정의해 보라. 육체와 영혼의 관계에 대해 어떻게 생각하는가?
4. 원죄가 다음 세대로 전승되는 과정에 대한 설명 중 어떤 것이 가장 설득력 있다고 생각하는가?

5. 타락 이전에 생존한 인간들의 불멸에 대해 성경이 무엇이라고 말하는 것 같은가? 하나님이 처음부터 인간 육체의 죽음을 계획하셨던 것은 아닐까?

ORIGINS

12장 아담과 하와

사도신경은 아담과 하와의 이름을 언급하지 않는 대신, **죄의 용서**에 대해 말한다. 지난 교회 역사에서 신학자들은 창세기 2-3장의 말씀을 바탕으로 인간의 죄성과 이로 인한 죽음의 의미를 끊임없이 고민해 왔다. 수많은 화가도 아담과 하와가 받은 유혹과 그 결과 에덴동산에서 쫓겨난 일을 그림으로 그려 왔다. 이 그림들에는 보통 뱀과 선악을 알게 하는 나무, 그리고 그 나무의 열매가 등장하는데, 이 열매는 주로 사과로 표현된다. 이 요소들을 문자 그대로 이해해야 하는지 아니면 상징적인 것으로 이해해야 하는지에 대해서는 신학자들 사이에서도 다양한 이견이 존재하지만, 이것들이 중요한 영적 실체를 가리킨다는 점에 대해서는 모두 동의한다.

고고학과 유전학을 통해 인류의 역사를 더 깊이 알수록 더 많은 질문이 생겨난다. 아담과 하와는 언제 살았을까? 모든 인류가 다 아담과 하와의 후손일까, 아니면 그들 이전에도 사람이 있었을까? 아담과 하와는 그저 초기 인류의 상징이지 않을까? 지난 수세기 동안 그리스도인들은 이 질문들에 답하고자 부단히 노력해 왔고, 그 결과 다양한 답을 생각해 냈다. 이 장에서 우리는 그동안 제시되어 온 이 무수한 답변을 포괄하는 다섯 가지 시나리오를 살펴볼 될 것이다. 각 시나리오의 중간에 위치하는 입장들도 있으나, 여기서는 개념을 명확히 전달하기 위해 다섯 가지 시나리오로 단순화시켜 집중적으로 살펴보고자 한다. 이 다섯 시나리오는 아담과 하와를 각기 다음과 같이 인식한다.

- 최근 조상
- 최근 대표자
- 한 쌍의 고대 조상
- 고대 대표 집단
- 상징

하지만 서로 다른 견해를 지닌 신학자들도 하나님이 자신의 형상을 따라 인간을 만드셨다는 점에는 모두 동의한다. 또한 하나님이 인류에게 자신을 드러내시고, 그들과 인격적인 관계를 맺으셨으며, 그들에게 도덕적 의무와 영적 의무를 맡기셨으나 인류는 죄를 택했고, 그 죄가 나머지 모든 인류에게 전승되었다는 것도 공통적으로 믿는다.

> 앞부분을 읽지 않고 이 장을 읽고 있다면, 앞으로 돌아가 특히 2, 4-6, 8-9, 11장을 읽기 바란다. 지금부터 이야기할 내용의 신학 및 과학적 토대가 되는 이 장들을 읽어야 인간의 기원이라는 주제에 대한 잘못된 선입견을 피할 수 있기 때문이다.

아담과 하와에 대한 이 다섯 가지 시나리오는 하나님의 자연 계시나 말씀 계시와 관련해 각기 다른 심각한 문제점들을 안고 있다. 심지어 이 두 계시 모두와 관련해 문제가 있는 시나리오도 있다. 이 장에서는 11장에서 정리한 과학적 쟁점과 신학적 쟁점에 비추어 이 다섯 가지 입장을 좀더 자세히 살펴볼 것이다. 또한 이번 장의 목적이 어느 한 가지 입장을 옹호하는 것이 아니라, 교회 안에서 사실에 입각한 논의가 활발하게 일어나도록 유도하는 것임을 명심해 주기 바란다.

과학적 쟁점과 신학적 쟁점 요약

과학적 쟁점
- 화석 증거: 과학자들은 5백만 년 전에 생존한 원시인류의 화석을 발견했으며, 현생인류와 비슷하게 생긴 인류의 화석은 최소한 12만 년 전의 것임을 알아냈다.
- 동물과의 유전적 유사성: 인류와 동물 간 유전자 서열의 유사성은 공통조상론을 뒷받침한다.
- 인류 집단 내의 유전적 다양성: 모든 인간이 한 쌍의 조상으로부터 나왔다고 보기에는 인류의 유전자 공급원(gene pool)이 너무나 다양하다.

신학적 쟁점: 하나님의 형상
- 관점1: 사회적 능력—인간의 정신적 능력과 사회적 능력이 동물보다 훨씬 뛰어나다.
- 관점2: 인격적 관계—하나님이 인간과 인격적 관계를 맺기로 하셨다.
- 관점3: 대리인이자 청지기—하나님이 인류를 자신의 대리인이자 청지기로 임명하셨다.

이 세 가지 관점은 서로 양립 가능한 동시에, 아담과 하와에 관한 다섯 가지 시나리오와도 조화를 이룰 수 있다.

신학적 쟁점: 인간의 영혼
- 이론1: 영혼과 육체는 서로 다른 개체이며(하나는 물질적이고 하나는 비물질적이다), 영혼은 기적적으로 창조된 것이 틀림없다.
- 이론2: 육체는 물질적이고 영혼은 비물질적이지만, 이 둘은 서로 다른 개체로 볼 수 없다. 육체가 조직화되고 기능할 수 있는 것은, 영혼이 자의식과 이성, 의지, 하나님과 교제할 수 있는 능력과 같은 필수적인 인간 특성의 요소를 육체에 제공하기 때문이다. 영혼은 기적적으로 창조된 것이 틀림없다.
- 이론3: 영혼은 (육체에서 비롯되는) 정신적·관계적 능력에 하나님과의 영적 관계가 더해진 것이다. 하나님은 진화라는 자연적 메커니즘과 인간을 향한 특별 계시를 통해 영혼을 창조하셨을 것이다.

이 세 가지 이론도 모두 아담과 하와에 관한 다섯 가지 시나리오와 조화를 이룰 수 있다.

신학적 쟁점: 원죄
- 원죄의 상황: 그리스도 없이는 그 누구도 의로울 수 없다.
- 원죄의 전승: 죄는 다른 인류에게 생물학적인 방법이나 사회적 방법으로 혹은 영적 상태로 전승된다. 물론 이 세 가지 방법 모두를 통해 전승될 수도 있다.
- 원죄의 역사적 기원: 원죄는 일회적 사건이었을까, 아니면 여러 차례에 걸쳐 일어난 일이었을까? 타락 이전 태초의 의로움은 실제적인 것이었을까, 아니면 잠재된 상태를 뜻하는 것이었을까?

신학적 쟁점: 타락 이전에 살았던 인간들의 죽음
- 견해1: 타락으로 인한 변화는 영적인 죽음이 시작되었다는 것뿐이다. 타락 이전에도 인간은 자연적으로 죽을 수밖에 없는 존재였다.
- 견해2: 타락으로 인해 인간은 영적으로도 육체적으로도 죽게 되었다. 타락 이전의 인간은 불멸의 존재였다.
- 견해3: 타락으로 인해 인간은 영적으로도 육체적으로도 죽게 되었다. 타락 이전의 인간은 불멸의 존재는 아니었으나 불멸의 잠재성을 갖고 있었다.

아담과 하와에 대한 다섯 가지 시나리오

아담과 하와는 최근 조상이다

이 시나리오에 따르면, 하나님은 약 1만 년 전에 아담과 하와라는 인간 부부를 특별히 창조하셨다. 그들이 첫 번째 인류였으며, 그 이전은 물론 아담과 하와와 동시대에 살았던 사람도 없다. 현대 인류는 모두 이 두 사람의 후손이며, 죄인으로서의 신분도 이들로부터 물려받았다.

교회사를 통틀어 대부분의 그리스도인이 이 관점을 견지해 왔다. 이 시나리오는 창세기 2장 이후의 말씀을 지극히 문자적으로 해석한다. 지난 수세기 동안 원죄를 다룬 신학자들의 글 대부분이 이 시나리오를 전제로 하기 때문에, 신학적으로 다루기에도 가장 쉬운 것이 바로 이 시나리오다. 이 최근 조상설은 인간이 하나님의 형상을 지녔다는 것과 영혼에 대한 전통적 관점과 잘 어울린다. 그뿐 아니라, 타락 이전 인간들의 불멸과 관련된 세 가지 견해나 원죄에 대한 개신교와 로마 가톨릭의 전통적 입장, 즉 아담과 하와가 본래는 의로운 존재였으나 불순종으로 인해 죄의 상태에 빠졌으며 이 원죄가 그들의 후손들에게 생물학적, 사회적, 혹은 영적으로 전승되었다고 보는 입장과도 일맥상통한다.

그러나 이 시나리오에는 신학적인 문제가 있다. 이를테면 '가인의 아내는 누구인가?' '동생을 죽인 가인은 자신도 살해당할까 봐 두려워했는데, 당시에 누가 그를 죽일 수 있었다는 말인가?'와 같은 질문을 할 수 있다. 그리고 이렇게 창세기를 문자적으로 읽어 내려가다 보면, 창세기 4장에서 아담 이후 불과 몇 세대가 태어났을 뿐인데도 상당한 인구를 가진 도시가 여러 개 생겼음을 확인할 수 있다. 이 사람들은 대체 어디서 온 것일까? 우리는 보통 아담과 하와에게 성경에 기록된 것보다 많은 자녀가 있었다거나 창세기의 족보는 많은 세대를 건너뛰고 몇몇 대표적인 인물의 이름만 기록한 것일 뿐이라고 단정함으로써 이 문제를 해결했다고 생각한다.

그러나 아담과 하와가 최근 조상이라는 이 시나리오는, 하나님이 자연을 통해 주신 증거들과 가장 어울리지 않는 시나리오다. 인류의 조상이 사용한 도구나 예술작품, 불을 사용한 흔적 같은 고고학적 증거들은 인류가 남북 아메리카를 포함한 모든 대륙에서 적어도 1만 년 이상 살아 왔음을 증거한다. 그런데 이 민족들이 모두 대략 1만 년 전 근동 지역에 거주한 한 부부의 후손일 수는 없다. 무엇보다 그들이 지구 전체에 흩어지기에는 시간이 너무 짧다. 게다가 현생인류와 매우 흡사한 화석 중 유라시아 지역에서 발견된 것은 연대가 3만 년 이상 된 것이었고, 아프리카에서 발견된 것은 10만 년이 넘는 것들이었다. 인류의 조상이 되는 부부를 1만 년 전에 만드신 하나님이 이보다 10만 년도 더 전에 (기적으로든 진화적 방법으로든) 인간임이 **분명해 보이는** 이 피조물들을 만드실 이유가 무엇이었겠는가?

다양한 유전적 증거도 아담과 하와에 대한 최근 조상설의 설득력을 약화시킨다. 먼저 이 시나리오로는 인류가 왜 침팬지 같은 다른 유인원처럼 상당수의 비기능성 유사유전자를 갖고 있는지 설명하기가 쉽지 않다. 아울러 오늘날 인류 집단 내의 유전적 다양성, 즉 어째서 일부 유전자에 150개가 넘는 **대립유전자**가 있는지를 설명하기에도 어려움이 있다. 하나님이 한 쌍의 인간만을 특수하게 창조해 인류 역사를 시작하셨다면, 각 유전자의 대립유전자는 기껏해야 네 개였을 것이고, 따라서 이 시나리오가 옳다고 볼 때 하나님은 현대 인류에게 나타나는 유전적 다양성을 구현하기 위해 이후 몇 세대 동안 이 유전자들 안의 돌연변이 수를 기적적으로 증가시키셔야 했을 것이다.

이 최근 조상 시나리오로는, 특히 왜 인간 DNA의 **인트론**(intron: 진핵생물의 DNA 속에서 단백질 합성의 유전 암호에 반영되지 않는 염기 배열—편집자주)과 게놈 구조가 침팬지 같은 유인원들의 인트론이나 게놈 구조와 그렇게 유사한지도 설명하기 힘들다.

나아가 이 시나리오는 5장에서 살펴본 '성숙한 모습으로의 창조론'이 맞닥뜨린 것과 똑같은 신학적 문제를 갖고 있다. 하나님이 실제로는 수천 년 전에 지구를 창조하셨지만 수십 억 년 전에 창조하신 **것처럼 보이게** 만드셨다는 해석에 나타난 신학적 문제점이, 하나님이 실제로는 최초 인류를 공통조상 없이 특수하게 창조하셨으나 인간의 DNA나 화석의 기록으로는 인류와 동물이 공통조상을 갖고 있는 **것처럼 보이게** 하셨다는 이 시나리오에서 그대로 반복된다.

아담과 하와는 최근 대표다

이 시나리오에 따르면, 하나님은 약 15만 년 전에 진화적 창조나 기적적인 변형을 통해 인간을 창조하셨다. (진화적 창조를 사용하셨든 기적적인 변형을 사용하셨든, 이 최근 대표설은 동물과의 공통조상론을 기본 전제로 삼고 있다.) 그러다가 지금으로부터 약 1만 년 전, 인류 전체를 대표하는 부부로 아담과 하와를 선택하셨다. 그러나 인류를 대표하는 이 아담과 하와가 죄를 지었고, 결국 죄인이라는 그들의 신분이 다른 모든 인류에게까지 적용되었다. 그래서 이 시나리오에 따르면, 아담과 하와 시대에 이 두 사람을 제외하고도 다른 많은 사람이 살고 있었기 때문에, 현대 인류는 아담과 하와가 아닌 다른 사람들의 자손일 수 있다.

이 시나리오는 오늘날 발견되는 화석 기록이나 고고학적 증거, 유전학적 증거들과 맞아떨어진다. 이 일련의 과학적 증거는 하나님이 그 많은 인류를 어떻게 창조하셨는지 보여 주는 자료로 활용될 수 있다. 그러나 아담과 하와가 생존한 시대에는 다른 사람도 많이 살고 있었기 때문에, 과학적 증거만으로 아담과 하와라는 특정한 부부가 존재했는지의 여부를 판단하는 것은 불가능하다.

이 시나리오는 사실 현대 과학이 시작되기 전부터 소개되었는데, 이는 이 시나리오가 창세기 4장에 기록된 가인 아내의 정체라든가 그 가족 외에도 많은 사람이 살았음을 암시하는 구절에 대한 해석의 문제를 해결해 주었기 때문이다. 또한 인간의 창조를 다룬 창세기 1:26-28을 보면, 성경 저자가 최초의 부부를 구체적으로 지칭하는 대신 인류를 통칭해 그들이라고 부른다. 이 관점을 지지하는 사람들은 창세기 1장만이 최초 인류의 창조에 관한 것이고, 그 다음 장부터는 이로부터 시간이 한참 지난 후의 일을 다룬 것으로, 이 시기에 하나님이 특별히 아담과 하와를 창조하고 택하셔서 자신의 모습을 드러내셨다고 주장한다.

하지만 이 시나리오에는 몇 가지 새롭고 어려운 신학적 문제가 내포되어 있다. 창세기 2장 이후에도 아담과 하와를 모든 인류의 조상으로 간주한 말씀들이 상당히 많이 등장하기 때문이다. 창세기 저자는 아담과 하와를 최초의 인류로 생각했던 것으로 보이며, 최초 독자들도 아마 그렇게 이해했을 것이다.

최근 대표설은 인간이 하나님의 형상을 지녔다는 말에 대한 전통적인 관점들과 무난하게 어울린다. 이 시나리오의 하나님 역시 진화적 창조나 기적적 변형을 통해 인간에게 정신적 능력과 사회적 능력을 주셨을 수 있기 때문이다. 그러나 하나님이 아담과 하와 **이전에** 살았던 사람들도 땅의 청지기로 임명하셨는지에 대해서는 분명히 답할 수가 없다. 다만 하나님이 아담과 하와에게 자신을 드러내신 후로는, 분명 이들이 하나님과 인격적 관계를 맺고 땅의 청지기로서의 삶을 위임받고 살았던 것 같다. 그리고 아담과 하와가 인류의 대표였으므로 그 역할이 나머지 모든 인류에게로 확장되었을 것이다.

최근 대표설은 육체와 영혼의 관계에 대한 전통적인 시각과도 조화를 이룬다. 하지만 아담과 하와 이전의 사람들에게도 영혼이 있었을 수 있으나, 이들이 하나님과 어떤 관계를 맺고 있었는지에 대해서는 별다른 답을 주지 못한다.

이 시나리오에서는, 아담과 하와가 죄를 짓기 전에 살았던 사람들도 불멸하는 존재가 아니었다. 이는 아담과 하와가 자연적으로 죽을 수밖에 없는 존재들이었고 타락은 단지 영적인 사망만을 낳았을 뿐이라는 관점과 가장 잘 어울린다. 또한 이 시나리오는 아담과 하와가 자연적으로는 필멸의 존재들이었지만 **잠재적으로는** 불멸할 수 있었다고 보는 입장과도 통한다. 그들이 죄를 짓지만 않았다면, 하나님이 곧바로 혹은 일정한 시간이 지난 후에 아담과 하와는 물론 나머지 인류에게까지 불멸하게 하는 기적적인 변화(생명 나무)를 안겨주셨다고 말할 수 있기 때문이다. 반면 죄를 짓기 전의 아담과 하와가 **자연적인** 불멸의 존재였다고 보는 관점은 최근 대표설과 가장 크게 부딪힌다. 이것이 말이 되려면, 하나님은 먼저 불멸하지 않는 아담과 하와의 육체를 기적적인 변화를 통해 불멸의 육체로 바꾸시고 (아주 극적인 생물학적 변화가 필요했을 것이다), 그들이 죄를 지은 후에 또다시 그들의 육체를 불멸하지 않는 몸으로 변화시키셨어야 한다.

이 시나리오에서, 아담과 하와는 하나님이 처음 그들을 택하시고 자신을 드러내셨을 때는 의로운 상태였으나 이후 불순종의 행위로 죄의 상태에 빠지게 된 것이다. 그렇다면 이 죄가 나머지 인류에게까지 퍼지게 된 것은 이 시나리오로 어떻게 설명할 수 있을까? 11장에서 설명한 세 가지 전승 방식을 모두 이 시나리오에 적용하는 것은 불가능하다. 원죄가 출생을 통해 **생물학적으로** 전승된다고 가정할 경우에 이 시나리오는 말이 안 되기 때문이다. 아담과 하와에게 생물학적 변화가 생겼다 해도, 그것은 당시 이미 생존해 있던 다른 사람들이 아닌 그들의 직계 후손에게만 전승되어야 한다. 반면에 원죄가 **사회적으로** 전승된다고 가정할 경우에는, 아담과 하와가 동시대에 살았던 다른 사람들과 교류했을 것이라는 점에서 이 시나리오의 내용은 무난하게 이어진다. 그러나 원죄가 출생을 통해 **영적으로** 전승된다는 견해 또한 최근 대표설을 주장하는 이 시나리오와 어울리지 않는다. 하지만 원죄가 출생이 아닌 대표적 과정(representative process)을 통해 **영적으로** 전승되었다고 설명함으로써 이 시나리오를 성립시킬 수는 있다. 이 경우에는 아담과 하와가 대표자의 역할을 했기 때문에 영적인 **죄의 상태**가 나머지 인류에게 적용되었다고 말할 수 있기 때문이다.

어떤 신학자들은 하나님 앞에서의 우리의 법적 지위도 이와 똑같이 출생이 아닌 우리의 대표자를 통해 결정된다고 말한다. 로마서 5:17-19은 대표자로서 아담의 역할을 강조하면서, 한 대표자의 행위로 인해 수많은 사람이 죄인 선고를 받는 것에 아무런 신학적 문제가 없는 것처럼 말한다. 예수님이 우리의 대표자가 되어 그분을 통해 스스로의 노력으로 의롭게 될 수 없는 우리가 의로워지는 것도 이와 같은 맥락이다.

그러나 최근 대표설과 관련된 또 하나의 신학적 쟁점은, 아담과 하와가 생존하기 전 수천 년 동안 살고 죽었던 사람들의 도덕적 책임에 관한 부분이다. 그들은 자기 행동의 옳고 그름을 판별할 수 있었을까? 참인지 거짓인지, 타인을 돕는 행동인지 피해를 주는 행동인지를 구분하는 정도의 지능은 있었겠지만, 이 문제에 대한 하나님의 기준을 알 기회는 그들에게 없었다. 아담과 하와가 죄를 짓기 전에 살았던 사람들은 죄인이냐 의인이냐를 굳이 구분하지 않는, 영적으로 모호한 상태에 있었던 것일까? 최근 대표설을 주장하는 사람들은 이 문제에 대해 죄는 오직 하나님과의 관계를 통해 정의될 뿐, 다른 사람에게 미친 영향을 기준으로 정의되는 것이 아니라고 해명한다. 그들은 아담과 하와가 불순종하기 전까지는 하나님의 계시를 받지 못한 인간들이 자신들의 행위에 책임을 지지 않아도 되었다고 본다. 그러나 성경과 기독교 신학에서는 하나님과의 관계는 물론, 그것이 다른 사람들과 자신에게 미치는 영향을 모두 포함해 죄를 정의한다. 그러니 "아담과 하와가 죄를 짓기 전 수천 년 동안 생존했던 사람들은 자신들의 행동에 대한 책임을 지지 않은 채 그렇게 살고 죽었던 것일까?"라는 의문이 사라지지 않는다.

최근 대표설을 주장하는 사람들은 로마서 5:12-19의 일부를 인용해 아담과 하와 이전에 살았던 인류의 지위를 설명한다. 그중 13-14절에서 바울은 다음과 같이 기록한다.

> 죄가 율법 있기 전에도 세상에 있었으나 율법이 없었을 때에는 죄를 죄로 여기지 아니하였느니라. 그러나 아담으로부터 모세까지 아담의 범죄와 같은 죄를 짓지

아니한 자들까지도 사망이 왕 노릇 하였나니 아담은 오실 자의 모형이라.

바울의 이러한 설명은 '아담으로부터 모세까지'의 사람들에 관한 것이지만, 최근 대표설을 주장하는 사람들은 바울의 이 논리를 아담 이전에 살았던 사람들에게도 똑같이 적용할 수 있다고 말한다. 율법이 없었을 때는 죄도 없었다면, 아담과 하와 이전 사람들이 하나님 앞에서 가진 도덕적 지위는 하나님이 아담과 하와에게 자신을 드러내신 이후에 살았던 사람들의 그것과 달랐다고 볼 수 있다는 것이다.

이와 관련해 아담과 하와 시대 혹은 그 이후에 살긴 했으나 지리적으로 이들과 멀리 떨어져 있었기 때문에 아담과 하와나 그 후손들과 교류할 기회가 없었던 사람들의 영적 신분이라는 신학적 문제에 대해서도 생각해 볼 수 있다. 인간적 관점에서 볼 때, 아담과 하와에 대해 알지도 못하고 그들의 결정과 전혀 무관했던 이 사람들을 하나님이 죄인이라고 규정하는 것은 공정하지 못한 처사로 보인다. 한편 이 공정성의 문제는 아담과 하와와 관련된 쟁점들에서 반복적으로 대두된다. 지금 살아 있는 사람들도 아담과 하와의 의사 결정에 전혀 참여할 기회가 없었는데도 모두 죄인으로 태어난다. 또 아담과 하와 시대에 그 두 사람의 이야기를 듣지 못했던 사람들처럼, 오늘날 세계 곳곳에도 복음을 듣지 못한 채 살아가는 사람들이 많다. 따라서 이 질문들에 대한 오늘날의 신학적 답변을 아담과 하와 시대에 살았던 사람들에게 똑같이 적용해 볼 수는 있겠다.

아담과 하와는 고대 조상이다

이 시나리오에 따르면, 하나님은 진화의 메커니즘으로 원시인류를 창조하셨다. 그러나 약 15만 년 전에 이 중 한 쌍의 원시인류를 택하시고 그들을 기적적으로 변화시켜 최초의 인간인 아담과 하와로 만드셨다. 이는 분명 영적인 변화였을 것이며, 이때 이들을 새로운 종이라고 부를 수 있을 만큼의 상당한 육체적·정신적 변화가 이들에게 이루어졌을 것이다. 그리고 오늘날 존재하는 모든 인간은 다른 원시인류들이 아닌 이 두 부부의 후손으로, 그들의 죄성을 함께 물려받았다.

최근 조상설처럼 이 시나리오도 인류가 하나님의 형상으로 창조되었다는 것이나 인류의 타락, 그리고 타락 이전에 살았던 인간들의 죽음에 대한 전통적인 기독교 신학과 잘 통한다. 이 시나리오는 아담과 하와가 창조될 당시 어느 정도의 기적적인 행위가 있었음을 인정하기 때문에, 영혼에 대한 전통적 입장과도 배치되지 않는다. 아울러 이 시나리오는 창세기 2-3장에 나타난 아담과 하와를 인류의 첫 부부로 파악하는데, 여기서 한 가지 해석상의 문제가 발생한다. 아담과 하와가 등장한 창세기 2-3장과 창세기 4장에 기술된 문명 간에 약 15만 년이라는 긴 간극이 있기 때문이다. 고고학적으로 볼 때, 창세기 4:17-22에 나오는 농업이나 음악, 금속 가공업, 도시는 지금으로부터 약 8천 년 전에야 등장한 것들이다. 창세기의 계보가 몇 세대를 건너뛰고 기록된 것이라 하더라도, 건너뛴 그 전체 기간이 14만 2천 년이나 된다고 생각하기는 어렵다. 그 정도로 긴 공백기가 있었다면, 그동안 문화나 언어에서 엄청난 변화가 있었을 것이기 때문이다.

화석 및 유전적 증거와는, 고대 조상설이 최근 조상설보다 잘 맞아떨어진다. 15만 년이라는 시간이 있었으니, 그동안 아담과 하와의 후손들이 세계 각 대륙에 흩어질 수 있었을 것이다. 하나님이 원시인류로부터 첫 번째 인류를 창조하셨을 때, 유전자에 작은 기적적인 변화만을 일으키셨다고 설명하는 점도, 인간과 동물이 수많은 유전적 유사점을 갖고 있다는 사실과 무난하게 연결된다. 이때 하나님이 이루신 기적적인 변화는 그렇게 극적인 변화가 아니었을 것이다. 과학자들은 인간과 침팬지의 전체 게놈을 판독했고, 그 결과 이 두 종 간의 유전적 차이는 공통조상의 생존 시기 이후 정상적인 수준의 유전자 돌연변이율로 설명이 가능했다. 고대 조상설은 신중하게 선택된 몇 가지 육체적·유전적 변형만이 있었다고 설명함으로써 유전학적 증거와의 일관성을 만드는 동시에, 인류가 기적적으로 창조되었다는 여지까지 둠으로써 하나님 앞에서의 인간의 영적 신분을 확고하게 만든다.

그러나 고대 조상설은 현대 인간에게 나타나는 유전적 다양성을 설명하기 어렵다는 점에서 한계를 드러낸다. 하나님이 단 한 쌍의 원시인류를 인간으로 변화시키셨다면, 아무리 15만 년이라는 긴 시간이 흘렀어도 우리가 여전히 그 한 쌍의 후손일 텐데, 이 경우 현대 인류에게서 발견되는 수많은 종류의 대립유전자를 설명하기가 어려워진다. 하나님이 몇 세대에 걸쳐 다양한 유전자의 돌연변이 수를 기적적으로 증가시키셨기 때문에 현대 인류에게서 그 같은 유전적 다양성이 발견된다고 설명하는 것 외에는 달리 뾰족한 수가 없다. 즉, 하나님이 한 쌍의 부부의 후손들로 인류를 창조하시고, 그 자손의 유전학적 다양성을 기적적인 수준으로 증가시켜 겉으로는 우리가 마치 여러 부부의 후손인 **것처럼 보이게** 만드셨다는 것이다. 이는 최근 조상설과 마찬가지로 '성숙한 모습으로의 창조론'이 가진 신학적 문제를 고스란히 답습하는 경우라 할 수 있다.

유사 시나리오: 고대 집단 조상설

이 고대 조상설과 유사한 시나리오로 고대 집단 조상설이라는 것이 있다. 이 시나리오는 인류 역사에서 인구 병목현상이 일어날 즈음에, 하나님이 한 큰 집단의 사람들에게 자신의 모습을 드러내셨는데, 이 인간 집단이 죄를 범했다고 본다. 또한 창세기 2-3장에 나오는 아담과 하와 이야기는 이 집단에게 발생했던 일을 상징적으로 보여 주는 것이며, 우리는 이 집단에 속한 사람들의 후손이라고 설명한다.

고대 집단 조상설을 주장하는 사람들은, 한 쌍의 부부가 아닌 이 하나의 **집단**만이 인류의 조상이라고 말한다. 이로써 인류에게 하나님이 자신을 계시하신 이들 외에도 다른 조상들이 있었다고 보는 대표설에 뒤따르는 신학적 문제점을 피할 수 있다.

이 시나리오는 화석 증거나 유전학적 증거와도 배치되지 않는데, 특히 현대 인류에게 유전적 다양성이 나타난다는 것을 증명하는 증거들과 잘 어울린다. 이 시나리오는 하나님이 진화 메커니즘을 통해 인류 집단을 만드신 후, 계시를 통해 이들을 영적으로 변화시키셨다고 이해한다. 혹은 어느 순간 이 집단 전체에 대해 동시에 일정 정도의 육체적이고 유전학적인 변화를 일으키셨을 것이라고 본다.

그러나 이 유사 시나리오에도 문제는 있다. 고대 인구 병목현상의 유전적 증거들을 보면, 아무리 병목현상이 일어난 시대였다 하나 당시 존재한 인구의 수가 1만 명이 넘었던 것으로 나타난다. 즉 고대 집단 조상설이 가정하는, 이보다 훨씬 적은 규모로 한 곳에 모여 사는 소수의 수렵채집 집단이 아니었다는 말이다. 하나님이 이 많은 사람에게 동시에 자신을 드러내신 것이 사실이라면, 그 상대는 아마 서로 다른 수많은 소규모 집단이었을 것이다. 유전학적으로 볼 때, 하나님이 한 번에 자신을 효과적으로 드러내실 수 있었을 집단의 규모는 이론적으로 최대 75명 정도다. 또한 이는 하나님의 기적 없이 이후 세대를 통해 현대 인류에 나타나는 유전적 다양성을 발현시키기 위해 필요한 최소한의 인원수다. 또한 이 주장은 하나님이 이 유일 집단을 원시인류에서 최초의 현생인류로 변화시키실 때 그 안에 모든 필요한 유전적 다양성을 함께 창조하셨으며, 그 정도의 유전적 다양성이 이후 세대에 지속적으로 전달되도록 이 집단의 사람들에게 충분히 많은 후손을 주셨다는 것을 가정하고 있다. 이 고대 집단 조상설 역시 '성숙한 모습으로의 창조론'이 갖는 신학적 문제로부터 완전히 자유롭지는 못하지만, 적어도 모든 인간이 단 한 쌍의 후손이라는 주장보다는 문제가 많지 않다.

아담과 하와는 고대 대표 집단이다

이 시나리오에 따르면, 하나님은 약 15만 년 전에 진화적 창조를 통해 인류를 만드셨고, 한 부부가 아닌 한 집단의 사람들에게 자신을 드러내셨다. 다른 집단들이 있었는데도 하나님은 이 특정 집단을 택하여 동시대 인류 전체의 대표가 되게 하셨다. 그런데 이 대표들은 죄를 지었고, 그 결과 죄인이라는 이들의 신분이 다른 모든 인류에게까지 적용되었다. 그리고 그들의 후손은 당시 생존한 다른 인간들의 후손과 섞여 내려오고 있다.

고대 대표 집단설은 자연을 통한 하나님의 계시가 증거하는 바와 잘 부합된다. 이 시나리오는 인류가 세계 전체에 흩어져 살았음을 보여 주는 화석 증거들이나 동물과의 공통조상론을 뒷받침하는 유전적 증거들과 잘 통할 뿐 아니라, 현대 인류의 유전적 다양성과도 조화를 이룬다.

이 시나리오는 최근 대표설과 유사한 신학적 장단점을 갖고 있기 때문에, 대부분의 신학적 의문점에 대해서도 최근 대표설과 비슷한 방식의 답변을 제시한다. 특히 이 고대 대표 집단설은, 최근 대표설과 마찬가지로, 하나님이 자신을 계시하신 그 시대 사람들 중에 이 대표 집단에 속하지 않았던 사람들의 영적 신분에 관한 신학적 문제를 해결해야 한다.

이 시나리오는 창세기 2-3장에 나오는 에덴동산의 아담과 하와 이야기를 문자적으로 해석하지 말고 우화로 해석할 것을 요구한다. 현대 과학이 시작되기 전에도 이 부분을 우화로 해석하는 것을 좋아하는 그리스도인들이 있었는데, 그것은 이 이야기에 나오는 말하는 뱀이나 생명 나무 같은 것들이 명백히 우화적 요소로 보였기 때문이었다. 그들은 이 말씀을 우화로 해석한다고 해서 창세기 2-3장의 역사성을 부인하는 것은 아니라고 말한다. 일반적으로 우화에 등장하는 인물과 줄거리는 실제 세계의 인물과 역사적 사건을 가리키며, 다만 세세한 역사적 사실을 다 기록하지 않거나 더 친숙한 배경으로 바꿀 뿐이라는 것이다. 또한 이 관점으로 성경에 기술된 아담과 하와 이야기를 읽어보면, 인류에 대한 하나님의 계시와 인류가 유혹을 받았다는 사실과 그들이 하나님의 뜻에 불순종하는 쪽을 택했다는 등의 필수적인 정보를 제시할 뿐, 이 일들이 실제적으로 어떻게 일어났는지를 세세하게 전달하는 것은 이 이야기의 목적이 아님을 알 수 있다고 주장한다.

고대 대표 집단설은 바로 다음에 소개할 상징설과 반대로, 인류의 타락이 일회적이고 특수한 역사적 사건이었다고 본다. 이 시나리오를 지지하는 사람들은 **일부** 역사적 사건들은 하나님이 인류에 대해 최초로 자신을 인격적으로 계시하신 순간에 일어난 일임에 틀림없다고 주장한다. 이 사건으로 인해 인간과 하나님의 관계가 변화되었고, 인간이 하나님에 대해 도덕적 책임을 갖게 되었다는 것이다. 그리고 인간이 하나님의 뜻에 반하는 행동을 하기로 선택하는 순간, 죄가 세상에 들어왔다. 이 일이 언제 어떻게 발생했는지는 정확히 알 수 없지만, 역사상 어느 특정 시점에 인류의 도덕적 지위가 변한 것은 분명하다고 이 시나리오는 이해한다.

고대 대표 집단설을 지지하는 사람들은, 이 시나리오가 원죄에 대한 전통적인 신학적 가르침을 고수하는 동시에 인간이 진화 과정을 통해 창조되었다고 말하는 과학적 증거와도 일맥상통한다고 주장한다. 하나님이 정신적·육체적 능력을 기적적으로 더하는 일 없이, 자신의 섭리 가운데 변이와 자연 선택이라는 자연적 과정을 통해 원시인류를 인류로 변화시키셨을 것이라는 입장이다. 이 시나리오는 인류가 새로운 영적 신분을 획득한 것은 새로운 종이 기적적으로 창조되었거나 기적적인 육체적 변화가 일어났기 때문이 아니라, 하나님이 최초로 자신을 **특별하게 계시하신** 덕분이라고 설명한다. 이 계시로 인해 인류가 하나님과 인격적인 관계를 맺기 시작했고, 이 계시로 인해 그들이 하나님을 거역하라는 최초의 유혹을 경험했다는 것이다.

아담과 하와는 상징이다

이 시나리오에 따르면, 하나님은 약 15만 년 전에 진화적 창조를 통해 인류를 만드셨고, 인류는 오랜 시간에 걸쳐 현재의 도덕적·영적 신분을 갖추게 되었다. 또한 인류의 도덕 감각과 사고 능력, 의사소통 능력이 발달함에 따라 죄성도 함께 발달했다. 즉, 이 시나리오는 특정한 일회적 사건 때문이 아니라 각 개인과 집단이 하나님을 거역하는 많은 사건으로 인해 인류가 죄인의 신분을 갖게 되었다고 가정한다.

고대 대표 집단설과 마찬가지로 이 상징설도 현대의 모든 과학적 증거와 잘 어우러진다. 이 시나리오는 인간의 정신적 능력과 사회적 능력이 점진적으로 발달해 왔다고 가정하는 진화적 창조를 받아들이기 때문에, 우리의 영혼이 정신적 능력에 하나님과의 영적 관계가 더해진 것이라고 보는 관점과도 무난하게 어울린다. 그러면서도 동시에 이 시나리오를 영혼이 기적적으로 창조되었다는 관점과 결합시키는 것도 가능하다.

이 시나리오는 인류가 하나님의 형상을 지닌 존재라고 보는 전통적 관점과도 통하는데, 이 경우 하나님의 형상을 지닌 존재로서의 인류의 지위는 오랜 시간에 걸쳐 점진적으로 발달해 온 것으로 해석해야 할 것이다. 이 시나리오는 하나님과 인간이 관계를 맺고 인간이 이 땅을 돌보는 청지기로서의 사명을 받은 것도 오랜 시간에 걸쳐 여러 차례 이어진 하나님의 계시를 통한 일로 본다.

이 시나리오에 따르면, 인간은 타락 이전에도 자연적으로 죽을 수밖에 없는 존재였다. 이는 타락이 오직 영적인 죽음만을 초래했다는 주장과 통하며, 인간이 자연적으로는 죽을 수밖에 없었지만 잠재적으로는 불멸의 가능성도 갖고 있었다는 주장, 즉 인류의 조상이 죄를 짓지 않았다면 하나님이 어느 시점에선가 인류가 영원히 죽지 않는 방편을 마련해 주셨을 것이라는 주장과도 어울릴 수 있다.

이 시나리오는 창세기 2-3장을 실제 일어난 일을 상징적으로 설명한 것으로 이해한다. 그러면서 이 아담과 하와 이야기가 하나님의 형상으로 만들어진 인류가 계시된 하나님 뜻을 거역했다는 사실을 상징적으로 알려준다고 설명한다. 상징설은 이 이야기에 나온 거역이 특정한 일회적 사건이 아니라, 다양한 지리적 위치에서 다양한 인류 집단들 사이에서 여러 차례에 걸쳐 일어난 거역을 지칭하는 것일 수 있다고 본다. 그러나 이 같은 창세기 3장의 해석은 몇 가지 신학적 문제점을 야기한다. 우리가 성경과 복음을 이해할 때, 그것은 주로 '특정한' 역사적 사건으로서의 타락과 결부되어 있기 때문이다.

상징설은 원죄가 **사회적으로** 전승된다거나 **생물학적으로** 전승되었다는 입장과는 양립할 수 있지만, **영적 신분**을 통해 전승되었다는 입장과는 배치된다. 하나님과 인간의 관계가 일회적인 사건으로 파괴된 것이 아니라, 일련의 사건들을 통해 그렇게 되었다고 보기 때문이다. 따라서 이 시나리오에서는 죄가 인류 전체에 퍼지기 전까지 인류의 영적 신분이 어떠했는지가 불분명하다. 아담과 하와가 상징이라는 이 입장과 원죄로 인해 인류의 영적 신분이 단번에 변화했다는 관점에 근거해 발표된 지난 수세기 동안의 신학 저술 내용을 조화시키려면, 상당한 신학적 노력이 필요할 것 같다.

상징설의 또 다른 심각한 신학적 문제는, 신학적으로는 완전히 구분된 창조와 타락이라는 개념이 이 상징설에서는 점진적 과정을 통해 동시에 일어날 수도 있다는 데 있다. 이 시나리오대로라면 창조가 완료된 후에 인류가 타락한 것이 아니라 인간 종이 여전히 발달 과정 중에 있는데 타락이 일어났다고 해석할 수밖에 없기 때문이다. 인간이 도덕적으로, 지적으로 발달해 가는 동시에 도덕적, 영적 실패를 함께 경험했다는 것이다. 즉, 새로운 능력이 생길 때마다 인간은 죄를 택했다는 것이다. 이 시나리오는 하나님이 인간에게 더 큰 도덕적 능력과 지적 능력을 주실수록 자신의 뜻에 대한 하나님의 **특별한** 계시 또한 증가했을 테니, 이러한 계시 사건들은 직접적인 계시나 예언의 음성 또는 양심을 깨우는 성령님을 통해 일어나지 **일회적으로** 모든 인류에게 동시에 일어날 수는 없었을 것이라고 주장한다. 상징설을 지지하는 사람들은 이 과정을 어린아이들이 여러 해에 걸쳐 도덕적, 지적, 육체적 능력을 동시에 습득해 나가는 것에 비유한다. 전통 신학은 아이들이 처음부터 **죄인의 상태**로 태어난다고 말하지만, 그렇다고 해서 우리는 신생아가 죄가 되는 **행동**을 했다고는 생각하지 않는다는 것이다. 그 대신 우리는 정신적 능력과 도덕적 능력이 완전히 형성되기 전인 초기 아동기의 어느 순간부터 그 아이들이 명백히 죄가 되는 행동을 하기 시작한다고 생각한다.

이 시나리오는 인류가 **처음부터 의로운 신분**이었다는 것은 실제의 상태가 아니라, 인류가 하나님의 계시에 대해 순종적으로 반응할 때 얻었을 잠재적인 상태를 가리키는 것이었다고 본다. 하지만 결과적으로 인류는 반복적으로 불순종하는 쪽을 택했고 서서히 죄에 빠져들었다. 이 시나리오에서는 인간의 정신적 능력과 죄를 지으려는 경향이 동시에 발달했기 때문에, 그들이 모든 인간적 능력을 온전히 갖춘 동시에 도덕적으로 의롭기까지 한 순간은 역사상 한 번도 없었다. 즉, 인류는 단 한 번도 타고난 의로움을 100퍼센트 발휘한 상태로 존재한 적이 없다는 것이다. 이 관점은 인간이 **실제로** 의로운 상태에 있었다는 믿음을 원죄 교리와 연결 지어 생각한 과거 수세기 동안의 기독교 신학 서적 내용과 조화를 이루기 어렵다.

아담과 하와가 상징적인 존재였다고 주장하는 사람들은, 교부들이 이 두 요소를 연결한 것은 그것들이 실제로 관련이 있었기 때문이 아니라 단지 교부들이 항상 아담과 하와를 문자적 조상으로 가정했기 때문이라고 주장한다.

그러나 아담과 하와를 상징으로 보면 "한 사람으로 말미암아 죄가 세상에 들어오고"라는 로마서 5:12을 설명하기가 어렵다. 이 말씀에는 인간이 본래 죄인들이 아니었으나 첫 인류의 선택으로 인해 죄가 들어왔다는 의미가 포함되어 있다. 이에 대해 상징설 지지자들은, 원저자와 독자들의 사고방식을 따르는 성경 해석학적 원리를 사용해 이 말씀의 원래 의미를 생각해 보면, 이 말씀의 의도는 아담과 하와가 실제 존재했던 사람이었음을 알리려는 것이 아니라 그리스도를 통해 많은 사람이 구원을 받게 되었다는 사실을 가르치는 것이었다고 주장한다. 바울이 그리스도에 대한 자신의 신학을 전달하기 위해 당시 과학 시대 이전에 만연했던 믿음, 즉 모든 인간이 한 쌍으로부터 유래했다는 개념을 차용했다는 것이다. 과학과 종교를 가르치는 데니스 라무르(Denis Lamoureux) 교수는 이를 다음과 같이 설명한다.

이 말씀의 문맥과 의도는 아담의 역사성을 논의하는 데 있지 않다. 이 말씀은 죄의 실체와 예수님이 인간을 죄에서 해방시키시고 이들에게 죽음으로부터의 구속과 영생을 주셨다는 사실에 초점이 맞춰져 있다. 한 가지 더 기억할 것은, 서신서를 쓸 때 바울이 당시에 통용되던 과학을 자기 글에 적용했다는 사실이다. 신약성경에서 가장 중요한 구절 중 하나로 예수님의 자기 비움(케노시스)을 설명한 빌립보서 2:5-11에서, 바울은 우주를 '하늘과 땅과 땅 아래' 등 3단으로 되어 있는 것으로 묘사했다. 이처럼 바울은 고대의 지식 수준에서 우주의 구조를 이해했다. 따라서 성경의 일관성을 생각한다면 바울이 인간 기원에 대해서도 고대의 일반적인 관점이었던 '새로운'(*de novo*) 창조론을 그대로 차용했다고 생각할 수밖에 없다.

「진화적 창조」(*Evolutionary Creation: A Christian Approach to Evolution*, p. 274)

이 같은 신학적 문제들 때문에, 상징설은 아우구스티누스가 가르친 원죄 개념은 물론 로마 가톨릭이나 루터파, 칼뱅주의, 그리고 다수의 복음주의 전통에 속한 신학자들의 원죄 개념과 조화되기가 더욱 어려웠다. 물론 이 전통들 중에도 상징설을 선호하는 신학자들이 일부 있기는 하다. 반면 동방 정교회 전통을 비롯한 다른 계열의 기독교 전통은 전체적으로 이 시나리오와 비슷한 원죄 개념을 갖고 있다(동방 정교회는 전통적으로 아담과 하와를 어린아이 같은 존재로 인식해 왔다). 결론적으로 상징설은 인류의 창조와 타락에 관한 서구의 전통적인 신학이나 성경 해석과 배치되는 부분이 많기 때문에, 이 시나리오가 더 널리 인정받기 위해서는 상당한 신학적 노력을 기울여야 할 것이다.

변형 시나리오

지금까지 다양한 시나리오를 살펴보았으니, 이제는 각자 변형된 시나리오를 만들어 볼 수 있다. 이를테면 하나님이 진흙을 가지고 기적적으로 아담과 하와를 창조하셨으나 그들의 몸과 유전자는 그 당시 살았던 원시인류와 비슷했다거나(조상설), 그 당시 살았던 다수의 사람들과 유사했다는(대표자설) 시나리오를 생각해 볼 수 있다. 이는 '성숙한 모습으로의 창조론'이 지닌 신학적 문제를 일부 갖고 있지만, 창세기 2장에 대한 다른 해석들과는 더 잘 어우러진다.

이 외에 **집단**이 아닌 **한 쌍**의 고대 대표가 있었다는 식의 시나리오도 생각해 볼 수 있다. 이 시나리오는 과학적 증거들과 잘 맞아떨어지면서도,

창세기 2-3장을 우화로 해석할 때 생기는 문제들을 피할 수 있다.

이 시나리오들이 신학적으로 동의하는 내용과 이견이 존재하는 주제들

그리스도인들이 동의하는 내용

이 다섯 개의 시나리오는 서로 상당한 차이를 나타내지만 몇 가지 중요한 사항에 대해서만은 합의를 이루고 있다. 다섯 시나리오 모두 인간만이 하나님의 형상을 닮은 존재라고 본다. 또한 인간이 다음과 같은 존재라고 공통적으로 인식한다.

- 하나님으로부터 특정한 능력을 선물로 받은 자들
- 하나님의 초대를 받아 그분과 인격적인 관계를 맺은 자들
- 하나님이 땅의 청지기로 임명하신 자들

이 다섯 개의 시나리오는 육체와 영혼에 대한 기독교 신념들과도 조화를 이룬다. 또한 시나리오마다 정도의 차이가 있긴 하지만, 모두 타락 이전에 살았던 인간들의 죽음과 관련해 적어도 다음 두 가지 관점 중 하나와는 맥락을 같이한다.

- 타락은 오직 영적인 사망만을 가져왔다.
- 타락은 영과 육의 사망을 초래했으나, 인간은 그 전에도 하나님의 은혜로 인한 잠재적 불멸성만을 갖고 있었다.

또한 원죄로 인한 상황에 대해서는 다음 내용들에 한해 합의를 이룬다.

- 오늘날 인간은 모두 죄인이며, 하나님과의 관계는 끊어졌다.
- 인간은 자신의 행위로 의로워질 수 없다.
- 우리는 오직 그리스도의 역사를 통해서만 구속받을 수 있다.

그리스도인들 간에 이견이 존재하는 주제들

반면에 이 다섯 시나리오는 주로 다음 질문들에 대해 의견을 달리한다.
- 인류는 언제, 어떻게 죄인의 상태가 되었는가?
- 최초로 죄를 범한 것은 우리의 조상들인가, 대표자들인가?
- 최초로 죄를 범하기 전에 생존한 인류의 영적 신분은 어떠했는가?

일부 그리스도인들은 이 질문들을 매우 중요하게 생각하지만, 또 다른 그리스도인들은 이것을 부차적인 문제로 생각한다. 또 어떤 그리스도인들은 우리 조상인 아담과 하와가 범한 역사상 최초의 죄를 명쾌하게 아는 것이 기독교 신학 이해에 필수적이라고 주장하지만, 또 어떤 이들은 루터교 신학자인 조지 머피(George Murphy)가 말한 다음 주장에 동의한다.

기독교의 핵심적 주장은 모든 사람이 죄인이기 때문에 구원자가 필요하다는 것이다. 아주 간단한 이야기다. 왜 모든 사람이 죄인이 되었는지도 중요하지만, 이에 대한 답을 알아야 구원의 필요성을 인식하는 것은 아니다. 창세기 3장을 인용하면서 그리스도의 중요성을 설명하는 복음서는 없다. 대신 로마서에서, 인류를 죄인으로 고발한 바울은 1-3장에서 이 문제에 대한 하나님의 해결책이 그리스도임을 먼저 설명하고, 5장에 가서야 아담의 죄를 언급한다.

"천국과 지옥으로 가는 길: 그리스도, 진화, 원죄"("Roads to Paradise and Perdition: Christ, Evolution, and Original Sin", *Perspectives in Science and Christian Faith*, 2006. 6)

만족스러운 시나리오가 없다면?

사실 우리도 그렇다. 이 장에서 소개한 아담과 하와에 관한 시나리오들은 모두 심각한 과학적 문제나 신학적 문제를 가지고 있는 듯 보인다. 과학과 신학 두 영역 모두에서 문제가 있는 시나리오도 있다. 이 책에 소개한 시나리오 중 절대 동의할 수 없을 것 같은 시나리오가 한 개 이상 있다 할지라도, 각 시나리오를 간단하게나마 들여다볼 필요는 있다. 말도 안될 것 같아 보인다는 이유만으로 이 주장들을 묵살해 버리지 말고, 동의하기 힘든 주장이 어떤 것인지를 구체적으로 밝혀내고 그 이유를 생각해 보기 바란다. 기회가 있다면 이 주제에 대해 다른 그리스도인들과 토론해 보는 것도 좋을 것이다. 이 시나리오들을 주장하는 사람들이 그 같은 노력을 기울이는 것은, 성경과 자연에 드러난 하나님의 계시를 조화시키고 각자가 핵심적이라고 생각하는 특정한 신학적 신념을 지키기 위한 것임을 기억하자.

성경은 교훈과 책망과 바르게 함과 의로 교육하기에 유익하지만(딤후 3:16-17), 우리가 묻거나 상상하는 모든 문제에 답해 주지는 않는다. 이 때문에 세세한 부분에 있어서는 모호한 점이 있을 수밖에 없다. 이러한 모호성 때문에 그리스도인들은 진정한 성경의 가르침에 대해 서로 다른 의견을 가지고 있다. 이 쟁점들이 매우 복잡하게 얽혀 있기 때문에, 우리는 다양한 대안을 소개하고 각 대안의 신학적 문제와 과학적 문제를 살펴봄으로써 독자들이 스스로 결정을 내리게 하는 방법을 택했다.

4장에서 자연과 성경이라는 두 책을 설명하면서 말했듯이, 갈등이 생길 때마다 우리는 과학 해석과 성경 해석의 내용을 더 신중하게 살펴야 한다. 갈등을 해결하기 위해서는 다양한 견해에 귀를 기울이는 것도 필수적이다. 특정 쟁점과 관련해 그리스도인들 간에 극명한 입장 차이가 있다 할지라도, 이 문제의 해결을 위해서는 자연과 성경에 대한 올바른 이해가 필수적이라는 것과 이러한 갈등은 인간의 수준에서만 존재한다는 것에 대해서만큼은 모두 동의할 수 있다.

이 지점에서 교회가 일정한 역할을 감당해야 한다. 이 일은 두려워 할 대상이 아니라 오히려 교회가 받은 소명의 일부다. 그리스도인 지리학자 데이비스 영(Davis Young)은 교회가 다음과 같은 역할을 수행해야 한다고 말한다.

> 교회는 그리스도인 신학자들과 문화 인류학자, 고고학자, 고생물학자들을 격려하여, 이들이 힘을 합하여 주어진 증거들을 정직하고 솔직하게 평가함으로써 인간과 죄와 구원에 대한 성경적 교리에 부합하는 견고한 입장을 확립할 수 있게 해주어야 한다. 그리스도인 학자들이 협력하여 하나님의 말씀과 사역을 더 면밀하고 깊이 있게 검토한다면, 우리는 마땅히 기뻐해야 할 것이다.
> "인류의 역사와 통일성에 대한 고찰"("The Antiquity and the Unity of the Human Race Revisited", *Christian Scholar's Review*, 1995. 5)

성찰 및 토론을 위한 질문들

1. 아담과 하와를 최근 조상 혹은 고대 조상으로 보는 시나리오를 어떻게 생각하는가? 이 시나리오들과 충돌하는 과학적 증거들, 특히 인간 집단이 가진 유전적 다양성은 어떻게 설명할 수 있을까?
2. 아담과 하와를 최근 대표자 혹은 고대 대표자로 보는 시나리오를 어떻게 생각하는가? 이 시나리오들에서 아담과 하와 이전에 살았던 인류의 영적 신분은 어떠했을까? 아담과 하와 이후에 살긴 했으나 아담과 하와 혹은 그 후손과 교류할 기회가 없었던 사람들은 또 어떤 영적 신분을 갖고 있었을까?
3. 아담과 하와를 상징이라고 생각하는 시나리오에 대해서는 어떻게 생각하는가? 인류의 창조와 타락에 대한 성경의 가르침과 이 시나리오가 조화를 이룰 수 있을까? 인류의 창조와 타락에 관해 지난 수세기 동안 신학자들이 쓴 주장 중 어떤 해석이 이 시나리오에 도움을 줄 수 있을까? 왜 그렇게 생각하는가? 그런 해석이 없다고 생각한다면, 그것은 또 무엇

때문인가?

4. 이 장의 마지막 부분에서 우리는 몇 단락에 걸쳐 서로 다른 시나리오들이 공존할 수 있는 방법들을 논의했다. 이 밖에도 이 시나리오들이 공존할 수 있는 영역이 있다면 그것은 어떤 영역이겠는가?

ORIGINS 13장 남아 있는 질문들

지금까지 열두 장을 다 읽어 왔다고 해도 당신의 마음속에는 여전히 수많은 질문이 남아 있을 것이다. 여러 개의 쟁점만 제시해 놓고 확실한 답을 주지 않고 넘어온 질문들이 많기 때문이다. 지금까지 우리는 다음과 같은 작업을 해 왔다.

- 창세기 1장에 대한 다양한 해석 정리.
- 지구의 나이가 수십억 년이라는 것과 진화론이 생명의 역사를 정확하게 기술하고 있음을 뒷받침하는 과학적 증거 요약.
- 과학 해석과 성경 해석을 연결시키기 위한 노력에서 비롯된 다양한 기독교적 관점 소개.
- 인간 기원에 대한 그리스도인들의 다양한 관점 논의.

이 중 신학적 문제나 과학적 문제가 전혀 없는 관점은 단 한 개도 없었다. 모든 관점에는 제각기 답하기 곤란한 질문들이 따랐다. 주요 쟁점들에 관한 독자들의 고찰을 돕기 위해, 이 장 마지막에 있는 "성찰 및 토론을 위한 질문들"에서 인간의 기원에 대해 그리스도인들이 자주 묻는 질문 26개를 정리해 두었다. 앞에서 이미 여러 가지 질문을 다루었기 때문에, 이 장에서는 특히 다음 여섯 가지 질문을 집중적으로 살펴볼 생각이다.
- 성경이 하나님이 세상을 어떻게 만드셨는지 알려주는데, 왜 과학에까지 귀를 기울여야 할까?
- 하나님이 모든 것을 창조하셨다는 증거가 자연에 있어야 하지 않을까?
- 하나님이 특별한 기적이 아닌 동물들과의 공통조상을 통해 인간을 창조하셨다면 인간의 중요성은 약화되는 것 아닐까?
- 기원에 관해 교회 안에도 이견들이 많은데 나는 무엇을 믿어야 할까?
- 자녀들에게 무엇을 가르쳐야 할까?
- 기원에 관한 생각이 가족이나 교우들과 다를 때 어떻게 대처해야 할까?

성경이 하나님이 세상을 어떻게 만드셨는지 알려주는데, 왜 과학에까지 귀를 기울여야 할까?

자연을 창조하신 것도 하나님이요, 인간 저자들을 감동시켜 성경을 기록하게 하신 것도 하나님이다. 2장에서 살펴본 것처럼, 이 두 권의 책은 우리에게 뭔가를 가르치기 위해 하나님이 보내 주신 계시다. 시편 19편을 비롯한 많은 성경 구절이 자연 세계에 드러난 하나님의 계시를 언급한다. 자연과 성경은 모두 하나님이 주신 계시이기 때문에, 이 두 계시가 상충할 수는 없다. 혹 둘 사이에 충돌이 일어났다면, 그것은 그중 한 계시나 두 계시 모두를 잘못 해석했다는 말일 것이다. 예를 들어 누군가가 '성경이 과학보다 중요하다'라고 말한다면 그 말의 진짜 의미는, 성경에 대한 그 사람의 인간적 **해석**이 자연에 대한 과학적 해석보다 중요하다는 뜻일 것이다.

또한 4장에서 다룬 갈릴레오 사건이 보여 주듯, 성령님은 때때로 과학적 발견을 통해 성경에 대한 기존의 해석을 재고하게 만드시기도 한다. 그 결과 궁극적으로 우리는 성경을 더 정확히 이해하게 된다. 과학이라는 수단을 무시해서는 안 된다. 하나님은 이 수단을 통해서도 우리에게 새로운 것을 가르쳐 주실 수 있다.

하나님이 모든 것을 창조하셨다는 증거가 자연에 있어야 하지 않을까?
그리스도인이 하나님의 존재에 대한 증거를 자연에서 찾고 싶어 하는 것은 충분히 이해할 수 있는 일이다. 부분적으로는 이런 생각 때문에 진화론이 거짓임을 드러내거나 젊은 우주론을 뒷받침하는 과학적 증거를 찾으려고 애쓰는 그리스도인들도 있다.

원하셨다면, 하나님은 자연 곳곳에 기적에 대한 증거를 심어 두셨을 것이다. 지금까지 존재해 온 모든 사람이 결코 부정할 수 없을 기적을 행해 보이실 수도 있었다. 그러나 하나님은 이 방법을 택하지 않으셨다. 물론 성경에는 하나님이 극적인 기적을 행하셔서 사람들이 이에 믿음으로 반응한 이야기도 몇 차례 나온다. 하지만 하나님이 기적을 베푸신다고 해서 인간들이 언제나 지속적인 믿음을 지킨 것은 아니다. 예를 들어, 시내 산에 도착한 이스라엘 백성들은 산 전체가 번개와 자욱한 연기에 휩싸인 것을 보았다. 그리고 우뢰의 한가운데서 하나님의 음성을 들었다(출 19장). 이 무시무시한 체험 앞에 선 이스라엘 백성들은 모세에게 하나님의 대변인이 되어 달라고 간청하면서 하나님이 무슨 말씀을 하시든 다 따르겠다고 약속했다. 그러나 이로부터 얼마 지나지 않아 그들은 황금송아지를 만들고 이를 숭배했다. 예언자 엘리야 시대에도 이스라엘 백성들은 갈멜 산에서 바알 예언자들과 맞서 싸운 엘리야의 번제물 위에 하나님이 기적적으로 불을 내려주시는 것을 목격했다(왕상 18장). 이 사건 이후 모든 백성이 하나님께 돌아왔는가? 그렇지 않았다. 오히려 며칠 후 엘리야는 목숨을 부지하기 위해 먼 곳으로 도망가야 했다. 이뿐만이 아니다. 예수님이 행하시는 기적을 본 바리새인들은 그것이 하나님 외에는 아무도 할 수 없는 기적이라는 것을 눈치 챘다(요 3:2; 9:16). 그런데도 대부분의 바리새인은 예수님을 거부했고 결국 그분을 십자가에 못 박았다.

이런 말씀들은 하나님의 존재가 선명하게 드러난 증거를 보고도 믿음으로 반응하지 않는 사람이 있을 수 있다는 사실을 여실히 보여 준다(눅 16:19-31에서 예수님이 비유로 든 부자와 나사로의 이야기도 참고하라).

로마서 1:20은 "창세로부터 그의 보이지 아니하는 것들 곧 그의 영원하신 능력과 신성이 그가 만드신 만물에 분명히 보여 알려졌나니 그러므로 그들이 핑계하지 못할지니라"라고 말한다. 우리는 이 구절을 자연이 드러내는 하나님의 존재에 대한 증거 중에 과학으로 설명할 수 없는 형태로 된 것도 있다는 의미로 해석할 수도 있다. 어떤 지적설계론자들은 생명체의 유전적 다양성이 그중 한 증거라고 말한다. 하지만 다른 한편의 그리스도인들은 결국 최신 유전과학으로 밝혀낼 증거를 하나님이 자신의 존재를 증명하는 증거로 숨겨 두셨다고 말하는 것은 이상한 일이라고 주장한다.

그렇다면 로마서 1:20은 자연이 하나님의 존재에 대한 증거를 드러낸다고 말하는 것일까? 바로 뒷부분인 1:21-23의 문맥을 살펴보자.

> 하나님을 알되 하나님으로 영화롭게도 아니하며 감사하지도 아니하고 오히려 그 생각이 허망하여지며 미련한 마음이 어두워졌나니 스스로 지혜 있다 하나 어리석게 되어 썩어지지 아니하는 하나님의 영광을 썩어질 사람과 새와 짐승과 기어다니는 동물 모양의 우상으로 바꾸었느니라.

이 말씀은 바울이 당시 이방 종교의 우상숭배를 어떻게 생각했는지 보여 준다. 그 종교들에 빠진 사람들은 태양이나 달, 바다 같은 피조물을 신이라 부르거나, 풍요나 죽음 같은 창조세계의 한 측면을 숭배했다. 고대 이방 종교들은 창조자가 아닌 창조세계의 한 **부분**을 취해 거기에서 희망과 의미를 찾았다.

여기서 오늘날의 과학적 무신론과 고대의 이방 종교들 간의 유사점이 발견된다. 무신론자들 역시 자연법칙이 규칙적으로 기능한다는 점 등 자연의 한 가지 측면만을 취해 이를 신격화시키기 때문이다. 아래 소개한 화학자 P. W. 앳킨스(Atkins)의 글에서 드러나듯, 그것이 세계에 대해 그들이 가진 희망과 믿음의 유일한 근거다.

> 과학자들은 환원주의를 절대적으로 신뢰함으로써 지식의 정상에 서서 다른 동시대인들보다 진실에 더 가까이 다가가는 특권을 얻는다.…과학자들이란 가장 강력하고 소중한 도구인 인간의 뇌를 사용하고 싶어 하는 사람들의 갈 길을 밝히 비춰주는 이성의 등불이다.…지금도 최소한의 그러나 최고의 지적 희열의 확인을 통한 보편적 능력(universal competence)을 성공적으로 추구해 가는 과학을 우리는 왕으로 인정해야 할 것이다."
>
> 「자연의 상상: 과학적 비전을 만들어 가는 개척자들」(*Nature's Imaginations: The Frontiers of Scientific Vision*, J. Cornwell, ed.: 1995)

고대의 이교도들과 과학적 무신론자들은, 규칙적으로 기능하는 자연법칙에 드러난 진정한 하나님의 존재를 거부하고 피조물을 우상으로 세운다는 점에서 서로 닮았다. 이 이교도들에 대해 바울이 내놓은 답은, 태양이나 바다, 비옥한 토양 같은 것들의 존재를 전면적으로 부정하는 것이 아니라 그것들을 하나님의 창조세계에서 본래 위치하던 자리로 돌려보내는 것이었다. 오늘의 관점에서 로마서 1:20을 이해할 때, 우리가 현대 무신론자들에게 줄 수 있는 답 역시 자연법칙의 규칙성을 부정하거나 그 안에서 기적이 일어난 흔적이 있는지 찾아보는 것이 아니라, 그 자연법칙을 하나님의 창조세계에서 그것이 차지하던 원래 위치로 돌려보내는 것이다. 물론 하나님이 기적을 통해 자신을 드러내시는 때도 있다. 그러나 적어도 로마서 1:20은 하나님이 기적을 행하신 증거가 자연에 **반드시** 있다고 가르치는 것 같지는 않다.

하나님이 특별한 기적이 아닌 동물들과의 공통조상을 통해 인간을 창조하셨다면 인간의 중요성은 약화되는 것 아닐까?
인간이 진화했다고 생각하면 자연스레 인간의 중요성에 대한 궁금증이 생기기 마련이다. 인간이 동물로부터 진화했다면 우리도 동물과 다를 바 없지 않을까? 그러나 인간이 유인원이나 다른 동물들과 같은 공통조상을 가진다 할지라도, 어떤 시점에서부터 인간의 계보는 다른 동물들의 계보에서 떨어져 나왔다. 즉, 인간의 계보가 이어져 내려오는 동안 다른 유인원이나 동물들에게는 일어나지 않은 사건이 발생해 인간을 지구상의 다른 생물들과 구분되는 고유한 종이 되게 해준 것이다.

그러나 인간의 중요성은 기본적으로 생물학적 고유성 여부에 따라 정해지는 것이 아니다. 그것은 하나님이 우리와 어떤 관계를 맺기로 하셨는가에 따라 결정된다. 창세기 1-2장에서의 하나님의 일은 단순히 인간의 몸을 만드는 것에서 그치지 않았다. 하나님은 자신의 모습을 인간들에게 계시하기로 하셨다. 동물과 맺은 관계를 뛰어넘는 관계를 인간과 맺기로 하신 것이다. 그렇게 하나님은 인류에게 복을 주신 후, 보시기에 좋았다고 선언하셨다. 또한 하나님은 인간에게 동물들이 받지 못한 권한, 즉 피조물들의 이름을 짓고 청지기가 되어 하나님의 창조세계를 다스리는 권한을 위임하셨다.

물론 하나님은 동물들도 지속적으로 돌보시고 먹이시지만, 구약 성경을 보면 하나님이 동물들에 비해 훨씬 극적인 방법으로 인간을 대하고 계심을 알 수 있다. 하나님은 말씀과 행동으로 자신의 백성에게 자신을 드러내시고, 인간과 언약을 세우셨으며, 기도에도 응답해 주셨다. 전체 우주의 크기를 생각하면 인류는 보잘 것 없는 존재들이지만, 창조세계의 그 같은 광대함은 인간 존재를 하찮게 만들기는커녕 오히려 인간을 향한 하나님의 언약의 원대함(창 15:5)과 사랑(시 104:11-12)을 선포하는 역할을 한다. 물리적 크기나 고유성이 아니라, 하나님의 눈에 비치는 지위에 근거해 인류는 중요한 존재가 된다.

무엇보다 하나님은 인간의 모습으로 성육신하기로 하시고 우리와 똑같은 형상을 취하셨다. 예수 그리스도께서 자신을 낮추어 인간의 몸을 입으신 것이다. 이 사실 하나만으로도 인류의 중요성은 충분히 드러난다. "우리가 죄인 되었을 때에 그리스도께서 우리를 위하여 죽으심으로 하나님께서 우리에 대한 자기의 사랑을 확증"(롬 5:8)하신 것이다.

이 같은 인류의 중요성이 어찌 동물들과 공통조상을 가졌는지의 여부에 따라 흔들릴 수 있겠는가? 하나님은 다른 모든 종과 맺은 관계에서 하신 것보다 훨씬 더 많은 것을 인류를 위해 행해 주셨다. 하나님이 인간을 창조하신 **방식**이 무엇으로 밝혀지든, 하나님이 보시기에 우리가 중요하고 소중한 존재들이라는 사실은 그 누구도 부인할 수 없을 것이다.

기원에 관해 교회 안에도 이견들이 많은데 나는 무엇을 믿어야 할까?
가장 어려운 질문이다. 우리도 명쾌한 하나의 답을 줄 수 없다. 이 주제를 부담스럽게 느끼는 사람이 있으리라는 것도 충분히 이해한다. 이러저러한 증거와 주장들로 꽉 찬 책을 다 읽고 나면, 무슨 생각을 할지 혼란스러워지는 것이 당연하다. 이것이 그렇게 쉬운 주제였다면 그리스도인들은 일찌감치 합의를 이뤘을 것이다!

8장과 부록에서 정리한 젊은 지구 창조론과 점진적 창조론, 진화론적 창조론의 관점들을 다시 한 번 읽어보기 바란다. 신학적인 문제가 없는 관점이 **없을** 뿐더러, 그 하나하나를 다 살펴보려면 많은 시간이 필요하다. 단 하루, 또는 한 달 이내에 어떤 관점을 취할지 결론 내려야 한다고 생각하지 않길 바란다. 저자들인 우리는 물론 우리가 아는 다른 사람들도 한 가지 새로운 관점을 받아들이기까지 몇 달 혹은 수 년 동안 독서와 숙고, 대화의 과정을 거쳐야 했다.

하나님이 언제 어떻게 지구를 창조하셨는지 묻는 것은 분명 중요한 일이나, 우리의 구원을 위해 필수적인 질문은 아니다. 이 쟁점과 관련해 굳이 모든 그리스도인이 분명한 하나의 결론을 내려야 할 필요는 없다. 다만 지도자들은 이 주제에 대해 정통해야 할 것이다. 당신이 목회자나 신학자, 과학자, 혹은 이 주제를 가지고 대중 연설을 하거나 아이들에게 과학을 가르치고 있다면, 이 주제와 관련된 다양한 관점을 충분히 이해하고 있어야 한다. 사람들이 자신의 말을 심각하게 받아들일 정도로 권위 있는 자리에 있는 사람이라면, 스스로 실수와 오해를 하지 않도록 노력하는 것이 중요하다. 가장 중요한 것은 특정한 한 가지 견해를 고집하느라 다른 그리스도인들이 지닌 다양한 관점을 이해하거나 인정하지 않는 일이 없어야 한다는 것이다. 일단 당신은 이 책을 읽고 있으니 제대로 된 길에 들어선 셈이다!

이미 기원에 대해 특정한 결론을 가지고 있다 할지라도, 다른 사람들과 이 주제에 대해 토론할 때는 다음 사항을 유념하기 바란다.

- 진화주의와 자연주의 세계관에 맞서 싸우자. 빅뱅이나 진화에 대한 과학적 이해가 하나님의 부재를 증명한다고 말하는 주장들을 반박하자. 빅뱅이나 진화의 진위 여부와 상관없이 하나님은 주권자 창조주이시다. 과학으로는 이것을 증명할 수도 반증할 수도 없다.
- 모든 진리는 하나님의 진리임을 기억하자. 무신론자나 내가 싫어하는 누군가가 주장한 내용이라고 해서, 무조건 그것을 잘못된 생각이라 여겨서는 안 될 것이다. 누구에게서 나온 생각이든 기꺼이 진지하게 토론

하되, 하나님이 모든 진리의 주인이심을 명심하자.
- 복음에 다른 무언가를 더하려 하지 말자. 복음의 핵심은 어디까지나 그리스도의 사역이며, 우리에게 은혜가 필요하다는 사실이다. 우리가 기원에 대해 어떻게 생각하느냐는 복음과 큰 상관이 없다. 기원과 관련된 과학적 진술을 회피하는 그리스도인들을 만난 비그리스도인들은 기존에 자신이 갖고 있던 과학적 견해를 바꿔야만 그리스도인이 될 수 있다는 잘못된 선입견을 가질 수도 있다.

자녀들에게 무엇을 가르쳐야 할까?

어린아이들에게 성경 이야기를 들려주는 것에서부터 시작하라. 창세기 이야기는 짤막하게 핵심적인 진리를 강조해 설명하기 때문에 아이들에게 가르치기에 더할 나위 없이 훌륭한 텍스트다. 이 단계에서는 아이들의 수준을 넘어서는 어려운 과학 지식이나 신학 지식을 가르치려 들지 말라.

아이들은 자연 세계에 대해 배울 때 경외감과 환희를 함께 배운다. 물론 아이들에게 이 같은 감정이 생기는 것은 아주 자연스러운 일이지만, 어른들은 이것을 더 키우고 확장시켜 줄 수 있다. 아이들이 자연 세계에 대해 경외감과 환희를 표현할 때, 그 모든 것을 만들어주신 하나님께 감사해야 한다는 점을 아울러 상기시키라. 아이들이 "하나님이 공룡을 만들었어요?"라고 물어온다면 여러 가지 세세한 과정을 이야기하는 대신 그저 단순하고 솔직하게 "그렇단다"라고 답하라. 하나님이 만물을 창조하셨고, 그 하나님이 우리에게 그 세계를 연구해 그 운용원리를 알 수 있게 하셨다는 점을 성경이 시사한다는 것도 아이들에게 이야기해 줄 수 있겠다.

이 아이들이 초등학생이 되면 구약 성경 이야기를 배우기 시작하면서 이스라엘 주변 국가들의 우상숭배에 대해 알게 된다. 이는 아이들에게 고대근동의 우주론을 설명해 주고 그 같은 이교도적 관습과 다신교가 존재한 주변 문화 속에서 창세기 1장이 얼마나 급진적인 대안이었는지를 알려 줄 좋은 기회다.

중학생과 고등학생은 학교에서 진화 과학을 배우기 시작한다. 발육 발달 과정상 이들은 초등학생에 비해 모든 질문에 대해 꼭 양자택일의 답만 있는 게 아니라는 사실을 더 잘 이해한다. 이때가 기원에 대한 다양한 관점을 소개하면서 그리스도인들이 동의하는 부분과 이견이 존재하는 주제들을 설명해 주기에 적절한 시점이다. 중요한 것은 이 청소년들에게 기원에 관한 다양한 기독교적 관점들을 전체적으로 알려줘야 한다는 사실이다. 한 가지 특정한 관점만을 '옳다' 가르친다면, 그 학생은 그 관점을 받아들이지 않으면 기독교 전체를 부인하는 것이라고 이해할 것이다. 그렇게 되면 그 아이는 기원에 대한 생각을 바꾸면 기독교 신앙 자체를 잃을 거라고 느껴서 이후 인생에서 크나큰 신앙의 위기를 맞을 수도 있다. 설사 가르치는 선생이나 배우는 학생들이 한 가지 특정 관점을 최선으로 느낀다 할지라도, 그 외에도 다른 기독교적 관점이 있다는 사실을 확실히 알려주고 그 대안들에 대해서도 충분히 논의해야 한다.

청소년과 젊은이들에게 과학과 관련된 직업을 가지라고 권할 수도 있다. 그리스도인 과학자들은 다른 세계관을 가진 과학자들과 함께 일하면서 복음을 나눌 기회를 얻는다. 더군다나 그리스도인 과학자들은 하나님이 만드신 세계를 탐구하는 신나는 임무를 부여받은 셈이다! 과학 분야에서 일하려고 생각하는 젊은이들을 격려해 과학계에서 각자가 닮아 갈 만한 롤 모델과 전문가들을 찾을 수 있게 도와주라.

기원에 관한 생각이 가족이나 교우들과 다를 때 어떻게 대처해야 할까?
이 책 전반부에서 우리는 그리스도인들이 일반적으로 동의하는 주제를 다루었고, 후반부에서는 이견을 보이는 쟁점들을 살펴보았다. 그리스도인들 사이에 이견이 있는 게 꼭 나쁜 것만은 아니다. 사안이 복잡할수록, 어느 한 사람이 정답을 다 갖고 있기는 어렵다. 따라서 우리는 생각이 다른 사람을 통해 배움을 얻을 수 있다. 그러기 위해서는 호기심을 습관으로 삼는 동시에 겸손과 인내라는 미덕을 실천해야 한다. 이런 태도를 스스로 적용하는 동시에 다른 사람에게도 알려주면 좋을 것이다.

겸손하라. 사람이 자만할 때 생기는 결과는 둘 중 하나다. 너무 완고해져 새로운 생각을 귀담아듣지 않거나, 너무 빨리 옛 신념을 떨쳐버리게 된다. 모든 영역의 이야기를 진지하게 듣고, 완전히 이해하지 못했을 경우에는 그 사실을 인정하며, 상대방의 논리가 타당하게 느껴진다면 생각을 바꾸라.

또한 논의에 참여한 그리스도인이 어떤 관점을 가졌든지 그들의 지식과 동기와 헌신된 신앙을 존중하고 인정하라. 판단할 때는 충분한 시간을 두고 천천히 판단하고, 자연과 성경이라는 하나님이 쓰신 두 권의 책에 대한 그들이 이해가 자라날 시간적 여유를 주라. 지식이 부족해 특정 견해를 고집하는 사람이나, 신앙이 부족해 마음을 바꾸는 사람들을 비난해서는 안 된다.

그리스도 안에서의 일치를 도모하라. 무엇이 우리를 그리스도인으로서 하나 되게 만드는지 기억하고 모든 그리스도인이 동의하는 신앙의 핵심을 소중히 여기라.

책 후반부에서 우리는 주로 그리스도인들 사이에 이견이 있는 주제들을 중점적으로 살펴보았으나, 책의 마지막은 모든 그리스도인이 공통적으로 동의하는 내용들을 되짚어보는 것으로 장식하고 싶다. 모든 쟁점에 대해 '옳은' 관점을 가지는 것보다 중요한 것이 있으니, 바로 교회가 일치를 이루는 가운데 생활하고 일하며 예배하는 것이다. 그리스도 안에 있는 형제자매들이 몇 가지 사안에 대해서는 나와 다른 의견을 가질 수 있지만, 그들과 내가 **모든** 것을 다 다르게 생각하는 것은 아니다. 무엇보다 우리 모두는 가장 중요한 다음 내용에 공통적으로 동의한다.

하나님이 우주를 창조하셨고 지금도 지키신다. 자연 세계는 하나님의 권능과 창조성과 신실함을 증거한다. 우주 안에 있는 모든 것은 하나님의 피조물로서 하나님의 통제 하에 있다. 그중 스스로 신령한 능력을 갖고 있는 것은 없다. 하나님은 인간을 창조하신 후, 자신의 형상을 닮은 자이자 이 세상을 돌보는 자라는 특별한 사명을 맡기셨다. 과학과 기독교는 서로 갈등 관계에 있지 않다. 오히려 하나님의 창조세계를 과학적으로 연구하는 것은, 창조세계를 즐겁게 탐구하고 세상을 돌보는 자로서의 임무를 수행하는 하나의 수단이다. 또한 우리는 모두 개별적으로 그리고 집단적으로 죄인이다. 우리는 하나님을 배신했으며, 서로에 대해, 자신에 대해, 그리고 세상에 대해 상처를 입혔다. 그러나 하나님은 은총과 사랑의 하나님이시기에 우리에게 필요한 가장 좋은 소식을 들려주셨다. 그 소식이란 바로 우리의 창조자이신 그분이 동시에 우리의 구원자이시라는 복음이다.

이 책에서 논의한 기원이라는 쟁점 외에도 과학과 기독교가 서로 부딪히는 문제는 얼마든지 더 있다. 줄기세포 연구의 발달, 인공 지능, 지구온난화 같은 문제들이 그 예다.

성찰 및 토론을 위한 질문들

성경 해석에 관하여
1. 성경이 하나님이 세상을 어떻게 만드셨는지 알려주는데, 왜 과학에까지 귀를 기울여야 할까?
2. 지금까지 그리스도인들은 언제나 지구가 6일 만에 창조됐다는 것과 젊

은 지구론을 믿어 오지 않았는가?
3. 과학적 지식과 맞추기 위해 지금껏 성경을 해석해 온 방식을 바꾸는 것이 타당할까?
4. 창세기 1장을 비문자적으로 해석하는 것은, 결과적으로 예수 그리스도의 부활을 부인하는 파멸의 길로 들어서는 것 아닐까?
5. 창세기 1장을 반드시 문자적으로 이해해야 한다고 할 때, 둘째 날 창조된 '궁창'은 무엇을 의미할까?
6. 하나님은 왜 창세기에서 빅뱅과 진화에 대해 말씀하시지 않았을까?
7. 창세기 1장의 사건들을 과학적인 설명에 맞추는 것과, 그 메시지가 과학적 설명과 무관하다고 보는 것 중 어느 것이 더 나을까?

자연 해석에 관하여
8. 오랜 지구론의 증거는 얼마나 설득력이 있는가? 진화론의 증거는 또 어떤가?
9. 빅뱅과 진화는 무신론자들이 하나님의 존재를 부정하고자 내세우는 신념에 불과한 것일까?
10. 과학자들은 하나님과 종교에 대해 부정적인 편견을 가지고 있을까?
11. 아무도 본 적 없는 빅뱅과 진화를 과학자들은 어떻게 그리 확신할 수 있는 것일까?
12. 젊은 지구론에 대한 과학적인 증거가 있는가?
13. 하나님이 지구를 최근에 창조하셨으면서 겉으로만 오래된 것처럼 보이게 만드셨을 수도 있지 않을까?
14. 오랜 지구론에 대한 과학적 증거를 젊은 지구론에도 적용할 수 있을까?

창조의 선함과 타락에 관하여

15. 오랜 지구론에 따르면, 과거 수백만 년 동안 수많은 동물이 고통을 느꼈고 종 전체가 멸종하는 일도 있었다. 이는 하나님이 최초에 만드신 세상이 완벽하지 않았다는 말일까?
16. 파괴와 고통, 멸종이 있던 최초의 세상을 하나님은 왜 '보시기에 좋았다'고 표현하셨을까?
17. 진화는 이기적인 개체에 더 유리할까?
18. 타락 이전에도 죽음이 존재했을까?
19. 아담과 하와의 이야기를 비문자적으로 해석하는 것은, 원죄와 구원이라는 중요한 교리를 부인하는 행위가 아닐까?

자연 속에서 하나님이 역사하시는 방식에 관하여

20. 모든 것을 즉각적으로 창조할 수 있었음에도 불구하고, 하나님은 왜 그처럼 길고 느린 과정을 사용하셨을까?
21. 어떻게 그 모든 것이 우연히 생겨날 수 있었을까?
22. 진화가 사실일 경우, 하나님은 이 일과 무관하고 나약한 존재가 되는 것일까?
23. 진화는 하나님이 기적을 행하지 않으신다는 것을 함의하는 것일까?
24. 하나님이 모든 것을 창조하셨다는 증거가 자연에 있어야 하지 않을까?
25. 하나님이 특별한 기적이 아닌 동물들과의 공통조상을 통해 인간을 창조하셨다면 인간의 중요성은 약화되는 것 아닐까?
26. 하나님이 기적이 아니라 점진적인 자연 과정을 사용해 동물과 식물을 창조하셨다면, 우리는 하나님을 어떻게 찬양해야 할까? (이 질문에 대해서는 14장에서 답할 것이다.)

구체적인 사안에 대해 이견이 있을지라도 일치를 이루며 사는 방법에 관하여

27. 기원에 관해 교회 안에도 이견들이 많은데, 무엇을 믿어야 할까?

28. 자녀들에게는 무엇을 가르쳐야 할까?

29. 기원에 관한 생각이 가족이나 교우들과 다를 때 어떻게 대처해야 할까?

ORIGINS

14장 경이와 예배

성경에서는 주로 창조주 하나님을 예배하고 찬양하는 문맥에서 자연 세계가 묘사된다. 그러나 오늘날 교회에서는 기원을 비롯한 과학적인 주제를 둘러싼 뜨거운 논쟁들 때문에 이러한 예배와 찬양이 어려워지고 있다. 목회자들이나 기독교 방송에 나온 사람들은 과학자들이 하나님의 부재를 증명하려고 애쓴다거나 과학적 발전이 자신들의 신앙을 위협할 것이라고 말한다. 물론 이 쟁점들도 중요하다. 그래서 우리가 이 책의 전반부에서 그 내용을 다룬 것이다. 그러나 과학에 대한 교회의 반응이 늘 논쟁적으로 나타난다면, 과학이란 언제나 논쟁적이고 적대적이며 교우들 간의 분열을 조장하는 것이라는 부정적인 인상을 남길 수 있다.

따라서 교회는 하나님의 세계에 대해 과학이 발견해 낸 지식을 가지고 하나님을 찬양할 수 있도록 특별한 노력을 기울여야 한다. 과학에 대한 그리스도인들 간의 대화의 균형은 예배를 통해서만 바로잡힌다. 예배를 드려야 신앙의 중요한 핵심에 집중하고 우리가 공유하는 그리스도인 간의 일치를 기억할 수 있다. 게다가 예배를 드리고 묵상을 하면 자연에 드러난 하나님의 계시를 생각할 여유가 생기고, 그 결과 그 계시를 더 경청할 수 있게 된다. 즉, 하나님의 창조세계가 하나님과 그분의 성품에 대해 가르치는 바를 더 잘 이해하게 된다.

고대 이스라엘에 살면서 밤하늘을 올려다본다고 상상해 보자. 현대 도시의 광공해(light pollution) 따위는 전혀 없이, 달도 없는 청명한 밤하늘 위로 반짝이는 한 줄기 은하수 띠가 그 새까만 하늘을 가로지른다. 이를 본 다윗은 다음과 같이 노래한다.

> 하늘이 하나님의 영광을 선포하고
>   궁창이 그의 손으로 하신 일을 나타내는도다
> 날은 날에게 말하고
>   밤은 밤에게 지식을 전하니
> 언어도 없고 말씀도 없으며
>   들리는 소리도 없으나
> 그의 소리가 온 땅에 통하고
>   그의 말씀이 세상 끝까지 이르도다. (시 19:1-4)

하늘이 모든 사람이 들을 수 있도록 하나님의 영광을 선포하며, 이 하늘의 메시지가 언어와 문화의 장벽을 뛰어넘어 모든 나라와 족속에게 전달된다. 실제로 은하수를 본 사람들은 누구나 이러한 경외감을 느낀다. 그러나 예수님을 구주로 받아들인 사람들은 다른 누구보다도 이 메시지를 분명하게 듣고, 그 의미를 더 깊이 이해할 수 있다. 그리스도인이 자연 세계에서 느끼는 것은 그저 모호한 경외감이 아니다. 우리는 그것을, 우리가 인격적으로 알고 우리의 아버지로 사랑하는, 하나님이 손수 창조하신 작품이라고 생각하며 경탄한다.

자연과 성경이라는 하나님의 두 계시가 어떻게 상호작용하는지 눈여겨

보기 바란다. 자연만으로는 하나님에 대한 모든 것을 알 수 없다. 우리에게 제일 처음 하나님이 어떤 분인지 알려주는 최고의 자료는 어디까지나 성경을 통한 특별 계시다. 그리고 자연은 종이 위에 적힌 건조한 단어가 보여 줄 수 없는 하나님의 모습을 계시해 준다. "여호와의 아름다움을 바라보며 그의 성전에서 사모"(시 27:4)하기를 갈망했던 시편 기자의 글을 읽다보면 자연스레 그 아름다움이 어떤 모습이었을지 궁금해진다. 그때 반짝이며 하늘을 가로지르는 은하수의 아름다움을 보고 상상력을 확장시켜 시편 기자가 느낀 하나님의 아름다움과 영광이 어떠한 것이었을지 그려볼 수 있다. 또 "지혜와 권능이 하나님께 있고"라는 욥기 12:13을 생각해 보자. 일차적으로 이 말씀은 이 세상의 정치권력이나 군사적인 힘을 생각나게 하지만, 폭풍우를 만나 그 속에서 느끼는 하나님의 권능(1장에서 시 29편을 두고 논의한 내용을 생각해 보라)은 우리의 오감에 너무나 확실히 와 닿는다. 번갯불의 번쩍임은 우리의 눈을 멀게 하고, 벼락의 소리는 우리의 몸을 흔들리게 만들며, 그 비바람은 우리를 날려 버린다. 이렇게 하나님은 글로는 다 표현할 수 없는 자신의 영광과 아름다움과 힘을 자연을 통해 나타내신다.

현대 과학으로 찬양하라

현대 과학과 기술로 인해 인간은 자연에 대해 훨씬 많은 것을 알게 되었으며, 이와 함께 교회가 창조주를 찬양할 이유도 많아졌다. 은하수도 아름답지만, 허블 우주 망원경으로 보면 우주 공간의 광년을 가로지르는 무수한 별들로 빛과 연기의 행렬을 이루는 것까지 볼 수 있다. 폭풍우도 하나님의 권능을 보여 주지만, 천문학자들은 우주 전체에 이보다 훨씬 굉장한 하나님의 권능이 드러나 있음을 발견했다. 3장에서 다룬 초신성 현상에서 엄청나게 강력한 에너지를 내뿜으며 사멸하는 순간의 별은 다른 수십억 개의 별들보다 밝게 빛난다. 하나님의 권능이 그 모든 지상의 권능을 완전히 압도하고 있음을 느끼게 해주는 사실이다. 또 7장에서 다룬 빅뱅은, 전등의 스위치를 켜는 것 같은 단순한 과정이 아닌 이보다 훨씬 멋진 과정을 통해 우주가 시작되었음을 알려준다. 하나님은 우주 공간 자체를 폭발시키는 엄청난 사건을 통해 지금 남아 있는 우주의 빛을 다 모은 것보다 훨씬 강력한 빛을 창조하셔서 태초의 시공간과 물질과 에너지로 삼으셨던 것이다. 이 우주의 광대함은 우리를 향한 하나님의 사랑이 얼마나 큰지를 보여 준다(7장에서처럼, 시 103:11-12을 참고하라).

그러나 때때로 그리스도인들은 과학이 이해하지 못한 것들을 가지고 하나님을 찬양하는 일에 더 열을 올리기도 한다. 2장에서 '틈새의 신'과 관련된 주장에 대해 우리가 경고한 내용을 떠올려 보라. "이 현상은 과학적으로 설명이 불가능할 정도로 놀라운 것이기 때문에 하나님이 만드신 것이 분명해!"라는 식의 말은 매혹적으로 들린다. 물론 하나님이 과학으로 설명할 수 없는 것들을 만드셨음은 부인할 수 없는 사실이나, 우리가 그 사실에만 집중할 경우 한 가지 문제가 생긴다. 과학이 발전하여 이전에는 설명할 수 없었던 것을 설명하면 어떻게 한단 말인가? 더 이상 하나님을 찬양할 수 없게 되는 것일까? 따라서 더 나은 접근법은, 위에서 설명한 폭풍우나 은하수 같이 과학이 **설명할 수 있는** 모든 놀랍고 경이로운 자연 현상에 대해서도 똑같이 하나님을 찬양하는 것이다. 과학적 설명은 하나님의 자리를 대신하지도, 하나님에 대한 우리의 찬양을 퇴색시키지도 않는다. 오히려 하나님이 자연 세계를 어떻게 다스리시는지를 더 잘 이해할 수 있게 해줌으로써 하나님에 대한 우리의 찬양에 한층 힘을 실어준다. 제한적이기는 하나 우리에게는 '하나님을 따라 하나님의 생각을 짐작'할 수 있는 특권이 있다.

현대의 진화생물학도 하나님의 성품에 대해 알려주는데, 미세진화를 통해 갈라파고스 섬에 그토록 다양한 되새류를 만드신 창조성이 그 한 예다(9

장). 항상 부정적인 문맥에서만 **진화**라는 단어를 들어왔다면, 예배와 진화를 함께 생각하는 것이 힘든 일일 수 있겠다. 아래는 우리 두 사람이 기원 과학을 공부하면서 어떻게 하나님의 성품까지 이해하게 되었는지를 정리한 글이다.

데보라

어렸을 때는 젊은 지구 창조론만 듣다가 어른이 되어서야 혼자 기원의 문제를 연구하기 시작했다. 1-2년 정도 관련된 책들을 읽고 다른 그리스도인들과 토론한 결과, 자연과 성경에 나타난 증거와 가장 잘 맞아떨어지는 이론은 최소한 몇 가지의 진화 과정이 포함된 오랜 지구론이라는 결론을 내리게 되었다. 하지만 이성적으로 이 같은 결론을 내린 후에도, 이를 나의 예배 습관에 적용하기까지는 몇 년의 시간이 필요했다. 이를 테면, 이런 찬송가를 부를 때 어떤 광경을 떠올려야 할지가 문제였다.

> 찬란하고 아름다운 모든 것, 크고 작은 모든 피조물,
> 지혜롭고 경이로운 모든 것?—이 모든 것을 주 하나님이 창조하셨네.

> 작은 꽃들 저마다 피어나고, 작은 새 저마다 노래하네—
> 저 빛나는 색과 자그마한 날개, 우리 주님이 만드신 것.

> 저 자줏빛 봉우리 산과 흐르는 강,
> 하늘을 환히 비추는 아침 햇살과 저녁 노을.

> 찬란하고 아름다운 모든 것, 크고 작은 모든 피조물,
> 지혜롭고 경이로운 모든 것?—이 모든 것을 주 하나님이 창조하셨네.

어린 시절에 이 찬송가를 부를 때는 하나님이 에덴동산을 거니시면서 특별한 기적을 일으켜 손 안에서 새 한 마리씩을 만들어 날려 보내시는 모습을 상상하거나 C. S. 루이스의 「나니아 나라 이야기」(The Chronicles of Narnia, 시공사)에 나오는 사자왕 아슬란이 노래로 돌과 언덕을 창조하는 장면을 떠올렸다. 그런데 지금은 하나님이 수백만 년에 걸친 자연적 과정을 통해 이 모든 것을 창조하셨음을 알고 있다. 하나님이 이렇게 진화생물학과 지각 판의 움직임을 통해 각기 이 새들과 산들을 만드셨다면, 대체 나는 무엇에 대해 하나님을 찬양할 수 있을까?

이후 여러 해가 지나면서 나는 이 질문에 대한 좋은 답을 여러 개 찾을 수 있었다(몇 가지는 이미 이 책에서 설명했다). 그중 하나는 오랜 시간에 걸친 자연적 과정 속에서 일하시는 하나님의 모습을 생각하는 것이었다. 예를 들어, 하나님이 산을 만드셨다는 가사가 있는 찬양을 부를 때, 나는 지각 아래 흐르는 마그마를 이용해 인도양판이 아시아판과 충돌하게 하시는 하나님의 모습을 떠올린다. 이 느리게 움직이지만 믿을 수 없을 정도로 엄청난 힘이 밀어붙여 결국 그 높고 눈 덮인 히말라야를 솟구치게 만든 것이다.

이제 나는 이 자연 체계 안에 있는 각 피조물뿐 아니라, 그 체계 자체가 드러내는 영광에 대해서도 하나님을 찬양한다. 하나님은 각각의 산을 만드신 것은 물론, 지상의 그 모든 산을 형성하는 체계를 세심하게 설계하셨다. 이제 나는 꽃을 창조하신 하나님을 찬양하는 노래를 부를 때 단 몇 종류의 꽃이 아니라, 다양한 크기와 모양, 색깔, 향기를 갖춘 그 모든 종류의 꽃을 창조하기 위해 하나님이 설계하신 진화의 메커니즘을 생각한다. 하나님이 설계하신 체계는 풍성한 아름다움을 창조할 뿐 아니라, 각 꽃이 처한 환경에서 적절히 번성할 수 있게 해주는 체계다.

결국 하나님에 대한 예배는 그분이 **언제**, **어떻게** 세상을 창조하셨는지가 아니라, **누가**, **왜** 창조하셨는지에 근거해야 한다는 것이 최선의 답일 것이다. 하나님은 우리의 주권자, 전능한 창조주이시며, 모든 것이 보시기에 좋다고 말씀하셨다.

로렌

초등학생 때 창세기에 대한 젊은 지구 창조론적 해석을 배웠는데도, 오래된 우주론과 생물학적 진화를 뒷받침하는 과학적 증거들 때문에 하나님에 대한 경외감이 줄어들거나 예배와 기도에 방해를 받는 일이 내게는 한 번도 없었다. 초등학생 시절에 다녔던 교회가 이런 상황에 잘 대처할 수 있도록 네 가지 중요한 방법을 알려주어 나를 준비시켜 준 덕분이었다. 그중 첫 번째 가르침은 어떤 대상의 작동 원리에 대한 과학적 설명이 하나님의 자리를 대체하는 것은 아니기 때문에 우리가 과학 발전을 두려워할 필요가 없다는 것이었다. 둘째로 그 교회는 종교개혁과 갈릴레오 사건, 노예제도 폐지와 같은 교회의 역사를 가르쳐주어, 성령님이 때때로 성경에 대한 교회의 오해를 바로잡으신다는 것을 알려주었다. 세 번째로는 최초의 성경 독자와 저자가 속해 있던 문화와 역사와 언어를 배우면 성경을 더 잘 이해할 수 있음을 가르쳐주었다. 네 번째 가르침이자 그 교회가 내게 준 가장 중요한 가르침은, 내 신앙의 뿌리가 창세기 1장을 어떻게 해석하는지에 달려 있는 것이 아니라는 사실이었다. 그 교회는 성육신해 세상에 오셔서 죽으시고 부활하신 예수님이 증거하시는 하나님의 은혜가 내 신앙의 뿌리임을 분명히 알려주었다.

그래서 대학에 들어가 오래된 지구와 오래된 우주에 대한 증거들을 배울 때도 크게 걱정하지 않았다. 도리어 나는 이에 자극을 받아 신학자들이 창세기 1장을 어떻게 해석해 왔는지 공부하기 시작했다. 그리고 창세기에 대한 오랜 지구론적 해석을 한 성경학자들도 있다는 것을 알고부터는(6장에서 논의) 우주론과 지질학, 진화생물학 등의 과학이 가진 미덕을 아무 두려움 없이 자유롭게 즐길 수 있게 되었다.

지금 나는 태양계의 형성 과정과 수십억 광년 떨어진 은하계에 대한 논문들을 열심히 읽고 있다. 어떻게 해서 침식작용과 대륙판의 움직임만으로 수백만 년 동안 아주 천천히 지구의 모습을 변화시켜 지금과 같은 방대한 생태적 지위들을 창조해 낼 수 있었는지, 즉 어떻게 그 같이 다양한 높은 산과 작은 언덕, 평원과 삼각지, 호수와 모래해안, 얕은 바다와 깊은 해구를 만들어 각 생물 종의 서식처가 되게 한 것인지에 대해서도 열심히 공부하고 있다. 새로운 사실을 하나 더 알 때마다, 나는 경이감과 경외심으로 충만해져 하나님을 찬양하게 된다.

진화생물학을 공부하다 보면 하나님이 만들어 주신 것들에 대해 감사하는 마음이 깊어진다. 몇 년 전 나는 로키 산맥 국립공원의 높은 산등성이를 걷다가 작은 꽃이 피는 식물들이 그 춥고 바람 많은 산등성이 환경에 적응해 살고 있는 것을 보았다. 그리고 산을 내려오다가 위에서 본 식물들과 종은 다르지만 가까운 관계에 있는 꽃식물을 보았다. 그때 식물과 동물들을 긴 시간에 걸쳐서 각 환경에 알맞게 적응시키시는, 하나님이 설계하신 진화 과정을 생각했다. 한 종의 동식물이 자기에게 적합하지 않은 이차적 지위(second niche)의 가장자리에 해당되는 생태적 지위 속에서 사는 경우, 그 동식물은 오랜 시간에 걸쳐 돌연변이 과정과 번식성공 과정을 겪고 그 결과 점차 그중 몇몇이 주변 지위로 번져 나간다. 한 종의 데이지 꽃이나 떨기나무, 개미나 다람쥐만이 살던 곳에서도 어느 정도 시간이 지나고 보면 서로 다른 두 종의 생물이 생겨나고, 이 생물들은 각각의 생태적 지위에 적응해 살게 된다. 이처럼 하나님은 각 생물 종이 변화하는 환경에 적응하고, 나아가 그 새로워진 환경 속에서 번성할 수 있도록 놀라운 메커니즘을 창조하셨다. 그리고 이 과정이 반복되는 동안 자연 세계의 아름다움과 다양성과 복잡성이 증대된다. 나는 요즘 진화생물학 관련 논문들을 열심히 읽고 있다. 배우면 배울수록 경이감과 경외심으로 충만해지고, 이와 함께 하나님을 찬양하고자 하는 열망도 커지고 있다.

어떻게 과학을 성도들의 삶과 융화시킬 것인가?
당신이 이 책을 다 읽은 다음에도 계속해서 자연 세계에 드러나 있는 하나님의 계시를 숙고하길 바란다. 특히 당신이 목사나 예배 인도자, 주일학교 교사, 혹은 부모라면, 이 책에서 다루었던 내용들을 다른 사람들과 공유하면 좋겠다. 뒷부분에 각자의 가정생활이나 학교생활, 교회생활 속에 과학을 엮어 넣을 실천적 방안을 몇 가지 정리했으니 참고하기 바란다.

자연 세계를 공부하는 일을 멈추지 말라. 자연사 박물관에 가거나 자연 보호구역을 걸으면서 공부할 수도 있고, 과학자들이 쉽게 써 놓은 과학 서적을 읽으면서 공부할 수도 있다. 그 같은 자연과의 만남이 창조주 하나님에 대해 무엇을 말해 주는지 깊이 생각해 보라. 그것은 하나님의 성품에 대해 어떤 가르침을 주는가? 그 자연 경관과 연결되는 성경 주제나 구절은 없는가? 뇌의 복잡한 신경망에 대한 글을 읽고 그 정보를 요한복음 15장의 포도나무와 가지 비유와 연결 지어 설교한 목사도 있다. 이렇게 자연 세계를 통해 깨달은 하나님의 모습을 다른 사람들과 나누기 바란다.

다양한 방식으로 자연과 과학을 이용해 예배를 풍성하게 만들 수도 있다. 그중 몇 가지를 소개한다.

- 자연과 관련된 전례와 성경봉독, 기도문을 사용하라. 어떤 대표기도자는 스테인드글라스의 아름다움에서부터 신도들의 몸 안에 있는 비장이 건강한 것에 이르기까지 예배당 안에 있는 모든 것에 대해 하나님께 감사하는 기도를 드리기도 했다(그 '비장 기도자'는 이후로도 오랫동안 성도들의 기억 속에 남았다!).
- "주 하나님 지으신 모든 세계"(How Great Thou Art)처럼 예전부터 사랑받

아 온 찬송가와 "주님의 경이로움 이 은하계를 넘어"(God of Wonders Beyond Our Galaxy: Third Day라는 CCM 록밴드의 곡—역주)처럼 현대 과학적인 내용이 들어간 최근의 기독교 노래들을 예배시간에 같이 불러 보자.

- 자연 세계의 아름다움에 대한 영감을 불러일으키는 현수막을 만들어 예배당에 붙여 두거나 예배 중에 상영되는 스크린에 자연 사진들을 띄워 놓자. 어떤 교회는 여름이 끝날 즈음에 교인들로부터 창조세계를 찍은 사진들을 모아, 시편을 본문으로 한 주제 설교 시간에 활용했다고 한다. 아름다운 풍경 사진 말고도 세세한 세포의 모습이나 망원경으로 관찰한 성운처럼 현대 과학을 통해 얻을 수 있는 이미지들도 좋겠다.
- 많은 설교자가 현대 영화나 책, 최근에 일어난 여러 사건을 가지고 설교를 한다. 과학적인 주제를 가지고도 얼마든 이렇게 설교할 수 있다. 과학이 긍정적이고, 흥미로우며, 우리의 믿음을 강하게 만들어줄 수도 있다는 태도를 강대상에서부터 받아들여야 한다. 이 같이 실생활과 연결된 말씀이 강대상에서 선포된다면, 특히 젊은 사람들이 이에 감사하면서 과학이 그들의 신앙을 위협할 것이라는 두려움에서 벗어날 수 있을 것이다.

예배가 아닌 다른 영역에서도 과학과 가까워지게 하는 좋은 방법들을 찾을 수 있다. 주일학교와 소그룹 모임을 위한 활동들을 제안한 1장과 13장의 내용을 참고하라. 청년들의 활동이나 기타 교회 행사를 계획할 때도 과학을 떠올리기 바란다. 예를 들어, 겨울 오후예배 후에 그 지역의 천문학자를 초대해 망원경을 설치해 별을 관찰하면서 시편 19편을 큰 소리로 읽는 것은 어떨까? 또는 교회 야유회를 가까운 자연보존센터나 큰 공원에서 개최하여 성도들로 하여금 자연관찰산책을 하고 모임 끝에 찬양을 부르게 하는 것도 좋을 것이다.

부록: 기원에 관한 다양한 견해 요약

당신은 기원에 대한 수많은 견해를 마주하게 될 것이다. 다양한 관점에 대한 이해를 제공하기 위해 여기에서는 다양한 이론적 견해에 대해 기술하고자 한다. 이 모든 관점에서 하나님은 언제나 그분의 역할을 하신다.

- **고대의 평평한 지구**. 창세기 1-2장을 문자 그대로 읽거나 구약 성경 다른 부분을 보면 하늘 위에 견고한 돔이 "지구 위의 물"을 지지하는 평평한 지구에 대해 기술하고 있음을 알게 될 것이다. 이는 구약 시대 히브리인들과 그들을 둘러싼 주위의 문화권에서 묘사했던 세상이다.
- **근대의 평평한 지구**. 지구는 평평하지만 궁창이나 위에 물이 존재하지 않는다. 이 해석에 따르면, 창세기 1-2장 및 다른 성경 구절들은 특정 공간에 고정되어 있는 평평한 지구에 대한 믿음을 요구한다. 그러나 견고한 궁창이나 지구 위의 물에 관해 언급하는 단어들은 다르게 해석된다.
- **지구중심설**. 지구는 구형이지만 특정 공간 안에 고정되어 있다. 창세기 1-2장 및 다른 성경 구절(시 93:1; 수 10:12-13)들은 지구가 움직이지 않는다는 것을 말해 준다. 태양, 달, 행성 및 별들이 지구 주위를 이동한다.
- **젊은 지구 창조론**. 근대 태양계의 태양중심적 묘사는 사실로 받아들여

지지만, 지질학 및 생물학적인 과학적 묘사는 아직 논쟁 중이다. 창세기 1-2장은 문자 그대로 짧은 지구의 역사를 보여 준다. 즉, 지구와 우주는 수만 년 전에 이루어졌다. 궁창과 지구 위의 물에 대한 묘사는 다양한 방법으로 해석된다. 일부 '외형적 성숙'이 창조에 포함되어 있을지라도, 적절한 과학적 측정이 지구와 지구 위의 생명체가 최근에 창조되었다는 증거를 찾아낼 것이라고 생각한다.

- **젊은 지구 창조론**. 외형적 나이로 창조됨. 창세기 1-2장은 문자 그대로 짧은 지구의 역사를 보여 준다. 즉, 지구와 우주는 대략 1만 년 전에 이루어졌다. 그러나 우주와 지구는 외형적으로 수백만 년 전에 만들어진 것처럼 보인다. 그래서 과학적 실험은 실제 나이가 아닌 외형적 나이만 측정한다.

- **젊은 지구 창조론**. 타락으로 인한 외형적 나이. 창세기 1-2장은 문자 그대로 짧은 지구의 역사를 보여 준다. 즉, 지구와 우주는 대략 1만 년의 나이를 갖는다. 그러나 인간과 사탄의 타락으로 인해 현재 지구는 더 나이가 들어 보인다.

- **지구와 생명체가 최근에 창조된 근대 점진적 창조론**. 창세기 1-2장은 지구와 지구의 생명체에 한해 문자 그대로 짧은 지구의 역사를 보여 준다. 하지만 천문학의 증거에 따르면, 우주는 수백만 년 전에 이루어졌다.

- **새로운 생명체가 특별히 창조된 점진적 창조론**. 지구와 우주는 수백만 년 전에 이루어졌다. 생물학적 역사 기간 동안 여러 순간에 하나님은 새로운 생명체를 특별히 창조하시기 위해 독특한 기적을 행하셨다. 특정한 종은 공통조상으로부터 기원한 것이 아니다.

- **공통조상 및 수정이 있는 점진적 창조론**. 지구와 우주는 수백만 년의 나이를 갖는다. 모든 생명체는 공통의 혈통에 의해 연계되어 있으며, 이들 사이에서 약간의 소진화가 발생할 수 있다. 그러나 생물학적 역사 기

간 동안 여러 순간에 하나님은 어떠한 생명체에 새로운 특징을 부여하거나 복합성을 제공하기 위해 특별한 기적을 행하신다. 하나님은 기존의 종을 바꾸거나 일종의 기적적인 유전공학을 행하신다.

- **기적적 진화를 통한 점진적 창조론**. 하나님은 진화를 사용하셨다. 그러나 진화의 성공은 과학적으로도 놀랄 만한 것이다. 생명체는 진화의 메커니즘에 의해 변화해 왔으며 예상했던 것보다 훨씬 복잡해졌다. 하나님은 진화 과정을 지휘해 오셨고, 이러한 과정이 이미 운명 지어진 계획과 함께 이루어지면서 기대했던 것 이상의 커다란 결과물을 이끌어 내셨다.
- **최초의 생명체가 특별히 창조된 진화론적 창조론**. 지구에서 생명의 역사는 진화론이 기술한 대로 되었으며, 그 성공은 당연한 것이었다. 하나님은 진화를 통해 세상을 창조하셨다. 그러나 최초로 생물학적 진화가 일어난 사실은 과학으로 설명될 수 없다. 지구 최초의 생명체는 기적에 의해 창조되었다.
- **진화론적 창조론**. 지구에서 생명체의 역사는 진화론이 기술한 대로 발생했다. 하나님은 최초의 생명체가 만들어지고 생물학적 진화가 일어나기에 적합하게 우주의 자연법칙들을 설계하셨다. 이것들은 하나님이 통치하시는 다른 모든 자연적인 과정과 동일하다. 하나님의 이러한 자연적 과정을 통한 통치는 다음과 같은 다양한 방법으로 묘사된다.
  - **계획된 결과물이 있는 진화론적 창조론**. 진화를 지배하는 자연법칙은 어떠한 종류의 생명체를 진화시키기 위해 설계되었다. 하나님은 우리의 존재를 계획하고 의도하셨으며, 오늘날 우리가 보는 것을 이루시기 위해 자연적인 과정을 설계하셨다.
  - **선택된 결과물이 있는 진화론적 창조론**. 이론상으로 생물학적 진화론은 다양한 결과물을 갖도록 다양한 방법에 의해 지배될 수 있다. 그

러나 지구에서 일어나는 진화의 정확한 경로와 오늘날 우리가 보는 결과물은 전적으로 하나님에 의해 운명지워졌다. 우리에게 '무작위적'으로 일어나는 것처럼 보이는 모든 사건도 하나님에 의해 결정될 수 있다.

- 유연한 결과물이 있는 진화론적 창조론. 지구에서 일어나는 진화의 정확한 방법 및 오늘날 우리가 보는 마지막 결과물은 하나님에 의해 전적으로 미리 정해진 것이 아니다. 즉, 하나님은 어느 정도의 자유를 허락하면서 창조하셨다. 하나님은 또한 이러한 과정들이 궁극적으로 하나님이 자신을 드러낼 수 있는 지적·인격적 창조물을 생산할 것을 아셨다

- 특별 계시를 통해서만 알 수 있는 진화론적 창조론. 하나님은 자연법칙을 설계하셨고, 이 세상을 창조하셨으며, 그 결과 생명체는 진화한다. 자연계를 공부하는 것만으로는 하나님의 통치하심에 관해 많은 것을 배울 수 없다. 우리는 성경에 나타난 하나님의 특별한 계시로 인해 그분의 손을 통해 창조가 이루어졌음을 믿는다.

• **자연신론적 진화론 및 사람에 대한 하나님의 개입.** 하나님은 우주와 자연법칙을 창조하신 후에 어떠한 간섭이나 특별한 통치 없이 진행되도록 놔두셨다. 하지만 사람이 세상에 살기 시작하면서 하나님은 더 많이 개입하셨다.

참고 자료

1장. 하나님의 말씀과 하나님의 세계
교육 자료
Leunk, Thea. *Fossils and Faith*. Grand Rapids, Mich.: Faith Alive Christian Resources, 2005. 4주에 걸쳐 기원에 관한 다양한 관점의 개요를 파악할 수 있게 한 이 책은, 원래 고등부 학생들을 대상으로 구성된 것이지만 어른들에게도 유용하다.

Vogel, Jane. *Walk With Me Year 3, Unit 5: Discover Creation and Science*. Grand Rapids, Mich.: Faith Alive Christian Resources, 2006. 중학생에게 기원과 관련한 쟁점을 소개하는 책으로, 성경과 과학이 각기 다른 여러 질문에 어떻게 답하는지 설명한다.

다양한 교파와 기독교 단체들의 입장
Barry, A. L. "What about Creation and Evolution?" www.lcms.org/graphics/assets/media/LCMS/wa_creation-evolution.pdf. 젊은 지구 창조론을 지지하는 루터교회 미주리 공회의 입장에 대해 논의한 글.

Dembski, B., and K. Miller, P. Nelson, B. Newman, D. Wilcox. "Commission on Creation, American Scientific Affiliation", 2000. www.asa3.org/ASA/topics/Evolution/commission_on_creation.html. "ASA(American Scientific Affiliation)는, 과학 관련 분야에 몸담고 있으면서 하나님의 말씀

에 충실하고 온전한 과학 연구에 헌신할 것을 공통적으로 다짐한 남녀가 모인 단체다." 그리스도인들 안에도 다양한 관점이 존재한다는 것을 잘 아는 ASA 회원들은 처음부터 기원에 대한 특정한 관점을 지지하지 않기로 하고, 그리스도인들이 공통적으로 동의하는 일반 영역들과 이견이 있는 구체적인 영역들이 있음을 인정하는 성명서를 작성했다.

National Center for Science Education "Statements from Religious Organizations." www.ncseweb.org/resources/articles/7445_statements_from_religious_org_12_9_2002.asp. 오랜 지구론과 진화론을 지지하는 몇몇 종교 단체의 입장을 정리한 사이트다.

National Public Radio, *Taking Issue*. "Evolution and Religious Faith", 2005. www.npr.org/takingissue/ 20050803_takingissue_origins.html. 세 개의 기독교 교단과 무슬림, 유대교 지도자들이 진화론에 대해 발언한 내용을 정리해 놓았다.

2장. 세계관과 과학

Ecklund, Elaine Howard. *Science vs. Religion: What Scientists Really Think.* Oxford: Oxford University Press, 2010

Grinnell, Frederick, *Everyday Practice of Science: Where Intuition and Passion Meet Objectivity and Logic.* Oxford: Oxford University Press, 2009. 과학 활동의 실체에 대한 한 세포생물학자의 설명.

Haarsma, Loren. "Chance from a Theistic Perspective", *The Talk Origins Archive,* 1996; www.talkorigins.org/faqs/chance/chancetheistic.html.

_____."Does Science Exclude God? Natural Law, Chance, Miracles, and Scientific Practice", *Perspectives on an Evolving Creation.* Keith B. Miller, ed. Grand Rapids, Mich.: Wm. B. Eerdmans Publishing Company, 2003.

Hooykaas, R. *Religion and the Rise of Modern Science.* Scottish Academic Press and Chatto & Windus, 1972. 「근대 과학의 출현과 종교」(정음사).

MacKay, Donald. *Science, Chance and Providence.* Oxford: Oxford University Press, 1978.

Murphy, George L. *Toward a Christian View of a Scientific World.* Lima, Ohio: CSS Publishing Company, 2001.

Polkinghorne, John. *The Faith of a Physicist.* Princeton, New Jersey: Princeton

University, 1994.

_____. *Science and Providence*. Boston: Shambhala Publications, 1989.

3장. 과학: 하나님의 세계를 연구하는 과정

Hearn, Walter, *Being a Christian in Science*. Downer's Grove. III: Inter Varsity Press, 1987.

Mackay, Donald. *The Open Mind and Other Essays*. Leicester England: Inter Varsity Press, 1988

Ratzsch, Del. *Science & Its Limit: The Natural Sciences in Christian Perspective*. Downers Grove, Ill.: InterVarsity Press, 2000

4. 하나님의 세계는 하나님의 말씀과 모순되는가?

성경 해석에 대해

Berkhof, Louis. *Principles of Biblical Interpretation*. Grand Rapid, Mich.: Baker Book House, 1950, 2003.「성경 해석의 원리」(개혁주의신행협회).

Fee, Gordon and Douglas Stewart. *How to Read the Bible for All It's Worth*, 3rd edition. Grand Rapids, Mich.: Zondervan, 2003.「성경을 어떻게 읽을 것 인가」(성서유니온).

기독교와 과학의 관계에 대해

Barbour, Ian G. *Religon and Science*. New York: Harper, 1997.「과학이 종교를 만났을 때」(김영사).

Enns, Peter. *Inspiration and Incarnation: Evangelicals and the Problem of the Old Testament*. Grand Rapids: Baker Academic, 2005

Lindberg, David C. and Ronald L. Numbers. "Beyond War and Peace: A Reappraisal of the Encounter between Christianity and Science", *Perspectives on Science and Christian Faith*, 39.3:140-149(1987).

갈릴레오 사건에 대해

Drake, Stillman, ed. *The Discoveries and Opinions of Galileo*. New York: Doubleday, 1957. 갈릴레오가 쓴 "크리스티나 공작부인에게 보내는 편지" 의 번역본이 포함되어 있음.

Gingerich, Owen. *The Book Nobody Read: Chasing the Revolutions of Nicolaus Copernicus*. New York: Walker & Company, 2004.
Hummel, Charles E. *The Galileo Connection*. Dawners Grove, Ill.: InterVarsity Press, 1986. 「과학과 성경, 갈등인가 화해인가」(IVP).
Numbers, Ronald, ed. *Galileo Goes to Jail and Other Myths About Science and Religion*. Cambridge, Mass.: Harvard University Press, 2009.

5장. 창세기: 일치론적 해석
초대 교부들의 창세기 해석
Catholic Answers. "Creation and Genesis"(www.catholic.com/library/Creation_and_Genesis.asp).

기독교적 관점에서 본 오랜 지구론에 대한 지질학적 증거
Greenberg, Jeffrey. "Geological Framework of an Evolving Creation", *Perspectives on an Evolving Creation*. Keith B. Miller, ed. Grand Rapids, Mich.: Wm. B. Eerdmans, 2003.
Weins, Roger C. "Radiometric Dating: A Christian Perspective" (www.asa3.org/aSA/resources/Wiens.html).
Young, Davis, and Ralph Stearley. *The Bible, Rocks, and Time: Geological Evidence for the Age of the Earth*. Downers Grove, Ill.: Intervarsity Press, 2008.
Young, Davis. "The Discovery of Terrestrial History", in *Portraits of Creation*. Grand Rapids, Mich.: Wm.B. Eerdmans, 1990.

젊은 지구 창조론 운동의 역사
Davis, Edward B. "Concordism and American Evangelicals", *Perspectives on an Evolving Creation*. Keith B. Miller, ed. Grand Rapids, Mich.: Wm. B. Eerdmans, 2003.
_____. "Important Primary Texts on Religion and Science in America" (home.messiah.edu/~tdavis/texts.htm).
Numbers, Ronald. *The Creationists*. Berkeley, Calif.: University of California Press, 1992.

젊은 지구론자들의 관점
Answers in Genesis(www.answersingenesis.org).
Institute for Creation Research(www.icr.org).

젊은 지구 창조론자들의 주장에 대해 기독교적 관점에서 내놓은 과학적 답변
Answers in Creation(www.answersincreation.org/).
Reasons to Believe(www.reasons.org)
Ross, Hugh. *Creation and Time*. Colorado Springs: Navpress, 1994.
Van till, Howard J., Davis A. Young, and Clarence Menninga. *Science Held Hostage*. Downers Grove, Ill.: InterVarsity Press, 1988.

6장. 창세기: 비일치론적 해석
Collins, John C. *Genesis 1-4: A Linguistic, Literary, and Theological Commentary*. P&R Publishing, 2006.
Enns, Peter. *Inspiration and Incarnation: Evangelicals and the Problem of the Old Testament*. Grand Rapids, Mich.: Baker Academic, 2005.
Glover, Gordon. *Beyond the Firmament: Understanding Science and the Theology of Creation*. Watertree Press, 2007.
Hyers, Conrad. "Comparing Biblical and Scientific Maps of Origins", *Perspectives on an Evolving Creation*, Keith Miller, de. Grand Rapids, Mich.: Wm. B. Eerdmans, 2003.
Stek, John H. "What Says the Scripture?" *Portraits of Creation*. Grand Rapids, Mich.: Wm. B. Eerdmans, 1990.
Walton, John H. *The Lost World of Genesis One: Ancient Cosmology and the Origin Debate*. Downers Grove, Ill.: InterVarsity Press, 2009. 「창세기 1장의 잃어버린 세계」(그리심).

7장. 아주 오래되고 역동적인 우주
기독교적 관점에서 본 우주에서의 인간의 위치
Danielson, Dennis. "Copernicus and the Tale of the Pale Blue Dot" (www.faculty.arts.ubc.ca/ddaniels/).

기독교적 관점에서 본 우주 나이에 대한 천문학적 증거
Van Till, Howard. "The Scientific Investigation of Natural History", *Portraits of Creation*. Grand Rapids, Mich.: Wm. B. Eerdmans, 1990.

종교적으로 중립적인 관점에서 본 우주론
American Astronomical Society. "An Ancient Universe: How Astronomers Know the Vast Scale of Cosmic Time", 2004. 우주 나이에 대해 알기 쉽게 풀어 쓴 20페이지짜리 개론서.
Coles, Peter. *Cosmology: A Very Short Introduction*. Oxford: Oxford University Press, 2001. p. 130.
Ferreira, Pedro. *The State of the Universe: A Primer in Modern Cosmology*. London: Cassell, 2006.

기독교 혹은 유신론적 관점에서 본 미세조정론
Craig, William Lane. *The Teleological Argument and the Anthropic Principle*. www.leaderu.com/offices/billcraig/docs/teleo.html.
Leslie, John. *Universes*. London: Routledge, 1996.
Ross, Hugh. *More Than a Theory: Revealing a Testable Model for Creation*. Grand Rapids, Mich.: Baker Books, 2009.

비기독교적 관점에서 본 미세조정론과 다중우주론
Green, Brian. *The Hidden Reality: Parallel Universes and the Deep Laws of the Cosmos*. Knopf, 2011.
Rees, Martin, *Just Six Numbers: The Deep Forces that Shape the Universe*. New York: Basic Books, 2000.

8장. 진화를 둘러싼 다양한 관점들
Dembski, William and Michael Ruse, eds. *Debating Design: From Darwin to DNA*. Cambridge: Cambridge University Press, 2007. 창조와 지적설계에 대한 다양한 기독교적 관점을 모아놓은 선집.
Keller, Tim. *Creation, Evolution, and Christian Laypeople*. BioLogos, 2009, www.biologos.org/uploads/projects/Keller_white_paper.pdf. 진화와 관

련하여 평신도들이 묻는 가장 어려운 질문들에 답하는 방법을 모아놓은 목회자들을 위한 조언 모음집.

Moreland, J.P. and John Mark Reynolds, eds. *Three Views on Creation and Evolution*. Grand Rapids, Mich.: Zondervan, 1999. 「창조와 진화에 대한 세 가지 견해」(IVP).

Ratzsch, Del. *The Battle of Beginnings: Why Neither Side Is Winning the Creation-Evolution Debate*. IVP Academic, 1996.

9장. 동식물 진화의 증거

기독교적 관점에서 나온 진화론에 대한 과학적 증거

Alexander, Dennis. *Creation or Evolution: Do We Have to Choose?* Kregel Publications, 2009.

Colling, Richard G. *Random Designer: Created from Chaos to Connect with Creator*. Browning Press, 2004.

Collins, Francis. *The Language of God: A Scientist Presents Evidence for Belief*. New York: Free Press, 2006. 「신의 언어」(김영사).

Falk, Darrel. *Coming to Peace with Science*. Downers Grove, Ill.: InterVarsity Press, 2004.

Gray, Terry. "Biochemistry and Evolution", *Perspectives on an Evolving Creation*. Keith B. Miller, ed. Grand Rapids, Mich.: Wm B. Eerdmans, 2003.

Harrel, Daniel M. *Nature's Witness: How Evolution Can Inspire Faith*. Nashville, Tenn.: Abingdon Press, 2008.

Lamoureux, Denis O. *I Love Jesus & I Accept Evolution*. Eugene, Ore.: Wipf and Stock Publishers, 2009.

Miller, Keith B. "Common Descent, Transitional Forms, and the Fossil Record", *Perspectives on an Evolving Creation*. Grand Rapids, Mich.: Wm. B. Eerdmans, 2003. BioLogos의 웹 사이트(biologos.org/)에서도 이 주제와 관련된 다수의 논문을 읽어볼 수 있다.

열역학 제2법칙과 진화의 관련성

Rusbult, Craig. "An Introduction to Entropy and Evolution: The Second Law of

Thermodynamic in Science and in Young Earth Creationism",
www.asa3.org/ASA/education/origons/thermo.htm.

10장. 지적설계
미국 공립학교에서 창조와 진화를 가르치는 문제를 둘러싼 법적 분쟁의 역사
Davis, Edward B. "Intelligent Design on Trial" in *Religion in the News*, Winter 2006, Vol. 8, No 3. www.trincoll.edu/depts/csrpl/RINVol8no3/intelligent%20design%20on%20trial.htm에서도 해당 글을 읽을 수 있다.
Numbers, Ronald. *The Creationists*. Berkeley, Calif.: University of California Press, 1992.

기독교적 관점에서 쓴 지적설계 옹호론
Behe, Michael. *Darwin's Black Box*. 2nd Edition. Free Press, 2006. 「다윈의 블랙박스」(풀빛).
Dembski, William, and Sean McDowell. *Understanding Intelligent Design*. Harvest House, 2008
Strobel, Lee. *The Case for a Creator: A Journalist Investigates Scientific Evidence That Points Toward God*. Zondervan, 2005. 「창조 설계의 비밀」(두란노).

기독교적 관점에서 쓴 지적설계 비판론
Collins, Francis. *The Language of God: A Scientist Presents Evidence for Belief*. New York: Free Press, 2006.
Falk, Darrel. *Coming to Peace with Science*. Downer's Grove, Ⅲ.: InterVarsity Press, 2004.
Gary, Terry and Loren Haarsma. "Complexity, Self-organization and Design." *Perspectives on an Evolving Creation*. Keith B. Miller, ed. Grand Rapids, Mich.: Wm. B. Eerdmans, 2003.
Haarsma, Loren. "Is Intelligent Design 'Scientific'?" Lecture give at the American Scientific Affiliation annual meeting August 2005, available at www.calvin.edu/minds/vol02/issue01/lhaarsma.php.

중립적인 관점에서 쓴 최초 생명체를 둘러싼 과학적 쟁점
Plaxco, Kevin and Michael Gross. *Astrobiology: An Introduction*. Boston: Johns Hopkins University Press, 2006.

11장. 인간 기원에 관한 과학적 신학적 쟁점들
대체로 중립적인 관점에서 본 인류 진화의 과학적 증거
Heslip, Steven. "Time-Space Chart of Hominid Fossils", www.msu.edu/~heslipst/contents/ANP440/.

기독교 관점에서 본 인류 진화의 과학적 증거
Collins, Francis. *The Language of God: A Scientist Presents Evidence for Belief*. New York: Free Press, 2006.
Hurd, James. "Hominids in the Garden", *Perspectives on an Evolving Creation*. Keith B. Miller, ed. Grand Rapids, Mich.: Wm. B. Eerdmans, 2003.
Stearley, Ralph. "Assessing Evidences for the Evolution of a Human Cognitive Platform for 'Soulish Behaviors'", *Perspectives on Science and Christian Faith*, Vol. 61, 2009.9, pp. 152-174.
Venema, Dennis R. "Genesis and the Genome: Genomics Evidence for Human-Ape Common Ancestry and Ancestral Hominid Population Sizes", *Perspectives on Science and Christian Faith*, 62:166, 2010.9.
Wilcox, David. "Finding Adam: The Genetics of Human Origins", *Perspectives on an Evolving Creation*. Keith B. Miller, ed. Grand Rapids, Mich.: W, B. Eerdmans, 2003.

인간 진화와 관련된 신학적 쟁점
Collins, Robin. "Evolution and Original Sin", *Perspectives on an Evolving Creation*. Keith B. Miller, ed. Grand Rapids, Mich.: W, B. Eerdmans, 2003.
Lamoureux, Denis O. *I Love Jesus & I Accept Evolution*. Eugen, Ore.: Wipf and Stock Publishers, 2009.
Murphy, George. "Roads to Paradise and Perdition: Christ, Evolution, and Original Sin", *Perspectives in Science and Christian Faith*. 58: 109, June

2006.

Young, Davis. "The Antiquity and the Unity of the Human Race Revisited", *Christian Scholar's Review*. XXIV:4, 1995.5. www.asa3.org/asa/resources/CSRYoung.html을 통해서도 읽을 수 있다.

12장. 아담과 하와

Collins, C. John. "Adam and Eve as Historical People, and Why It Matters", *Perspectives on Science and Christian Faith*, 62:145, 2010.9.

Collins, Robin. "Evolution and Original Sin", *Perspectives on an Evolving Creation*. Keith B. Miller, ed. Grand Rapids, Mich.: Wm. B. Eerdmans, 2003.

Harlow, Daniel C. "After Adam: Reading Genesis in an Age of Evolutionary Science", *Perspectives on Science and Christian Faith*, 62:179, 2010.9.

Hurd, James. "Hominids in the Garden", *Perspectives on an Evolving Creation*, Keith B. Miller, ed. Grand Rapids, Mich.: Wm. B. Eerdmans, 2003.

Murphy, George. "Roads to Paradise and Perdition: Christ, Evolution, and Original Sin", *Perspectives in Science and Christian Faith*, 58:109, June 2006.

Young, Davis. "The Antiquity and the Unity of the Human Race Revisited", *Christian Scholar's Review* XXIV:4, May 1995. Available at www.asa3.org/asa/resources/CSRYoung.html.

최근 대표설의 논거

Alexander, Denis. "How Does a BioLogos Model Need to Address the Theological Issues Associated with an Adam Who Was Not the Sole Genetic Progenitor of Humankind?" BioLogos white paper, biologos.org/uplods/projects/alexander_white_paper.pdf.

Berry, R. J. and Jeeves, M. "The Nature of Human nature", *Science & Christian Belief*, 20:3-47, 2008.

고대 집단 조상설의 논거

Day, A. J. "Adam, anthropology and the Genesis record-taking Genesis seriously in the light of contemporary science", *Science & Christian Belief,* 10:115-143, 1998.

상징설의 논거
Lamoureux, Denis O. *Evolutionary Creation: A Christian Approach to Evolution.* Eugene, Ore.: Wipf and Stock Publishers, 2008.

Schneider, John. "Recent Genetic Science and Christian Theology on Human Origins: An 'Aesthetic Supralapsarianism", *Perspectives on Science and Christian Faith.* 62:196, 2010.9.

13장. 남아 있는 질문들
창조의 선함과 타락
Munday, John C. "Animal Pain: Beyond the Threshold?" *Perspectives on an Evolving Creation.* Keith B. Miller, ed. Ground Rapids, Mich.: Wm. B. Eerdmans, 2003

Snoke, David. "Why Were Dangerous Animal Created?" *Perspectives on Science and Christian Faith,* Vol. 56, 2004.6.

Yancey, Philip. *Where is God When It Hurts?* Ground Rapids, Mich.: Zondervan, 1977, 1990, 2002. 「내가 고통당할 때 하나님 어디 계십니까」 (생명의말씀사).

그리스도인과 과학 분야의 직업
American Scientific Affiliation(www.asa3.org). 그리스도인 전문 과학자들이 모인 학회로, 홈페이지에 다양한 관점에서 비롯된 자료가 많이 올라와 있다.

Bancewicz, Ruth. *Test of Faith: Spiritual Journeys of Scientists.* Wipf & Stock, 2010. Ten of today's scientists discuss their Christian faith.

Graves, Dan. *Scientists of Faith: 48 Biographies of Historic Scientist and Their Christian Faith.* Kregel Publications, 1996.

Hearn, Walt. *Being a Christian in Science.* Downer's Grove, Ill.: Intervarsity Press, 1987.

기독교 학회 목록(www.apu.edu/faithintegration/resources/societies). 다양한 학문 분야에서 활동하는 여러 기독교 학회 목록을 소개한 웹 사이트

어린이 및 청년 교육 자료
Brouwer, Sigmund. *Who Made the Moon? A Father Explores How Faith and Science Agree.* Thomas Nelson, 2008.

*이 밖에도 1장의 교육 자료 목록을 참고하라.

14장. 경이와 예배
Achtemeier, Elizabeth, *Nature, God, and Pulpit.* Eerdmans, 1992.
Gordon, Charles, *In Plain Sight: Seeing God's Signature Throughout Creation. Designed on Purpose,* 2009. www.designedonpurpose.com에서도 확인 가능하다. 아름다운 자연 사진이 담긴 40편의 묵상집이다.
Huyser-Honig, Joan. "Science and Faith in Harmony: Positive ways to include science in worship." wor.li/1100에 업로드된 *Calvin Institute of Christian Worship*의 논문. 2009. 다수의 예배 자료들도 링크되어 있다.
The Ministry Theorem, ministrytheorem.calvinseminary.edu. 목사들과 교회 지도자들을 위한 자료가 다수 포함되어 있으며, "목사들이 알았으면 하는 것"을 주제로 과학자들이 쓴 글들도 수록되어 있다.
Season of Creation, www.seasonofcreation.com. 예배 의식과 시각 자료, 설교 주제, 주일학교 설교 등 창조와 관련된 예배 자료들을 찾아볼 수 있는 웹 사이트.
Wiseman, Jennifer. "Science as an Instrument of Worship: Can recent scientific discovery inform and inspire worship and service?" BioLogos white paper, 2009. www.biologos.org/uploads/projects/wiseman_white_paper.pdf.

*http://www.faithaliveonline.org/origins에 기원이라는 주제와 관련하여 40여 개의 글이 올라가 있으니, 그 글들도 참고하기 바란다.

찾아보기

DNA 200, 203, 235

가설(Hypotheses) 59
가신들(Vassals) 148
가정의 신뢰도 vs. 증명의 신뢰도(Faith assumptions vs. proof) 20, 85-88
갈등 상황에서의 세계관/과학 (Worldviews/science in conflict) 85
갈라파고스 섬(Galapagos Islands) 220-221
강력한 이론(Heat radiation) 184, 187
개체군 병목현상(Population bottleneck) 257
객성(Guest star) 71
거룩한 종주(Divine suzerain) 148
거리 측정(Measuring distance)
　겉보기 크기를 이용한(by apparent size) 168
　관찰 주체의 움직임을 이용한(by motion) 165
　밝기를 이용한(by brightness) 166

검증 가능한 가설(Testable predictions) 72
게놈(Genome) 226, 257
게성운(Crab Nebula) 73
고대 호모 사피엔스(Archaic Homo sapiens) 285
고등비평(Higher criticism of Scripture) 129
공통기능론(Common function) 225, 257
공통조상(Common ancestry) 22, 199, 202, 206-208, 217, 218, 221-222, 224, 228-229, 236
과학 vs. 종교/신학/성경(Science vs. religion/theology/Bible) 16-17, 19, 29, 39, 51, 79, 83, 90, 97, 157, 181, 198
과학 이론(Scientific theories) 19
과학 지식, 하나의 지식으로서(Scientific knowledge as one kind of knowledge) 76
과학(Science)

찾아보기 341

과정으로서(as process) 65
성도의 삶에서의(in congregational
　　life) 323-324
이라는 학문의 정의(definition) 238
과학계(Scientific community) 91
과학과 종교 사이의 긍정적 상호작용
　　(Positive interaction between
　　science and religion) 106
과학에 대한 무신론적 평판(Atheistic
　　reputation of science) 85
과학의 객관성(Objectivity of science) 48
과학적 관행(Scientific practice) 140
과학적 창조론/창조과학(Scientific
　　creationism/Creation science) 133
과학적 해석(Scientific interpretation)
　　90, 111
관찰 과학(Observational science) 68-69
관찰적 방법(Observational method)
　　21, 66
광년(Light year) 166
광도(Luminosity) 167
교회 전통이 성경 해석에 미치는 영향
　　(Church tradition as influencer of
　　biblical interpretation) 88-89
국부 은하군(Local Group) 169
궁창(Firmament) 150-152
근본 물리력(Fundamental physical
　　forces) 190
「근본」(Fundamentals, The) 130, 135
근본주의(Fundamentalism) 130, 135
기독교 세계관(Christian worldview) 20,
　　62
기본적인 물리학 법칙(Fundamental laws

　　of physics) 191
기원/과학 지식의 관점에서 본 예배/기도/
　　경이(Worship/praise/wonder in
　　context of origins/scientific
　　knowledge) 23, 41, 57, 315-318
기원에 관한 관점(Opinions on origins)
　　21
기적 그리고 구원의 역사 vs. 자연의 역사
　　(Miracles and salvation history vs.
　　natural history) 209
기적/자연에서의 기적적인 개입
　　(Miracles/miraculous intervention in
　　nature) 19, 38, 52, 57-58, 209-210,
　　'하나님의 행동/초자연적인 기적'을
　　보라
기후 변화(Climate change) 131

날씨(Weather) 17
내포적 유사성 패턴(Nested pattern of
　　similarity) 223
네안데르탈인(Neanderthals) 254, 256
노아의 홍수(Noah's flood) 118-119
뉴에이지(New Age) 49

다중 우주론(Multi-verse hypothesis) 192
대륙 이동(Continental drift) 130
대홍수 모델(Global flood model) 118-
　　119, 134-136
돌연변이 유전자(Genetic mutations)
　　200, 222, 225, 239, 258
동료검토(Peer review) 91, 137
동물들의 육체적 죽음(Physical death of
　　animals) 267-268

동식물의 진화(Plant and animal
    evolution) 215
「두 개의 우주 체계에 대한 대화」
    (*Dialogue on the To Principal World
    Systems*) 104
땅을 주겠다는 언약(Land grant covenant)
    148

리튬(Lithium) 186

만유인력의 법칙(Universal Law of
    Gravity) 105
명왕성(Pluto) 170
모델(Models) 66, 90
모델을 더 강력하게 뒷받침하는 사례
    (Scientific case for model) 84
무성층암(Unstratified rocks) 119
무신론(Atheism) 16, 29, 45, 46, 85, 197,
    247
무신론적 물질주의(Atheistic materialism)
    261
무신론적 세계관(Atheistic worldview)
    47, 136, 186-187, '환원주의적 무신
    론'을 보라
무에서의 창조(*Creatia ex nihilo*) 111
무작위로 일어나는 현상들(Random
    events) 21, 59, '우연'을 보라
무작위적 돌연변이(Random mutation)
    200, 203
문화의 영향/과학의 전통(Cultural
    influences/traditions of science) 83,
    88, 103
물 분자(Water molecules) 191

바빌로니아의 우주관(Babylonian
    cosmology) 152
발달생물학(Developmental biology) 218
방사성 동위원소(Radioactive isotopes)
    132, 180
방사성 붕괴(Radioactive decay) 132
방사성(Radioactivity) 132
방사성연대측정[Radiometric(radioactive)
    dating] 132, 180
별(Star)
    의 노화(aging) 174
    의 삶(life) 174
    의 생명주기(Life cycle of star) 173-
    174
    의 죽음(Star death) 174
    의 탄생(Star birth) 174
별들의 무리(Mass of stars) 180
복잡성의 진화(Evolution of complexity)
    245
불가지론(Agnosticism) 47, 57
대립유전자(Allele) 224, 257
빅뱅 이론(Big Bang theory) 16, 22, 183-
    187, 190, 192
빙하(Glaciers) 132
빛의 속도(Speed of light) 178

산소(Oxygen) 191
상대주의(Relativism) 47
생명 나무(Tree of life) 270
생명체를 위한 우주의 미세조정(Universe
    finely tuned for life) 189-192, 234
생물지리학(Biogeography) 218
생물학적 복잡성(Biological complexity)

234-235, 237
생물학적 진화(Biological evolution) 17,
　128, 236
생태계(Ecosystem) 221
생태적 지위(Ecological niche) 221
설계(Design) 16
설명할 수 없는 자연 현상(Unexplainable
　natural events) 19
설명할 수 있는 자연 현상(Explainable
　natural events) 21
성경 시(Biblical poetry) 146
성경 영감(Scriptural inspiration) 92
성경 해석 원리(Principles of biblical
　interpretation) 21, 102, 157-159
성경 해석(Biblical Interpretation) 88, 90,
　92-94, 111
　문자 그대로 vs. 문자 그대로가 아닌
　(Literal vs. non-literal interpretation
　of Scripture) 95, 100, 145, 152
성경 해석에 대한 과학의 영향(Science
　influencing Scripture interpretation)
　37-38
성경 해석의 변화와 향상 경험(Experience
　altering and improving
　interpretation of Scripture) 38-39
성경, 권위 있고 구원의 길을 알려주기에
　충분한 책으로서(Bible as
　authoritative and sufficient for
　salvation) 32
성경/기원, 문화 역사적 배경에서 본
　(Scripture/Genesis in cultural and
　historical context) 93-96, 144, 149,
　155

성경에서의 상징주의(Symbolism in
　Scripture) 102, 148
성경의 계보(Biblical genealogies) 116
성경의 권위에 대한 존중(High view of
　biblical authority) 141
성경의 명료성, 구원에 관한 주요 메시지
　와 관련하여(Clarity of Scripture in
　terms of primary message of
　salvation) 96
성경의 무오성(Biblical inerrancy) 129
성경의 문학 장르(Literary genres in
　Bible) 101
성경의 일반적인 개념 사용, 사람들이 본
　래 의도한 영적 메시지를 놓치지 않고
　이해할 수 있도록(Bible's use of
　common concepts to clarify spiritual
　message) 102
성경의 초점, 어떻게 왜 창조했느냐가 아
　닌 누가 무엇을 왜 창조했느냐(Bible's
　focus on who, what, and why of
　creation, not how or when) 39-41,
　42, 57, 65, 161, 182
성경책(Book of Scripture) 80-82, 97, 106,
　'특별 계시'를 보라
성단(Star clusters) 180
성숙한 모습으로의 창조(Appearance of
　Age Interpretation of creation) 113,
　127-128
성운(Nebulae) 181
성전적 해석(Temple Interpretation of
　creation) 113, 148
성층암(Stratified rocks) 122
세계관(Worldview) 45

세계관, 개인적인 vs. 전문 과학자들의
　　(Worldview, personal vs.
　　professional scientist) 48
세계관과 과학, 각 진술에서의 과학적 진
　　술의 중요성(Worldviews and
　　science, importance of evaluation
　　statements on their own merit) 86
세계관과 과학이 서로 미치는 영향
　　(Worldviews and science as mutual
　　influencers) 84
세계를 체계적으로 연구할 인간의 책임
　　(Human responsibility to study
　　world systematically) 32
세페이드 변광성(Cepheid variable star)
　　167
세포(Cell) 235-236
소립자(Elementary particles) 192
소진화(Microevolution) 199, 201, 206-
　　208, 221, 236
소행성(Asteroids) 181
수소(Hydrogen) 185, 190
시간의 흐름에 따른 변화 패턴(Pattern of
　　change over time) 202
시작점에서의 우주 융합의 증거(Evidence
　　of fusion at beginning of universe)
　　185
시차(Parallax) 99, 105, 165
신뢰성(Reliability) 76
「신의 언어」(Language of God, The) 257
신학, 성경 해석에 미치는 영향으로서의
　　(Theology as influencer of biblical
　　interpretation) 88
신학적 선언으로서의 성경의 창조 서술
　　(Biblical creation account as
　　theological manifesto) 154, 161
실험 과학(Experimental science) 66
실험 방법(Experimental method) 21, 66
실험 변수(Experimental variables)

아담과 하와(Adam and Eve)
　　고대 대표 집단(group of ancient
　　　representatives theory) 251, 283-
　　　285
　　고대 집단 조상(group of ancient
　　　ancestors theory) 283-286
　　상징(symbolic) 252, 289-293
　　최근 대표(recent representatives
　　　theory) 251, 279-283
　　최근 조상(recent ancestors theory)
　　　251, 276-279
　　한 쌍의 고대 조상(pair of ancient
　　　ancestors theory) 251, 279-283
아이작 뉴턴(Newton, Isaac) 105
얼음층(Layering of ice) 132
에누마 엘리쉬(Enuma Elish) 152-153
역동적 안정성(Dynamic stability) 53
역동적 우주(Dynamic universe) 173
역사 과학(Historical science) 69
역사적 방법(Historical method) 21, 66
역암(Conglomerate rocks) 120
염색체(Chromosomes) 235
영적 죽음(Spiritual death) 268
오랜 지구 창조론(Old-earth creationism)
　　33, 209
우연(Chance) 59, '무작위로 일어나는 현
　　상들'을 보라

우연의 의미, 과학적 vs. 철학적(Chance, scientific vs. philosophical meanings of) 66, 205-206
우주 나이의 증거(Evidence of age of universe) 178-182
  성단을 통한(from star clusters) 181
  소행성 궤도를 통한(from asteroid orbits) 180
  운석을 통한(from meteorites) 180-181
우주 팽창의 증거(Evidence of expansion of universe) 183
우주배경복사(Cosmic Microwave Background Radiation) 185
우주의 광대함(Vastness of universe) 164, 170
우주의 기초적 속성(Fundamental properties of universe) 191
우주의 나이(Age of universe) 185 186
우주의 팽창률(Expansion rate of universe) 188-190
운석(Meteorites) 180
원시인류 화석(Hominid fossils) 254-255
원죄(Original sin) 23, 263, 276
원죄(Original sin)
  의 역사적 기원(the historical origin of) 263, 267, 277
  의 상황(the situation of) 263, 267, 277
  의 전승(the transmission of) 264-264, 276
유사유전자(Pseudogene) 227, 256
유전자 복제(Gene duplication) 239
유전자(Genes) 200, 203, 224, 235, 239

유전적 아담(Genetic Adam) 258
유전적 유사성(Genetic similarity) 222-224
유전학(Genetics) 22, 218, 222
융합(Fusion) 185
은하수(Milky Way galaxy) 164, 167, 169-170
의로운 상태(Original righteousness) 267, 281
이론(Theories) 66, 90
이신론(Deism) 112, 210
이집트의 우주론(Egyptian cosmology) 151
인간 기원에 대한 공통조상론(Common ancestry theory for human origins) 253, 257, 305-306
인간 존재의 중요성(Human significance) 22
인간게놈프로젝트(Human Genome project) 257
인간과 동물의 유전적 유사성(Genetic similarity of humans to animals) 275
인간과 하나님의 인격적 관계(Personal relationship between God and humans) 260, 263
인간의 기원(Human origins) 22, 249
  기적적인 변화론(miraculous modification theory) 253, 260
  진화적 창조론(evolutionary creation theory) 253, 260
  특수 창조론(special creation theory) 253, 260

인간의 영혼(Human soul) 261-262, 275
인간의 죽음(Human death) 267-268
인권 운동(Civil rights movement) 89
인류 기원의 화석 증거(Fossil evidence in human origins) 253, 274
인류 집단 내의 유전적 다양성(Genetic diversity in human population) 275
인류의 진화(Human evolution) 129
인류의 화석 증거(Human fossil evidence) 255
일관된 신념 체계(Unified set of beliefs) 31
일반 계시(General revelation) 80, 84, '자연이라는 책'을 보라

자기 교정이라는 과학적 과정의 특징(Self-correcting features of scientific process) 84
자기 비움(*Kenosis*) 245
자연 과정(Natural processes) 38, 57
자연 선택(Natural selection) 128, 199, '적자생존'을 보라
자연 세계의 물리적 인과 관계 반응(Cause-and-effect behavior of natural world) 66
자연 세계의 섭리(Creation of natural world) 16, 111
자연법칙(Natural law) 38, 51, 53-54, 57-59, 74-76
자연에 있는 하나님의 증거(Proofs of God in nature) 23, 300-304
자연의 예측불가능성(Unpredictability in nature) 59, 205

자연의 패턴(Patterns in nature) 51-52, 54
자연이나 성경에 대한 인간의 해석(Human interpretation of nature or Scripture) 90
자연이라는 책(Book of nature) 80-82, 97, 106, '일반 계시'를 보라
자유주의 신학(Liberal Christianity) 129, 135
적자생존(Survival of the fittest) 200
전자(Electrons) 191
젊은 지구 창조론(Young-earth creationism) 33, 113, 116, 118-119, 129, 133-136, 140-141, 206, 247
점성술(Astrology) 49
점진적 계시(Progressive revelation) 112
점진적 창조론(Progressive creationism) 22, 33, 207-209
　공통조상을 인정하는(with common ancestry) 228
　공통조상을 인정하지 않는(without common ancestry) 229
정령 신앙(Animist) 49
정상우주론(Steady State Univers) 186
정치와 과학(Politics and science) 87, 103
조직적합 복합체(Histocompatibility complex) 258
종교개혁(Protestant Reformation) 89
종내 유전적 다양성(Genetic diversity within species) 223
「종의 기원」(*On the Origin of Species*) 128, 197

종주 제도(Suzerain) 148
종합대조실험(Controlled experiments)
　76
죄(Sin) 74, 268
죄의 용서(Forgiveness of sins) 273
중력(Gravitational force) 190
중립적인 돌연변이(Neutral genetic
　mutations) 239
중수소(Deuterium) 186
지구 나이에 관한 지질학적 증거
　(Geological evidence for age) 22
지구와 다른 행성의 기후 변화(Climate
　change on planets other than Earth)
　180
지구의 나이(Age of earth) 21, 128
지식, 하나님의 선물로서(Knowledge as
　gift from God) 84
지적설계 운동(Intelligent Design
　movement) 245
지적설계 이론 vs. 지적설계 운동
　(Intelligent Design theory vs.
　Intelligent Design movement) 232
지적설계(Intelligent Design) 17, 22, 34,
　231-234, 237
지적설계론(Intelligent Design theory)
　232-234, 236, 238-239, 243
지적설계에 대한 생물학적 복잡성 논쟁
　(Biological complexity argument for
　Intelligent Design) 240
지질학(Geography) 22
지질학(Geology) 118
진리(Truth) 51
진화/대중매체에서의 지적설계
　(Evolution/Intelligent Design in the
　media) 205, 215, 227, 247, 257
진화/진화론(Evolution/theory of
　evolution) 16, 22, 197-199, 203,
　205-208, 218
진화론을 뒷받침하는 현대의 유전학적 증
　거(Modern genetic evidence for
　theory of evolution) 222
진화론적 창조론(Evolutionary
　creationism) 22, 33, 203, 208-209,
　228, 247, 257
진화에 관한 비교해부학적 증거
　(Comparative anatomy evidence for
　evolution) 217
진화에 대한 과학적 증거(Scientific
　evidence for evolution) 215, 217
진화의 생물지리학적 증거(Biogeography
　evidence for evolution) 219
진화주의(Evolutionism) 22, 203-208,
　215, 247, 252
집단 유전학자들(Population geneticists)
　257

차별적 번식 성공도(Differential
　reproductive success) 200, 203
창세기 1장, 문맥 속에서 읽는(Genesis 1
　in original context) 157-159
창세기 1장, 현대 독자들은 어떻게 읽을 것
　인가(Genesis 1 for modern readers)
　159
「창세기 홍수: 성경 기록과 그 과학적 함
　의」(Genesis Flood: The Biblical
　Record and Its Scientific

Implications, The) 134
창세기의 창조 서술(Genesis creation
  accounts) 114, 115, 130
창조 사건의 순서/연대
  (Sequence/chronology of events in
  creation) 114-116, 123, 124-126, 146
창조과학(과학적 창조설)[Creation
  science(scientific creationism)] 134,
  140-141
창조론(Doctrines of creation) 111
창조를 이해하는 비과학적인 방법
  (Nonscientific methods of
  understanding creation) 76
창조세계의 유지(*Creatia continuans*)
  111
창조세계의 청지기(Stewardship of
  creation) 74, 259
창조에 대한 비일치론적 해석(Non-
  concordist interpretations of
  creation) 22, 111, 113, 143-145, 148,
  155-157, 209
창조에 대한 일치론적 해석(Concordist
  interpretations of creation) 22, 111,
  112, 122-125, 127, 155-157, 209
창조에 대한 해석(Interpretation of
  creation)
  간격 이론(Gap) 113, 123
  고대근동 우주론(Ancient Near Eastern
    Cosmology) 113, 150
  날-시대론(Day-Age) 113, 125-126
  선언일(Proclamation Day) 113, 145
  왕국-언약(Kingdom-covenant) 113,
    148

창조시(Creation Poem) 134, 140-141
창조와 섭리(Creation and providence)
  176-177
처녀자리 초은하단(Virgo Supercluster)
  169
천문학(Astronomy) 21, 163, 166, 188
초신성 폭발(Supernova explosion) 72,
  174
초자연적인 기적/하나님의 행동
  (Supernatural miracles/divine
  action) 19, 51, 57-58, 207-209,
  '자연에서의 기적적인 개입'을 보라
코페르니쿠스(Copernicus) 98
쿼크(Quarks) 192

타락(Fall into sin) 76
타락 이전에 살았던 인간의 죽음(Human
  mortality before the fall) 267, 276
탄산수소(Hydrocarbons) 190
탄소(Carbon) 191
탄소-14 연대측정(Carbon-14 dating) 132
태양 수축론(Shrinking sun argument)
  136-141
태양계(Solar system) 168
태양계의 지구중심 모델(Geocentric
  model of solar system) 97-100, 104
태양계의 태양중심 모델(Heliocentric
  model of solar system) 97-100, 103-
  105
퇴적암(Sedimentary rocks) 119-121
특별 계시(Special revelation) 80, '성경
  책'을 보라
특정 전이형태 화석(Transitional fossils)

217

틈새의 신(God of the gaps) 57, 210, 244

파란트로푸스(Paranthropus) 255
판게아(Pangaea) 131
패턴(Pattern) 235
펠라기우스주의(Pelagianism) 263-264
편모(Flagellum) 236
폐지(Abolition) 89
표준 촉광(Standard candles) 166-168
플라톤(Plato) 49

하나님(God)
 구원하시는 분으로서(as redeemer) 32
 자신을 드러내시는 분으로서(as revealer) 31
 창조를 설계하신 분으로서(designer of creation) 57
 창조하시고 지키시는 분으로서(as creator and sustainer) 31, 57
하나님의 다스림(God's sovereignty)
 무작위로 일어나는 현상들에 대한(over random events) 61
 인간의 노력이 미치는 모든 영역에 대한(over human endeavor) 32
 자연 세계에 대한(over natural world) 229
하나님의 말씀과 하나님의 세계에 대한 연구(Study of God's Word and world) 19, 40, 80
하나님의 섭리(God's providence) 53, 57, 177-178
하나님의 약속(God's covenant) 76

하나님의 주관하심(God's sovereignty) 31
하나님의 통치(God's governance) 51-52, 54-59, 62, 177, 209, 228, 236
하나님의 행동/초자연적인 기적(Divine action/supernatural miracles) 21, 52, 57-59, 200-210
하나님의 형상(Image of God) 22, 32, 74, 259, 261, 274-275
 대표와 청지기(representative and steward theory) 275
 사회적 능력(social abilities theory) 275
 인격적 관계(personal relationship theory) 275
한 쌍의 조상(Founders of species) 224
항생제에 대한 박테리아의 내성(Resistance of bacteria to antibiotics) 201
해부학(Anatomy) 22
핵반응률(Nuclear reaction rates) 191
헬륨(Helium) 186, 191
현대 과학자들의 세계관(Worldviews held by scientists) 46-49
현대 호모 사피엔스(Modern homo sapiens) 255
현대의 젊은 지구 창조론(Modern young-age creationism) 134-135
협력 상황에서의 세계관/과학(Worldviews/scientists in cooperation) 19, 47, 85
호모 네안데르탈엔시스(Homo neanderthalensis) 254-255

호모 사피엔스(Homo sapiens) 254-255
호모 에렉투스(Homo erectus) 254-255
호모 하빌리스(Homo habilis) 254-255
홍수 지질학(Flood geology) 135
화산/화산 활동(Volcanoes/volcanic
　　activity) 121
화산원뿔(Volcanic cones) 121

화석 기록(Fossil record) 22, 119-121,
　　123, 134, 199, 202-203, 206-208, 216,
　　217-219
화성(Mars) 179
확률(Probability) 59, 237
환원주의적 무신론(Reductive atheism)
　　47, 67, '무신론적 세계관'을 보라

옮긴이 한국기독과학자회(KCiS)는 워싱턴 지역을 중심으로 한 기독 과학자들의 모임으로, 하나님의 창조세계에 대한 연구를 통해 인간과 피조물의 본래 가치 및 신앙을 회복시키고자 노력하고 있다. (홈페이지: www.kcisus.org)

권재열, 미국립보건원 알레르기 및 전염병 연구소 선임 연구원
기성환, 조선대학교 약학대학 교수
김용수, 미국립보건원 알레르기 및 전염병 연구소 주임 연구원
김 형, 미국립보건원 신경네트워크 연구소 연구원
엄지용, 퍼시픽 노스웨스트 국립연구소 선임 연구원
엄지현, 미국립보건원 심장·폐·혈액 연구소 주임 연구원
유경원, 미국립보건원 소아보건 및 배아성장 연구소 연구원
이수현, 미국립보건원 정신 보건 연구소 연구원
이영목, 미국립보건원 소아보건 및 배아성장 연구소 연구원
이윤한, 연세대학교 의과대학 교수

오리진

초판 발행_ 2012년 9월 10일
초판 4쇄_ 2021년 9월 30일

지은이_ 데보라 B. 하스마, 로렌 D. 하스마
옮긴이_ 한국기독과학자회
펴낸이_ 정모세

펴낸곳_ 한국기독학생회출판부
등록번호_ 제313-2001-198호(1978.6.1)
주소_ 04031 서울시 마포구 동교로 156-10
대표 전화_ (02)337-2257 팩스_ (02)337-2258
영업 전화_ (02)338-2282 팩스_ 080-915-1515
홈페이지_ http://www.ivp.co.kr 이메일_ ivp@ivp.co.kr
ISBN 978-89-328-1268-7

ⓒ 한국기독학생회출판부 2012

책값은 뒤표지에 있습니다.
무단 전재와 복제를 금합니다.